# ビジネスを学ぶための

# ミクロ経済学  入門

石田 和之・高屋 定美 ［編著］

小井川 広志・田村 香月子・徳常 泰之・英 邦広 ［著］

中央経済社

# はしがき

　スマホやテレビでは，毎日，経済に関するニュースが流れ，私たちもそれらのニュースに興味や関心を寄せています。私たちは，日々の暮らしの中で，働いてモノを買ったり，飲食をしたりすることで満足を得ており，それら経済活動がどのようになっているのかということには敏感にならざるを得ないからです。しかし，それら経済ニュースにふれるだけでは，経済の動きを理解することはできません。経済の動きの背景にある仕組みやメカニズムを学ぶことを通じて，日々の動きを正確に理解することができます。日々，ビジネスに携わっているビジネスマンも，目の前にある企業活動だけでなく，社会全体の経済の動きを理解することで，ビジネス活動も円滑なものになるでしょう。

　経済の仕組みやメカニズムを理解するためには，経済学を学ぶのが早道でしょう。本書はそのための経済学，特にミクロ経済学を習得するためのテキストです。

## 企画の目的

　本書は商学部あるいは経営学部の1年生向けのテキストとして企画しました。商学部・経営学部では，ビジネスや企業経営に関わる多くの学問を学んでいます。そのビジネスを行うにあたっては，ビジネスを取り巻く経済の仕組みや状況を知ることが必須です。そのため，ビジネスを学ぶときにも経済を学ぶことは必要です。経済を知るには経済学を学ぶことが早道でしょう。経済学には，大きく分けてミクロ経済学とマクロ経済学がありますが，ビジネスに関心のある読者や学習者は，まずミクロ経済学から学ぶのが適切でしょう。ミクロ経済学は，消費者や企業といった経済活動を行う経済単位の行動を考察する経済学の分野です。ビジネスを学ぶ際に，このミクロ経済学を学ぶことを通じて，ビジネスのフィールドである市場を理解できるでしょう。

　これまでも，商学部や経営学部では経済学関連の入門科目が，多くの大学で

開講されています。ただし，経済学部での経済入門科目のテキストを用いた開講内容が多く，本学部（商学部）でも経済学部向けのテキストを用いて経済入門科目を講義してきました。しかし，経済学部でのテキストは商学部や経営学部で学ぶ多くの学生の関心には，必ずしもマッチしていないということを痛感してきました。そのため，企業の経済活動を中心に経済学を解説して，また実際の企業の活動も盛り込んだテキスト内容が，彼女・彼らにはマッチするのではないかと考えました。そのため，本書は，従来のミクロ経済学の入門内容に加え，実際の企業活動にもふれる内容となっています。

**本書の特徴**

よく経済学は難しいという声が聞かれます。その声に耳を傾けますと，数式を使ったり，図を使ったりするからという声が多いことがわかりました。さらには，いくつかの前提をおいて，議論を進めることの難しさもあるとの声もあります。たしかに，経済学を教える時にいくつかの仮定をおくことが通常ですし，また数学を用いることも多いです。特に経済学部ではない商学部・経営学部の学生は，普段の講義科目で数学を使うことは多くなく，経済学で数式やグラフが出てくると面食らうことが多いと思われます。

そのため，まず本書では数式，グラフの使用をできるだけ少なくしました。しかし，どうしてもグラフや式を使わざるを得ないこともあります。グラフや式を用いた方がかえって理解しやすかったり，より上級のテキストに挑戦することも容易になるからです。そのため，最低限の数学やグラフを理解するための章を設けることにしました。

本書ではビジネスに必要な経済学の素養を育むことに力点を置いたため，ビジネスでの事例を入れながらミクロ経済学の解説を中心としました。さらに，ビジネスでは必要な素養であるものの経済学ではあまり扱われなかった**取引費用による企業組織の必要性**や**企業の社会的責任**を解説するための章を設けています。

また，各章に読者への推薦図書を紹介しており，関心を深めたい章があれば，

さらに推薦図書を読破してみてください。練習問題もおいており，巻末にはその問題の答えやヒントをおいています。各章を読んだ後，それらの練習問題を解いて理解を確認してもらえればと思います。

## 本書の読者層

　本書の読者として，目的でも述べたように，まず商学部や経営学部で学ぼうとしている１年生を想定しています。もちろん，ビジネスに関心のある経済学部の学生も読者としてふさわしいと考えます。さらに，ビジネス社会に１歩，足を踏み入れた社会人１年生にも手をとっていただきたいと考えています。大学で学んだ経済の知識を，あらためて再構築するという時に，本書は役立つものと思います。

　本書は，関西大学商学部で経済入門科目を担当する教員たちで執筆しました。ただ，執筆する中で宇惠勝也，高内一宏，田中孝憲の３名の商学部教授からも有益なアドヴァイスを得ており，深く感謝いたします。また，出版事情の厳しい折，出版をお引き受けいただいた中央経済社学術書編集部副編集長の酒井隆氏にも感謝申し上げます。

　本書は，できるだけ現実の経済を理解するためにミクロ経済学のエッセンスを解説するという意図で編集したものですが，その意図がどこまで成功しているのかは読者のご判断にゆだねたいと思います。本書を通じて，少しでも現実の経済を理解するために，経済学の素養を身につけていただければ編者として望外の幸せです。

　2022年6月

編者を代表して
関西大学商学部
高 屋 定 美

# 目　次

1

# 第1章

# ビジネスのためになぜ
# 経済学を学ぶのか？

━━━━◆学習の目的◆━━━━

　ビジネスとは，企業の経済活動である。多くの人は，ビジネスといえば，経済学ではなく，経営学をイメージするかもしれない。経済学は，企業経営やビジネスとどのような関係があるのだろうか。また，経済学はディシプリンの学問といわれている。経済学のディシプリンを学ぶことはビジネスにとってどんな役に立つのだろうか。そもそも，経済学のディシプリンとは一体，何のことであろうか。本章は，経済学を初めて学ぶ学生を想定して，これらを説明する。

## 1　経済とビジネス

### 1.1　経済活動と付加価値
　私たちは，平日は働き，休日には旅行に出かけたり，スポーツを楽しんだりして，日々を過ごし，毎日の生活を営んでいる。これらはすべて，経済活動の一環である。

　経済活動を営むのは，私たちのような個人だけではない。企業も，経済活動を営んでいる。企業は，商品を生産し，販売して売上げ（収入）を得て，利潤を獲得する。経済活動の中でも，企業が行う経済活動はビジネスとよばれる。

　経済学では，個人や企業が経済活動を行う場を**市場**とよんでいる。**図表 1 -1**は，市場のイメージを描いている。市場には，青果市場や魚市場のように実際にそこに売り手と買い手が集まって取引を行うような市場もあるが，経済学

では，これにとどまらず，財やサービスなどが売買される場のことを市場とよんでいる。市場における取引は，すべて，売り手と買い手が商品と貨幣を交換することで成立する。つまり，市場は，商品と貨幣を交換する場でもある。

市場で行われる経済活動は，**付加価値**を生み出す。付加価値とは，新たに生み出された経済的な価値である。通常，この価値は貨幣で測定される。また，付加価値は，企業による生産によって生み出され，市場において消費者が購入することによって実現する。現代の社会が市場における経済活動を重視するのは，付加価値を生み出すからである。

ところで，市場では，米，野菜，家電製品，自動車などありとあらゆるものが取り引きされ，これらの取引は付加価値を生み出すが，それでもすべてが市場で取り引きされるわけではない。たとえば，最近関心を集めている，自然環境の保護や貧困撲滅のための取り組みなどのSDGsとよばれる活動の中には，市場で取り引きされていないものがある。これらも経済活動といえるし，実際にも，誰かの心を豊かにしており，この意味で付加価値を生み出しているといってもよいかもしれない。しかし，市場で取り引きされない経済活動は，付加価値が実現していないことになり，経済的な意味では，誰も豊かにしていないことになる。

| 図表 1-1 | 市場のイメージ |
| --- | --- |

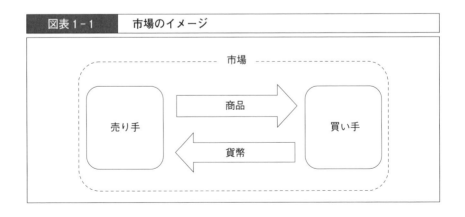

## 1.2　近年の日本経済

　国の経済の状況を把握するために，もっとも重要な指標はGDP（Gross Domestic Product：国内総生産）であり，その次に大切な指標は物価と失業率である。これらは，国の経済政策における主要な目標であり，同時に，これらについての将来の見通しは，国の予算編成をはじめとして，政策の企画立案の際の基礎データとしても利用されている。

　**図表1-2**は，1994年から2020年までの日本のGDPの推移を示している。グラフでは，大きな動きとして，2008年から2009年にかけての世界同時不況（リーマン・ショック）によるGDPの減少が顕著である。その後にGDPは少しずつ回復していたが，2020年には新型コロナウイルスの影響によって減少している。1994年から2020年の期間をみると，GDPは増えていない。日本経済は長期的に景気が停滞していたというのが多くの人にとってのこの間の体感であろうが，グラフからも同様の印象がうかがえる。

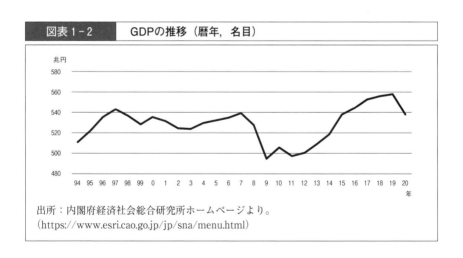

| 図表1-2 | GDPの推移（暦年，名目） |

出所：内閣府経済社会総合研究所ホームページより。
（https://www.esri.cao.go.jp/jp/sna/menu.html）

　**図表1-3**は，1971年から2020年までの間の物価の変化（対前年比）を示している。物価は，さまざまな財・サービスの価格の平均を表す指数である。物価を示す指数は，いくつもの種類があり，それぞれ目的に応じて使い分けら

れるが，ここではもっとも代表的なものである**消費者物価指数**（総合）を利用
している。消費者物価指数は，基準となる年（基準年とよばれる）の物価を
100として，これとの比較によって，そのときどきの物価水準をたとえば97
や102などとして表す。このようにして指数の方法によって経済の動向をとら
えるやり方は，企業物価指数や景気動向指数など，幅広く用いられている。

　消費者物価指数の変化率がゼロを下回るとき，前年と比べて物価が下落した，
つまりデフレが生じたことになる。デフレ時にはGDPも減少しており，この
ような不況はデフレ不況とよばれる。2000年以降にしばしばデフレが発生し
ており，デフレ不況が生じていたことがわかる。デフレ不況は，通常はあまり
起こりえない珍しい現象といってもよいが，2000年以降の日本経済の特徴と
もいえる。

| 図表 1 - 3 | 消費者物価指数 （総合） 対前年比の推移 |
| --- | --- |

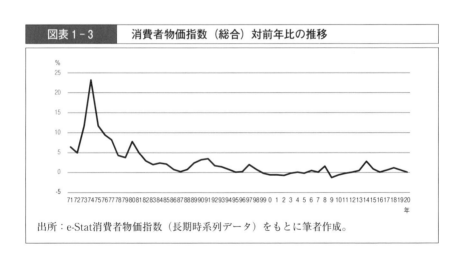

出所：e-Stat消費者物価指数（長期時系列データ）をもとに筆者作成。

　**図表 1 - 4** は，1973年以降の失業率の推移を示している。全体的な傾向では，
比較的低い水準で推移しているといえる。90年代後半からの景気低迷期に入っ
て失業率は上昇していたが，近年は低下傾向であった。（失業については，第
8章を参照。）この間には世界同時不況もありGDPを大きく減らしたときも
あったが，失業率はせいぜい5％超である。経済状況が悪い割には失業率が低

く抑えられていることも日本経済の特徴である。

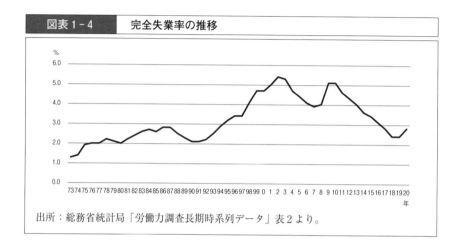

| 図表 1 - 4 | 完全失業率の推移 |

出所：総務省統計局「労働力調査長期時系列データ」表2より。

## 1.3　3つの経済主体

　経済活動を行う主体のことを**経済主体**という。経済学では，**図表 1 - 5** で示すように，**家計**（または，個人），**企業**，**政府**の3つに分けて経済主体をとらえる。

　家計は，経済活動において消費の担い手であり，また労働供給の担い手である。一方，企業は，生産の担い手であり，労働需要の担い手になる。家計と企業の間には，企業が生産した商品を家計が購入するという関係があり，家計が提供する労働を企業が購入するという関係がある。この関係を需要と供給という言葉で表現すると，**生産物市場**では家計が需要者，企業が供給者となり，**労働市場**では企業が需要者，家計が供給者となる。

　家計も企業も民間部門の経済主体であり，民間部門の経済活動は市場における取引によって行われる。生産物市場では，家計から企業への商品対価の支払いがあり，この支払いは企業の収入になる。労働市場では，企業から家計への賃金の支払いがあり，この支払いは家計の収入になる。

　政府は，民間部門に対して税を課したり，あるいは補助金を出したりする。

政府の経済活動は，税や社会保障などのように，政府が定める制度によって民間部門を強制的に参加させることに特徴がある。このような強制力は，民間部門の取引が家計や企業間で自発的に行われるのと比べたとき，政府の経済活動の大きな特徴である。

| 図表1-5 | 3つの経済主体 |
| --- | --- |

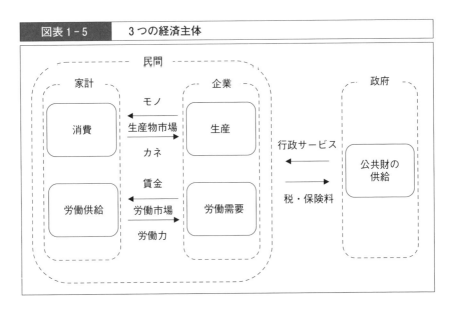

　図表1-6は，GDPに占める民間部門と公共部門の大きさを示している。一般に公共部門というとき，中央政府（国）が中心であることは変わりがないが，地方政府（地方公共団体）を含めたり，いわゆる外郭団体（最近は政策連携団体や行政連携団体などとよぶこともある）なども含めることもあり，文脈によって，その内容は多義的である。しかし，データによって状況を確認する際には，その都度，きちんとした定義が必要である。図表1-6では，SNA（System of National Account：国民経済計算体系）の区分における公的部門の区分を公共部門として用いている。この公的部門は，一般政府（中央政府，地方政府，社会保障基金）と公的企業からなっている。SNAは，国連によって定められており，国際的に利用される統一基準であることから，国際比較を

| 図表1-6 | GDPにおける民間部門 |
|---|---|

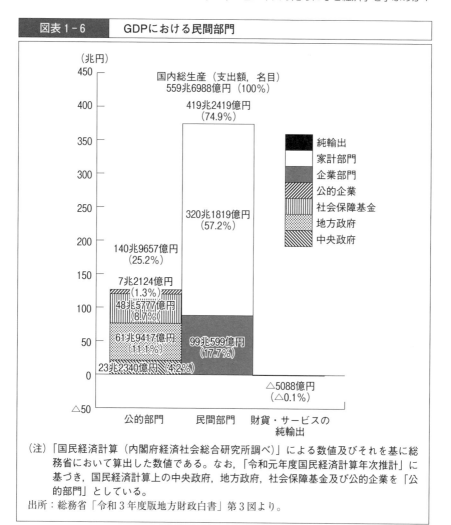

（注）「国民経済計算（内閣府経済社会総合研究所調べ）」による数値及びそれを基に総務省において算出した数値である。なお，「令和元年度国民経済計算年次推計」に基づき，国民経済計算上の中央政府，地方政府，社会保障基金及び公的企業を「公的部門」としている。

出所：総務省「令和3年度版地方財政白書」第3図より。

行う際には便利である。

　グラフによると，GDPのうち，3/4が民間部門，1/4が公的部門である。公的部門の割合も決して小さくはないが，民間部門の方が大きな割合であり，経済活動の主役は民間部門である。民間部門は，家計部門と企業部門からなり，

その割合は家計部門が57.2%，企業部門が17.7%である。支出面からみると，家計部門が最大のシェアであることがわかる。このように，民間部門と公的部門がともに存在して経済活動を行うような経済システムは**混合経済**とよばれている。日本に限らず，先進国は，混合経済のシステムである。

　3つの経済主体のうち，企業の行う経済活動がビジネスである。**図表1-7**は，日本の企業数を示している。日本には，385.6万社の企業がある。このう

| 図表1-7 | 日本の企業数（2016年） | | |
|---|---|---|---|
| 産業 | 企業等数[3] | 割合 | |
| 農林漁業（個人経営を除く） | 25992 | 0.7 | |
| 鉱業・採石業・砂利採取業 | 1376 | 0.0 | |
| 建設業 | 431736 | 11.2 | |
| 製造業 | 384781 | 10.0 | |
| 電気・ガス・熱供給・水道業 | 1087 | 0.0 | |
| 情報通信業 | 43585 | 1.1 | |
| 運輸業・郵便業 | 68808 | 1.8 | |
| 卸売業・小売業 | 842182 | 21.8 | |
| 金融業・保険業 | 29439 | 0.8 | |
| 不動産業・物品賃貸業 | 302835 | 7.9 | |
| 学術研究，専門・技術サービス業 | 189515 | 4.9 | |
| 宿泊業，飲食サービス業 | 511846 | 13.3 | |
| 生活関連サービス業，娯楽業[1] | 366146 | 9.5 | |
| 教育・学習支援業 | 114451 | 3.0 | |
| 医療，福祉 | 294371 | 7.6 | |
| 複合サービス事業 | 5719 | 0.1 | |
| サービス業（他に分類されないもの）[2] | 242588 | 6.3 | |
| 全産業 | 3856457 | 100 | |

出所：総務省統計局「日本の統計2021」第7章7-1
　1）家事サービス業を除く。2）外国公務を除く。3）企業等とは事業・活動を行う法人（外国の会社を除く。）及び個人経営の事業所をいう。
　資料　総務省統計局，経済産業省「経済センサス-活動調査結果」

ちもっとも割合が大きい産業は，卸売業・小売業（84.2万社，21.8%）であり，次いで，宿泊業・飲食サービス業（51.2万社，13.3%），建設業（43.1万社，11.2%），製造業（38.5万社，10.0%）である。

　宿泊業・飲食サービス業のシェアが第2位であることは，意外かもしれない。宿泊業・飲食サービス業は新型コロナウイルスの影響によって大きくダメージを受けた産業である。シェアの大きさを考えると，政府のGo Toキャンペーンはそれなりに効果的であったのかもしれない。

## 2　経済学とは

　ビジネスを学ぶ場合，経済学だけではなく，会計学，経営学，マーケティングなど複数の分野の学問を学ぶ必要がある。

　経済学は，経済を対象にした学問であるが，その特徴は，ディシプリンの学問であることである。**ディシプリン**とは，耳慣れない言葉であるが，原理原則，あるいは方法論を意味している。つまり，経済学には特有の考え方や分析の方法があり，この方法にしたがって対象を分析するのが経済学である。

　しかし，これだけでは，経済学が何であるかは，不明であろう。経済学の定義としてもっとも有名なものにロビンズという経済学者による定義がある。ロビンズは，経済学を資源配分の問題を考える学問だと定義した（ロビンズ（1932）『経済学の本質と意義』）。資源配分の問題とは，有限の資源をいかに効率的に配分するかを考えることであり，わかりやすく言えば，限られた24時間を食事，勉強，遊び，バイト，睡眠などにどのように配分するのがもっとも望ましいのかを考えることである。

　他にも，経済学は，様々なとらえ方ができる。たとえば，私たちは生活していくために様々な商品やサービスを消費しているが，それらは企業が生産したものだけではなく，教育や高速道路などのように政府が提供するものもある。また，健康的で衛生的に生活するための社会的な基盤も欠かせない。これらのすべてについて，生産するためには費用がかかるが，誰がいくらの負担をすべ

きかを考えるのが経済学である，というような理解もできる。

　経済学の体系は，**ミクロ経済学**と**マクロ経済学**という2本柱があり（あるいは，ここに計量経済学を加えて3本柱ということもできる），これらを基礎として，労働経済学，国際経済学，環境経済学，金融論，財政学などの応用分野が位置づけられる。したがって，経済学の学習は，通常，マクロ経済学とミクロ経済学から始まる。とくに，ミクロ経済学は，需要と供給，市場メカニズムなどの経済学のもっとも基礎的な概念を扱うため，経済学のディシプリンを理解するためには必要不可欠である。

　ミクロ経済学の分析方法の特徴は，マクロ経済学と対比させていうと，市場における経済主体の行動を個別的にとらえることにある。たとえば，家計は市場で何をいくらで購入するのか，企業は市場で何をどれくらい生産し販売するのか，といったアプローチである。これらは，前者は消費者行動の理論，後者は生産者行動の理論とよばれる。

　私たちの生活は，意思決定の連続である。朝何時に起きるかに始まり，今日一日の行動は何をするか，昼食は誰と何を食べようか，夕食はどうしようか。1週間に何時間のアルバイトをしようか。週末は何をして過ごそうかなどを，日々，決めている。企業も同様であり，今年は何人雇おうか，今月はいくら生産しようか，仕入れ先は変更しなくてよいだろうか，もっと売るためにはどうしたらよいだろうか，といったことを考え，決定する。

　これらの意思決定について，ミクロ経済学では，家計や企業などの経済主体は，自分自身の経済的な欲求にしたがって合理的に，つまりあらかじめ定めた目的を実現するように適切な意思決定をすると想定している。具体的には，家計であれば効用を最大にすることが目的であり，企業であれば利潤を最大にすることが目的である。もちろん実際の私たちの意思決定の中には，合理的とはいえないものもある。「面倒くさい」ということで何かを後回しにすることは日常茶飯事であるし，本当はやらなければならないことから目を背けて，なかったことにしてしまうのも多くの人が経験済みである。企業にしても，よく売れるとわかっていても，あの企業とだけは提携したくないということもある。

（このように，合理性に限界があることは，限定合理性とよばれる。最近関心を集めている行動経済学は，限定合理性を踏まえた議論を行っている。）そうではあるが，まずは合理的に，個人であれば自分自身がもっとも満足できるように，企業であれば自分自身の利潤がもっとも大きくなるように，意思決定すると想定して議論を始めるのがミクロ経済学のやり方である。

　家計や企業は，このような意思決定を市場で行う。市場では，売り手と買い手が商品と貨幣を交換するが，家計は買い手として，企業は売り手として市場に参加し，経済活動を行う。市場における取引は，このような彼らの合理的な意思決定の結果である。

　市場で合理的に意思決定を行うためには，家計も企業もいろんなことを考えるし，考えるためには情報が必要である。ミクロ経済学は，そのもっとも重要な情報は価格であると考えている。つまり，家計は，購入する商品の価格に反応して購入量を決め，企業は，販売する商品の価格に応じて生産量を決めるわけである。これらは，それぞれ，商品の価格と家計の購入量の関係が需要曲線，商品の生産量と販売価格の関係が供給曲線となる。

　家計や企業の合理的な意思決定において忘れてはいけないのは，これらが一定の制約の下での意思決定であることである。家計であれば，本当はもっと欲しいのに価格が高いために我慢することがあるかもしれない。企業であれば，生産設備のキャパや資金力によっても生産量が左右される。つまり，すべての経済活動は一定の制約の下で行われていることになる。この意味で，家計や企業の意思決定は，制約の下において実行される合理的な意思決定といえる。

　これは，私たちの欲求に比して，それを実現するために利用可能な現実の手段が希少であると言い換えることもできる。希少性は，経済学における重要な事実認識であり，希少であるからこそ効率性が求められることになる。これがロビンズの言う資源配分の問題の意味である。

　家計や企業などの経済主体による意思決定は，自分自身の利益だけを考えて行われる。しかし，価格をシグナルとして意思決定を行うことで，これらの一連のプロセスは市場においてスムーズに調整され，社会全体にとっても合理的

な結果に至ることができる。この働きは，**市場メカニズム**，または市場システムとよばれる。市場メカニズムの考え方は，ミクロ経済学だけではなく，マクロ経済学などその他の応用経済学を含めて，すべての経済学のもっとも基本的なディシプリンである。

マクロ経済学は，ミクロ経済学が個別的に経済主体の経済活動をとらえたのに対して，一国全体という視点で集計的に経済活動をとらえる。集計的なとらえ方とは，たとえば，日本の消費量や生産額といった視点である。

マクロ経済学のもっとも重要な関心は，GDP（国内総生産）である。これは，一国全体で集計した付加価値である。需要や供給でも，個別市場よりも，一国全体で集計した総需要や総供給に関心がある。価格でも，個別の商品の価格よりも，消費に関わる財・サービス一般の価格である物価に関心がある。雇用は，経済全体の失業率で把握する。

経済学はディシプリンの学問であり，したがって，経済学を学ぶことは，経済学の方法論を学ぶことである。この方法論は，経済理論とよばれるが，必ずしも経済だけを対象にして利用可能なわけではない。実際，医療や教育などの分野でも利用されている。この場合，医学や教育学の一環であると同時に，医療経済学や教育経済学として，経済学の応用分野ともいえる。もちろん，経済学の方法は，ビジネスでも利用されている。たとえば，経済学で産業組織論とよばれる分野は，経営学を学ぶ上でも有益である。

## 3　経済現象のつかみ方

経済学の分析方法は，規範的方法と実証的方法に分けることができる。これは，おおむね前者が定性的な分析，後者が定量的な分析に対応する。規範的な分析では，市場における経済主体の行動を抽象化し，一定の条件の下で起こり得るような経済的帰結の条件であったり，あるいはそもそも市場における均衡が成立するための条件などを定性的に明らかにする。実証的な分析は，各種の経済データを利用して，現実の経済が規範的な分析が示唆する仮説を満たすか

どうかを検証したり，統計的な推計によって経済状況の事実を確認しようとする。最近では，統計的な推計に利用するソフトウェアの性能も向上し，また分析に利用するデータの入手も容易である。そのため，個人が手軽に高度な実証分析に取り組むことができる環境がある。

　以下でデータを使った経済現象の把握の例を紹介しよう。**図表1-8**は，縦軸に価格の変化，横軸に数量の変化をとることで，価格の変化と数量の変化の関係をとらえている。

　**図表1-8**の左図は，菓子パンの消費量の変化と価格の変化の関係を表している。菓子パンでは，消費量と価格の間に負の相関関係があることが分かる。負の相関関係があることから，菓子パンでは，小麦粉などの原材料価格の変化による菓子パンの価格上昇（低下）によって消費量が減少（増加）した，という動きがあったことが推察できる。

　**図表1-8**の右図は，ハチミツやメープルシロップの消費量の変化と価格の変化を表している。菓子パンの場合と異なり，消費量と価格の変化の関係は正の相関である。この場合には，健康志向の高まりなどによって，ハチミツやメープルシロップへの需要が高まり，その結果として価格と数量の双方が増加

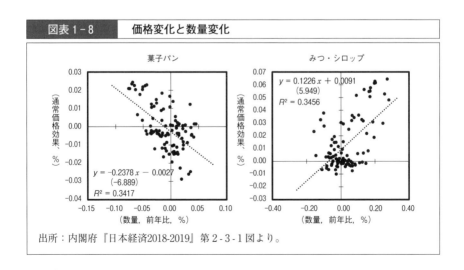

**図表1-8　価格変化と数量変化**

出所：内閣府『日本経済2018-2019』第2-3-1図より。

したのではないか，このような可能性を読み取ることができる。

　**図表1-8** からは，価格と消費量の変化をとらえるだけでも，商品ごとにその動きが異なることがわかる。それは，その背後にある経済的な理由を考える手掛かりになる。このようにデータを使った分析によって，私たちは，複雑で漠然とした多様な経済活動を客観的にわかりやすく把握できる。

　経済学では弾力性という概念をしばしば使う。弾力性とは，変化の比率である。たとえば，価格弾力性は，価格が1％変化したときに消費量が何％変化するかを意味する。所得弾力性は，所得が1％変化したときに消費量が何％変化するかを意味する。

　**図表1-9** は，価格弾力性と所得弾力性の国際比較である。**図表1-9** の左図は，価格弾力性を国際比較している。日本は，すべての消費財で，イギリスとドイツよりも価格弾力性が大きい。ここから，日本の家計が，より価格変化に対して敏感であることが推察される。

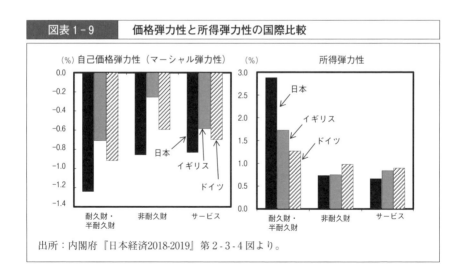

| 図表1-9 | 価格弾力性と所得弾力性の国際比較 |

出所：内閣府『日本経済2018-2019』第2-3-4図より。

　**図表1-9** の右図は，所得弾力性の国際比較である。日本は，イギリスとドイツに比べて，耐久財や半耐久財の弾力性が大きいことがわかる。つまり，日

本では，これらの国に比べて，所得が高くなるとより多くの資金を耐久財や半耐久財の消費に充てることが見込まれることになる。

　図表1-10は，世帯による消費財への支出傾向の違いを若年世帯，中年世帯，高齢世帯で比べている。多くの消費財で価格が上昇すると消費量が減少するという需要の法則が成り立つことを確認できるが，保険医療では，逆の動きを示している。

| 図表1-10 | 世帯の年齢による価格弾力性の比較 |
| --- | --- |

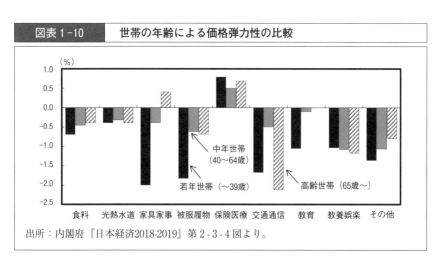

出所：内閣府『日本経済2018-2019』第2-3-4図より。

　これを詳しくみると，保険や医療は価格が高まってもあまり需要が変わらないことが伺える。また，全体的な傾向として，若年世帯の価格弾力性は他の世代よりも大きく，この世代は価格に敏感なようである。また，教育への支出では，中年世帯の弾力性が低くなっており，この世代による子供の教育への支出は，価格が変化してもあまり変わらないことも伺える。

　図表1-8から図表1-10までは，すべて，価格と数量の変化によって消費財の傾向をとらえている。これらは，価格と数量の情報を使って消費動向を把握した一例である。

　このようにして，価格と数量によって消費動向を把握するというやり方は，ビジネスの現場で頻繁に利用されている。実際，価格弾力性や所得弾力性の用

語は，ミクロ経済学のディシプリンであるが，ビジネスに関わる他の学問分野でも登場する。ミクロ経済学は，ビジネスの基礎としてもっとも重要な分野といっても過言ではない。私たちがミクロ経済学を学ぶ理由も，ここにある。

**練習問題**

(1) 経済学がすでに答えを出した有名な問題に，「水とダイヤモンド」の問題がある。水は生きていくために必要不可欠であるのに，贅沢な装飾品であるダイヤモンドよりも価格が安い。なぜだろうか。

(2) 他の店とまったく同じ品質の商品であるにも関わらず，価格が高い店がある。どうやらこの店の価格が高いのは，自然環境に配慮するという店主の意向のためであり，この店では価格を高めに設定して，その差額を森林保護のために寄付しているらしい。あなたはこの店で商品を購入するだろうか。

(3) あなたに，教科書は古本で済ませ，食費を削って，好きなアイドルのCDを何枚も購入する友人がいるとする。友人の意思決定は合理的だろうか。

(4) 家計支出の状況を知るための便利な統計に「家計調査」がある。この調査結果は，総務省統計局のサイトでみることができる。家計調査によると，新型コロナウイルスの影響により，ファンデーションと口紅の消費が大きく減る一方で，浴用・洗顔用せっけんの消費は増えたようである。なぜだろうか。

(5) 「商売に学問は不要」と考える人がいる。彼/彼女に経済学がビジネスの役に立つことを説明したい。どうすればいいだろうか。

**推薦図書**

・ナイアル・キシテイニー［2018］『若い読者のための経済学史』すばる舎。
　古代から現代に至るまで，歴史に名を残す経済学者を取り上げて，経済
学者が何を考えてきたのかを紹介している。単なる経済学説の歴史ではな
く，経済についての思考の歴史をたどることができる。

# 学習のための準備
## ─経済学のためのツールボックス─

───◆学習の目的◆───

　大学に入学する以前に学んだ関数に関しての復習，経済学への応用，そしてデータの活用方法について学習し，経済学に関する入門的な知識もしくは，入門的な知識を身に付ける前の知識を身に付けてもらいたい。なお，本章が参考とした文献や推薦する図書を読んでもらうことで，応用・発展的な内容も学習することができる。

## 1　関数について

### 1.1　関数を学ぶ大切さ

　経済は日々，動いている。経済の動きは関連する様々な要因から影響を受けている。そのため，ある経済の動きと，他の要因とを結びつけたり関連づけたりすることによって，より深く経済の動きを学ぶことができる。その経済の動きを知るために関数は大切な道具となる。関数を学ぶことで数の変化を知ることができ，自分で何かしらの規則性を考察したり，将来の出来事を予測したりすることができる。経済学を学んでいくと，〇〇関数という用語がしばしば登場してくる。そうした内容を理解するうえでも，関数の考え方を知っておくことは必要となる。

　関数という言葉を聞くとなんだか難しいと思う人もいるかもしれないが，そうでもない。一日の疲れを癒すために浴槽にお湯を張る時，〇分後に浴槽に浸かることができるかを考え，他の用事をして待った経験のある人は多いのでは

ないだろうか。この日常生活の何気ない行為においても関数の考え方が登場してくる。この場合，１分当たりに蛇口から出るお湯の量と浴槽の大きさから，風呂に入るまでにどのくらい待てばよいかということを予測して待つことになる。

　関数を学習するには，**定数**と**変数**について理解をしておく必要があるため，まず，定数について説明をする。定数とは変化しない数もしくは特定の値のことで，文字で表記される。次に，変数について説明をする。変数とは変化する数もしくはいろいろな値をとることができる文字のことである。

　今後，**経済変数**という用語が登場するかもしれないが，経済変数とは経済に関連した変数のことをいう。経済変数の例として，利潤，収入，費用などが挙げられる。

　アルバイトを例にして経済変数の意味を考える。アルバイト代として得る収入は，時給に労働時間を掛けた値になる。そのため，労働時間と時給が変化することで，その値は変化する。労働時間は労働者の意思である程度変更できる。しかし，時給はアルバイト先によって提示されるため，労働者の意思で変更することは難しい。アルバイト代は，１）アルバイト先（業種など），２）時間・経験（働く時間帯，経験年数など），３）地域・場所（都市，地方など）によって異なる。このように，アルバイト代は固定されていない，つまり，変化することから，経済変数であることがわかる。


## 1.2　関数

　関数とはある数が与えられたときに，それに対応する数値が１つに決定する関係のことをいう。**図表２−１**は，ある１週間におけるAさんの経済入門の勉強時間と課外活動（サークル，アルバイト，ボランティアなど）の時間を示す。

　**図表２−１**から次のことがわかる。①経済入門の勉強時間と課外活動の時間はともに変数である。②課外活動の時間と経済入門の勉強時間には比例関係がある。

　②に着目をすると，Aさんは，経済入門の勉強時間の５倍の時間を課外活動

| 図表2-1 | Aさんの経済入門の勉強時間（分）と課外活動の時間（分） |

| | 月曜日 | 火曜日 | 水曜日 | 木曜日 | 金曜日 | 土曜日 | 日曜日 |
|---|---|---|---|---|---|---|---|
| 経済入門の勉強時間 | 50 | 35 | 65 | 45 | 55 | 70 | 100 |
| 課外活動の時間 | 250 | 175 | 325 | 225 | 275 | 350 | 500 |

に充てている。この関係を数式で表わすと以下になる。

$$課外活動の時間（分）＝5×経済入門の勉強時間（分）$$

「経済入門の勉強時間（分）」や「課外活動の時間（分）」と表記するのを省略するため，課外活動の時間を$y$，経済入門の勉強時間を$x$と表記する。そうすると，経済入門の勉強時間と課外活動の時間の関係は以下になる。

$$y＝5×x$$

数学のルールとして，×は省略して書くことができるので，（2-1式）になる。（2-1式）は，$x$の値によって$y$の値が決まる関係を表わし，関数を意味する。

$$y＝5x \qquad （2-1式）$$

右辺の変数である$x$の値によって，左辺の変数である$y$の値が決まることを表わす関数を$f$とする時，一般的にその関係は（2-2式）で表わされる。（2-2式）の$x$は**独立変数**もしくは**説明変数**，$y$は**従属変数**もしくは**被説明変数**とよばれる。

$$y＝f(x) \qquad （2-2式）$$

（2-2式）のポイントは2つある。1点目に，$x$がある値に決まると，それに対応する$f(x)$と$y$の値が決まることである。

・$f(x)＝5x$の場合，$x＝1$のときには$f(x)＝5$になり，$y＝5$となる。

・$f(x) = -5x$ の場合，$x = 1$ のときには $f(x) = -5$ になり，$y = -5$ となる。

2点目に，$f(x)$ の $f$ は function（関数）の頭文字 $f$ であるということである。

・必ず，$f(x)$ にしなければならないというわけではなく，$h(x)$，$y(x)$ でも問題ない。

## 1.3　1次関数

大学入学以前には，$x$ と $y$ の関係について（2-3式）で学習をしていることが多い。

$$y = ax + b \qquad （2-3式）$$

$a$ は**傾き**，$b$ は**切片**である。しかし，経済学の教科書・参考書では（2-4式）で表わされることが多い。

$$y = \alpha + \beta x \qquad （2-4式）$$

$\alpha$（「アルファ」と読む）と $\beta$（「ベータ」と読む）は定数で，$\alpha$ は切片，$\beta$ は傾きである。なお，（2-3式）と（2-4式）は，変数 $x$ の次数が1次の関数であり，1次関数とよばれる。

（2-4式）について考える。$x = 0$ のとき，$y = \alpha$ になる。$x = 1$ のとき，$y = \alpha + \beta$ になる。$x = 2$ のとき，$y = \alpha + 2\beta$ になる。$x = 4$ のとき，$y = \alpha + 4\beta$ になる。この関係を図で見るため，横軸に $x$，縦軸に $y$ を描いたグラフを**図表2-2**とする。なお，$\alpha > 0$，$\beta > 0$ である。**図表2-2**から，直線 $y = \alpha + \beta x$ は，$x$ の値に応じて $y$ の値が1つ決まることがわかる。このことから，$y = \alpha + \beta x$ は関数であることが確認できる。なお，1次関数は，グラフに描くと，直線になる。

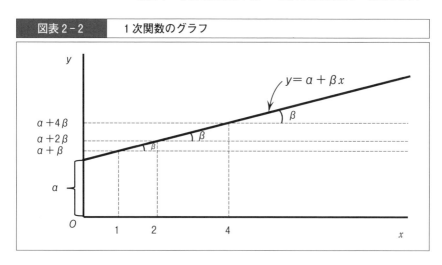

図表 2 - 2　　　　1 次関数のグラフ

　次に，（2 - 4 式）の傾きである $\beta$ に着目をする。傾きとは，$x$ の変化量に対する $y$ の変化量の比率となる。**図表 2 - 3** の A 点から B 点への動きから傾きについて考える。A 点から $x$ が 1 増加する（＝$x$ の変化量は 1 となる）と，$y$ が $\beta$ 増加する（＝$y$ の変化量は $\beta$ となる）。よって，（2 - 4 式）の傾きが $\beta$ （＝

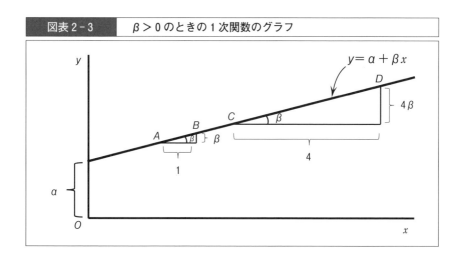

図表 2 - 3　　　　$\beta > 0$ のときの 1 次関数のグラフ

$\dfrac{\beta}{1}$）とわかる。同様に，C点からD点への動きから傾きについて考えると，C点から $x$ が4増加する（＝ $x$ の変化量は4となる）と，$y$ が4 $\beta$ 増加する（＝ $y$ の変化量は4 $\beta$ となる）。（2‐4式）の傾きも $\beta$（＝ $\dfrac{4\beta}{4}$）となることがわかる。もし，$x$ の変化量が1に対して $y$ の変化量が $\beta$ よりも大きく（小さく）増加すれば，傾きは急（緩やか）になり，（2‐4式）の直線の勾配は急（緩やか）になる。

　図表2‐4では，$\beta<0$ を考える。E点からF点への動きについて，$x$ が1増加（＝ $x$ の変化量は1となる）すると，$y$ が $\beta$ 変化する（＝ $y$ の変化量は $\beta$ となる）。これから，（2‐4式）の傾きが $\beta$ となるが，$\beta$ の値は負になる。G点からH点の動きについても先程と同じように考えることができ，（2‐4式）の傾きが $\beta$ となり，その値は負になる。当初の $\beta$ の値が－3だと考える。$\beta$ の値が－4，－5のように小さくなっていくと傾きは急になり，（2‐4式）の直線の勾配は急になる。それに対して，$\beta$ の値が－2，－1のように大きくなっていくと傾きは緩やかになり，（2‐4式）の直線の勾配は緩やかになる。

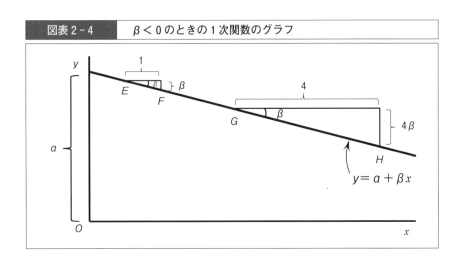

| 図表2‐4 | $\beta<0$ のときの1次関数のグラフ |
|---|---|

## 1.4　関数の形状

　1.3では1次関数の傾きが正の場合（$\beta > 0$）と負の場合（$\beta < 0$）を考えた。傾きが正の場合には，右上がりの直線が描ける。$x$の値が増加すると，それにともない，$y$の値も増加する関数のことを**増加関数**という。それに対し

| 図表2-5 | 増加関数のグラフと正の相関関係 |
| --- | --- |

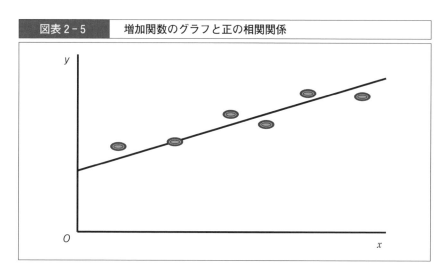

| 図表2-6 | 減少関数のグラフと負の相関関係 |
| --- | --- |

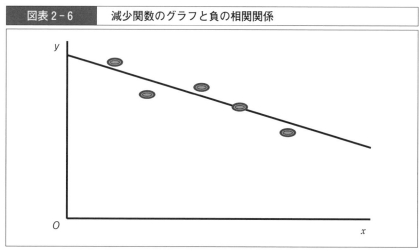

て，傾きが負の場合には，右下がりの直線が描ける。$x$の値が増加すると，それにともない，$y$の値が減少する関数のことを**減少関数**という。**図表2−5**には増加関数，**図表2−6**には減少関数を描いている。

また，それぞれの図には，●が描いてあるが，これはデータを示す。**図表2−5**のように，右上がりの直線付近にデータが存在する場合，$x$と$y$の間には，**正の相関**関係が存在するという。それに対して，**図表2−6**のように，右下がりの直線付近にデータが存在する場合，$x$と$y$の間には，**負の相関**関係が存在するという。

**図表2−7**には，増加関数のグラフとして(1)と(2)が描かれている。なお，$\beta_1$と$\beta_2$は正の値である。(1)は傾きが急な増加関数を示し，(2)は傾きが緩やかな増加関数を示す。傾きが急とは，傾きの絶対値が大きいことを意味する[1]。また，傾きが緩やかとは，傾きの絶対値が小さいことを意味する。そのため，(1)と(2)の傾きを比較した時に，(1)の傾きである$\beta_1$の方が，(2)の傾

| 図表2−7 | 増加関数の傾きの違い |
| --- | --- |

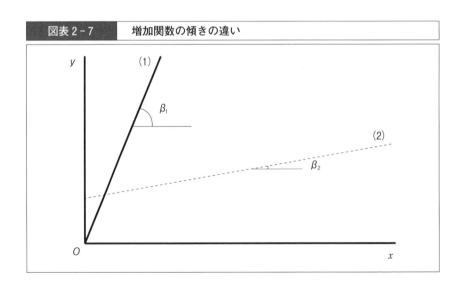

---

1) 絶対値とは，数直線上で考えた場合，原点とある点の間の距離のことを指し，負の値にはならない。

きである$\beta_2$よりも大きくなる。つまり，$\beta_1 > \beta_2 > 0$の関係が成立する。

　**図表 2 - 8**には，減少関数のグラフとして(3)と(4)が描かれている。なお，$\beta_3$と$\beta_4$は負の値である。(3)は傾きが急な減少関数を示し，(4)は傾きが緩やかな減少関数を示す。傾きが急か緩やかかは，傾きの絶対値で判断をするのがわかりやすい。そのため，(3)と(4)の傾きを比較した時に，(3)の傾きである$\beta_3$の絶対値の方が，(4)の傾きである$\beta_4$の絶対値よりも大きくなる。つまり，$|\beta_3| > |\beta_4| > 0$もしくは$\beta_3 < \beta_4 < 0$の関係が成立する[2]。

　今までは直線で表わされる関数を見てきたが，直線にならない関数として，**逓増的な関数**や**逓減的な関数**がある。逓増的とは，数量が増えるときにその増え方が大きくなることを意味する。横軸において 1 増加したことに対応する縦軸の増加は，追加的に横軸上で 1 増加するにつれて，縦軸上の増加の増え方が大きくなる。**図表 2 - 9**にはそうした特徴を持つ逓増的な関数のグラフの例を示す。一方の逓減的とは，逓増的と逆に，数量が増えるときにその増え方が小さくなることを意味する。横軸において 1 増加したことに対応する縦軸の増加は，追加的に横軸上で 1 増加するにつれて，縦軸上の増加の増え方が小さくな

| 図表 2 - 8 | 減少関数の傾きの違い |

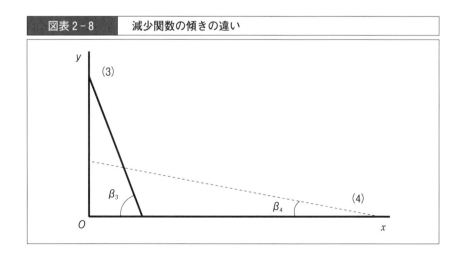

---

2)　｜ ｜は絶対値の記号である。

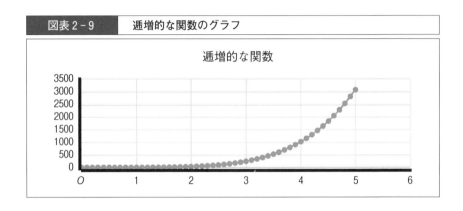

図表 2-9　逓増的な関数のグラフ

逓増的な関数

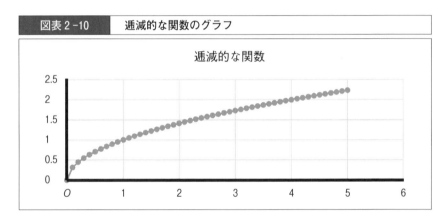

図表 2-10　逓減的な関数のグラフ

逓減的な関数

る。**図表 2-10**にはそうした特徴を持つ逓減的な関数のグラフの例を示す。

## 2　経済学の基本設定

### 2.1　用語の確認

　後の章で学習するための準備として，経済学の用語を確認しておこう。経済学では，皆さんが生活をする上で消費したり，購入したりする商品のことを**財**という。また，学校での教育や理容店での散髪といった享受する行為のことを**サービス**という。家計もしくは，消費者はお金を支払い，財・サービスとの交

換を行う。家計は，それらを消費することで満足度（これを，「**効用**」という）を上げていく。企業もしくは，生産者は生産した財・サービスとお金を交換し，利潤を高めていく。

　世の中には数多くの財・サービスが存在し，市場においてそれらの取引が成立する際，財・サービスの価格が果たす役割は大きい。消費者は，低い価格で購入したいと考える一方，生産者は，高い価格で販売をしたいと考える。消費者が，ある財をどの価格のときに，何単位買いたいと思っているかを表わしたものを**需要曲線**という。あくまでも消費したいと思っている数量を示す。生産者が，ある財をどの価格のときに，何単位売りたいと思っているかを表わしたものを**供給曲線**という。あくまでも生産したいと思っている数量を示す。需要曲線と供給曲線を描くグラフでは，横軸が数量，縦軸が価格を表わす。需要曲線の場合，横軸は消費したい数量，縦軸に支払ってもよい価格となり，供給曲線の場合，横軸は生産したい数量，縦軸に売りたい価格となる。

　市場の種類として，**完全競争市場**，**寡占市場**，**複占市場**，**独占市場**などがあり，そうした市場の中で経済活動を行う主体（これを，「経済主体」という）として，家計，企業（民間企業，金融機関），政府，中央銀行が登場する。中央銀行についての説明は，本書では出てこないが，応用もしくは，マクロ経済学では出てくる。

　また，限界効用，限界費用，限界生産力といった用語がでてくる。ここでの**限界**という言葉には，ある財の価格や量を 1 単位追加することで，他の変数がどの程度変化したかを示すという意味が含まれる。また，平均費用，平均可変費用，平均収入といった用語もある。ここでの平均には，ある財 1 単位あたりの値を示すという意味で，算術平均のことである。なお，財を数えるときに，●個，●本，●gといった単位で数えることが日常生活では普通であるが，経済学の教科書・参考書では，財の数え方を，●単位とすることが多い。

## 2.2　需要と供給
　**図表 2 -11**はある財に対する消費者Aの需要曲線*D*と企業Bの供給曲線*S*を示

す。消費者Aは，価格が $p^E$ 円のとき，$q^E$ 単位消費したいと考える。価格が $p^E$ 円よりも下落すると，$q^E$ 単位よりも多くを消費したいと考える。そのため，需要曲線は右下がり（減少関数）になる。企業Bは，価格が $p^E$ 円のとき，$q^E$ 単位生産したいと考える。価格が $p^E$ 円よりも上昇すると，$q^E$ 単位よりも多くを生産したいと考える。そのため，供給曲線は右上がり（増加関数）になる。価格が $p^E$ 円のとき，需要量と供給量は一致し，そのときの数量は $q^E$ 単位となる。このように需要量と供給量が一致することを**均衡**といい，均衡での価格を**均衡価格** $p^E$，数量を**均衡数量** $q^E$ という。

　ここで，需要曲線Dが，$q^D = 55 - p$，供給曲線Sが，$q^S = -5 + p$ と与えられたとき，均衡価格 $p^E$ と均衡数量 $q^E$ は需要曲線と供給曲線が交わる点で決まるため，需要曲線と供給曲線の連立方程式を解けばよい。その際，$q^D = q^S = q^E$ と考える。なお，$p$ は価格，$q^D$ は需要量，$q^S$ は供給量を表わす。

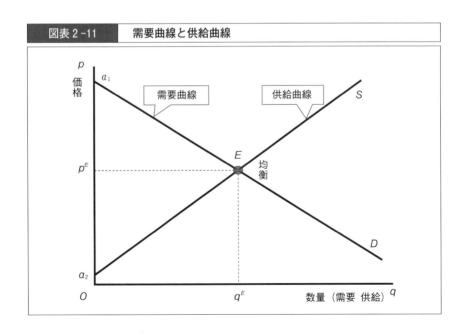

図表 2-11　　需要曲線と供給曲線

第2章　学習のための準備　―経済学のためのツールボックス―

$$\begin{cases} p=55-q^D & （2-5式） \\ p=5+q^S & （2-6式） \end{cases}$$

（2-5式）と（2-6式）の連立方程式を解くと，均衡点Eでの価格 $p^E$ と数量 $q^E$ は以下になる。

$$p^E=30, \quad q^E=25$$

今後，**余剰**という考え方が出てくる。その際，面積の求め方も必要となるので，以下で紹介する。

三角形 $p^E E a_1$ の面積 $= q^E \times (a_1-p^E) \times \dfrac{1}{2}$

三角形 $p^E E a_2$ の面積 $= q^E \times (p^E-a_2) \times \dfrac{1}{2}$

四角形 $oq^E E p^E$ の面積 $= q^E \times p^E$


# 3　データについて

## 3.1　データの種類

大学生・社会人になると，個人もしくはグループで課題を見つけ，その課題を解決するための能力が求められる。その中で，自分（達）が立てた仮説が正しいのか，間違っているのかを検証する際に，経済現象を数値で表現したデータを活用することはその助けとなる。その際，どのようにデータを収集・取得するか。検証もしくは分析する目的に沿って，どのようにデータの収集・取得，データの整備・加工を行うのがよいだろうか。ここでは，データに関する基礎知識を紹介する。

データの種類に，**時系列データ**，**横断面データ**（クロスセクション・データともよぶ），**パネルデータ**がある。時系列データとは，ある現象に関して，時間的な変化を観測もしくは記録して得られた値の系列のことである。横断面データとは，ある時点において起こっている現象を観測もしくは記録して得られた値の系列のことである。パネルデータとは，時系列データと横断面データ

31

| 図表2-12 | | | 3府県の総生産（単位：100万円） | | |
|---|---|---|---|---|---|

| | 2013年度 | 2014年度 | 2015年度 | 2016年度 | 2017年度 |
|---|---|---|---|---|---|
| 京都府 | 9661418 | 9962595 | 10476626 | 10600992 | 10799617 |
| 大阪府 | 37337646 | 38087448 | 38891313 | 38803248 | 40069967 |
| 兵庫県 | 19804763 | 20303990 | 20829387 | 20937780 | 21328823 |

出所：内閣府『県民経済計算』より筆者作成。
Webページ
(https://www.esri.cao.go.jp/jp/sna/data/data_list/kenmin/files/contents/main_h28.html)

| 図表2-13 | | 2017年度時点の3府県の経済指標 | |
|---|---|---|---|

| | 京都府 | 大阪府 | 兵庫県 |
|---|---|---|---|
| 総生産 | 10799617 | 40069967 | 21328823 |
| 総人口 | 2599167 | 8823286 | 5503111 |
| 1人当たり府・県民所得 | 3018 | 3183 | 2966 |

注：総生産（単位：100万円），総人口（単位：人），1人当たり県民所得（単位：千円）
出所：内閣府『県民経済計算』より筆者作成。
Webページ
(https://www.esri.cao.go.jp/jp/sna/data/data_list/kenmin/files/contents/main_h28.html)

| 図表2-14 | | | 大阪府の経済指標 | | |
|---|---|---|---|---|---|

| | 2013年度 | 2014年度 | 2015年度 | 2016年度 | 2017年度 |
|---|---|---|---|---|---|
| 総生産 | 37337646 | 38087448 | 38891313 | 38803248 | 40069967 |
| 総人口 | 8856044 | 8845195 | 8839469 | 8832512 | 8823286 |
| 1人当たり県民所得 | 2973 | 2989 | 3079 | 3044 | 3183 |

注：総生産（単位：100万円），総人口（単位：人），1人当たり県民所得（単位：千円）
出所：内閣府『県民経済計算』より筆者作成。
Webページ
(https://www.esri.cao.go.jp/jp/sna/data/data_list/kenmin/files/contents/main_h28.html)

の特性を併せた値の系列のことである。**図表 2 -12**は時系列データの例，**図表 2 -13**は横断面データの例，**図表 2 -14**はパネルデータの例を示している。

### 3.2　データの活用

　データを取得する際には，公的機関が公表している統計など信頼性が高い機関が公表しているデータを使用するのが良い。日本の経済データを使用する際には，総務省統計局，日本銀行，内閣府などのWebページを参考にすると良い。また，海外における経済データを使用する際には，IMF World Economic Outlook Databases，OECD data，Federal Reserve Bank of ST. LOUISなどのWebページを参考にするのが良い。

　ただし，公的機関以外にも，各々でアンケートを作成し回答してもらうことでデータを取得することもできる。データの収集・取得のスキルを身に付けたら，次に，データを整備・加工するスキルや分析するスキルを身に付ける必要が出てくる。そうしたスキルを身に付けるには，分析に適したソフトウェアの使い方や，統計学や計量経済学などの知識が必要となる。これらのことに挑戦することでより多くのことを学ぶことができるので，興味があれば，がんばってもらいたい。

---

**練習問題**

　1.　次の文章を読み，(1)から(3)までに入る最も適当な語句を選択肢から1つ選択しなさい。

　　$y=2+3x$ という 1 次関数が与えられた時に，$x$ が追加的に 1 だけ増加することで，yは追加的に(1)だけ増加することになる。このような関数を(2)といい，$x$ を横軸，yを縦軸にしてこの関数を図示した場合，(3)の直線が描ける。なお，この関数の傾きは 3 で，切片は 2 である。

選択肢：3，2，増加関数，右上がり，減少関数，右下がり


2．　次の文章を読み，(1)から(4)までに入る最も適当な語句を選択肢から
　　1つ選択しなさい。


　経済学では，皆さん達が生活をする上で消費したり，購入したりする商
品のことを(1)という。また，学校での教育や理容店での散髪といった享
受する行為のことを(2)という。家計もしくは，消費者はお金を支払い，
財・サービスとの交換を行う。そして，それらを消費することで満足度
(＝(3)) を上げる。企業もしくは，生産者は生産した財・サービスとお金
を交換し，(4)を高めていていくように行動する。


選択肢：財，サービス，効用，利潤，幸福度，費用


3．　次の文章を読み，(1)から(3)までに入る最も適当な語句を選択肢から
　　1つ選択しなさい。


　ある現象に関して，時間的な変化を観測もしくは記録して得られた値の
系列のことを(1)という。ある時点において起こっている現象を観測もし
くは記録して得られた値の系列のことをクロスセクション・データもしく
は，(2)という。(1)と(2)の特性を併せた値の系列のことを(3)という。


選択肢：時系列データ，横断面データ，パネルデータ，質的データ，量的
　　　　データ，順序型データ

**推薦図書**

・入谷純・加茂知幸（2016）『＜サピエンティア＞経済数学』東洋経済新報社。

微分・積分，線形代数，確率論をカバーしたテキストとなっている。

・A.C.チャン，K.ウエインライト（2020）『現代経済学の数学基礎（第4版）（上・下）』（小田正雄・高森寛・森崎初男・森平爽一郎訳）彩流社。

経済学で学ぶ静学分析は上巻，動学分析は下巻で説明されている。

**参考文献**

古沢泰治・塩路悦朗（2018）『ベーシック経済学 – 次につながる基礎固め（新版）』有斐閣アルマBasic。

水野勝之（1997）『テキスト経済数学』中央経済社。

三土修平（1996）『初歩からの経済数学』日本評論社。

# 第3章
# 消費者行動

───◆学習の目的◆───

　本章は消費者が日常的に行っている消費行動について，効用，所得，財の価格の観点から考察する内容となっている。これらは，経済学の基本的知識であるため，この後の章を学習していくうえでも理解しておく必要がある。「桃栗三年柿八年」ということわざがあるように，何事も実るまでには時間がかかる。社会に出て知識を生かすためにもしっかりと学習をしてほしい。なお，本章が参考とした文献や推薦する図書を読んでもらうことで，応用・発展的な内容も学習することができる。

## 1　効用と無差別曲線

### 1.1　効用

　**消費者**とは，財・サービスを購入し，それを消費することで満足を得る個人や家計を指す。消費者は自己の満足度（経済学では**効用**とよぶ）を最大にするような意思決定を行う。ただし，消費者は財・サービスを無限に購入できるのではなく，購入できる範囲内（**予算制約**）がある。消費者はその予算制約の下で，効用を最大にするように財・サービスの購入計画を決める。

　消費者が財・サービスを消費することで得られる満足の程度を数値で表わす関数（**効用関数**）について説明する。効用関数は（3-1式）になる。

$$u=U(q_1) \quad （3-1式）$$

（3-1式）の$u$は消費者が得る効用の大きさ，$q_1$は第1財の消費量である。ここでは，第1財を桃とし，消費者は桃を消費することから効用を得ると考える。効用関数の性質として，望ましい財・サービスを消費する場合には，$q_1$の増加によって効用が高まることになる。これは，消費者が桃を食べて嬉しいと感じていることを意味する。なお，財・サービスを1単位追加的に消費することで得る効用のことを**限界効用**（Marginal Utility）という。

| 図表3-1 | 効用関数と限界効用 |
| --- | --- |

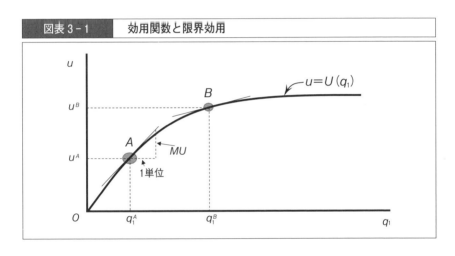

　図表3-1は縦軸に効用，横軸に第1財の消費量を示す。桃の消費量が$q_1^A$のとき，効用は$u^A$になり，消費量が増加した$q_1^B$での効用は$u^B$になる（$u^B > u^A$）。限界効用は効用関数の接線の傾きの大きさで表わされ，桃の消費量が$q_1^A$のときの限界効用は，$A$点における傾き$MU$の大きさとなる。桃の消費量が$q_1^A$から$q_1^B$へと増加すると効用関数の接線の傾き，つまり，限界効用は小さくなる。これは，1個目の桃を食べることの満足度が最も高く，2個目以降はしだいに満足度が低くなっていくことを意味する。この性質を**限界効用逓減の法則**という。

　なお，線上にある一点だけに触れることを，**接する**と表現し，それが直線となった場合には接線となる。

## 1.2　無差別曲線

　消費者は第1財と第2財のみを購入し消費することで効用を得ると考える。ここで，第1財を桃，第2財を柿とする。消費者は第1財と第2財を多く消費するにつれ，得られる効用は高くなっていく。消費する桃と柿の量をそれぞれ，$q_1$，$q_2$とする。

　**図表3-2**に，桃（第1財）を3個と柿（第2財）を5個消費する組合せを$A$点，桃を6個と柿を3個消費する組合せを$B$点として示す。$A$点における桃と柿の組合せとB点における桃と柿の組合せにおいて，どちらか一方をより望ましいものとして選択することができない場合，消費者にとって$A$点と$B$点は無差別で，同じ効用を得る点となる。無差別とは，消費したいという気持ちが同じ程度にあることを意味する。$A$点と$B$点を結んで描いた曲線が**無差別曲線**となる。また，$C$点と$D$点においても，どちらか一方の組合せを選択することができず，同じ効用を得る点の組合せとなるので，$C$点と$D$点を結んで描いた曲線も，無差別曲線となる。ただし，$A$点と$B$点を通る無差別曲線と$C$点と$D$点を通る無差別曲線では，効用の水準が異なる（これについては無差別曲線の2の性質を参照すること）。

　無差別曲線の性質は次の5つである。


1. 無差別曲線は無数に存在する。
2. 無差別曲線は右上にいくほど効用が高くなる。
3. 無差別曲線は右下がりになる。
4. 無差別曲線は交わらない。
5. 無差別曲線は原点に対して凸となる。


　**図表3-2**において，$A$点と$B$点を通る無差別曲線上での効用は同じになり，$C$点と$D$点を通る無差別曲線上での効用は同じになる。桃や柿は数多く存在し消費することができる。さらに，細かく切って食べることまで考えると桃と柿の消費する量の組合せは無数にできる。したがって，無差別曲線は無数に存在

することになる。これが１の性質となる。

　A点とD点での柿の消費量は５個であるが，桃の消費量はD点の方が多くなっている。桃を多く消費することで効用が高くなるので，D点を通る無差別曲線の方がA点を通る無差別曲線よりも効用の水準が高くなる。したがって，無差別曲線は右上にいくほど効用が高くなる。これが２の性質となる。**図表３－２**では無差別曲線の線が太くなると効用が高くなることを示す。

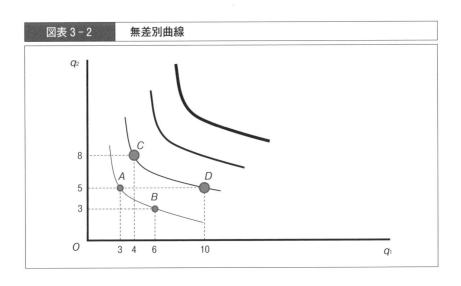

| 図表３－２ | 無差別曲線 |
| --- | --- |

　消費者は桃と柿を多く消費することで効用が高くなる。同じ効用を得るとした場合，桃を消費することから得られる効用が高くなった時には，柿を消費することから得られる効用は低くなる必要がある。そのため，柿の消費量を低下させて柿から得られる効用を低くさせることになる。したがって，無差別曲線は右下がりになる。これが３の性質となる。

　**図表３－３**のA点とB点は同じ無差別曲線上にあり，A点とE点も同じ無差別曲線上にあるため，A点，B点，E点では同じ水準の効用を得ることになる。しかし，E点ではB点と柿の消費量は同じでも，桃の消費量は多い。そのため，E点の方がB点よりも効用が高くなり，A点，B点，E点での効用の水準が同じ

だとはいえない。したがって，無差別曲線は交わらない。これが４の性質となる。

| 図表 3 - 3 | 無差別曲線が交わる場合 |

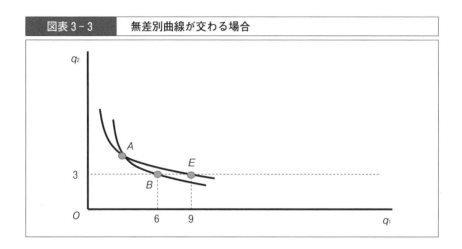

**限界代替率逓減**の法則が成り立つときに，無差別曲線は原点に対して凸（「とつ」と読む）になる。なお，原点（図の「o点」のことである）に対して凸とは，**図表 3 - 4** のように，原点に対して突き出ている形状，もしくは，弓の弦を引っ張ったような形状を指す。これが５の性質となる。

**限界代替率**（Marginal Rate of Substitution: MRS）とは，第１財を追加的に１単位多く消費する際に，効用の水準を等しくするために消費することをあきらめてもよいと考える第２財の量を指す[1]。**図表 3 - 4** では，$\frac{GF}{AG}$ の絶対値，$\frac{IH}{FI}$ の絶対値で表わされる[2]。第１財の１単位が非常に小さくなると，$A$ 点における無差別曲線の傾きの絶対値の大きさに近似できる。ここで，$A$ 点における

---

1) 限界代替率の分子が追加的に消費する第１財の量（１単位）で，分母があきらめてもよいと考える第２財の量となる。

2) $A$ 点から $G$ 点は正の方向に１単位進んでいるが，$G$ 点から $F$ 点は負の方向に進んでいるため，$\frac{GF}{AG}$，$\frac{IH}{FI}$ は負の値になる。

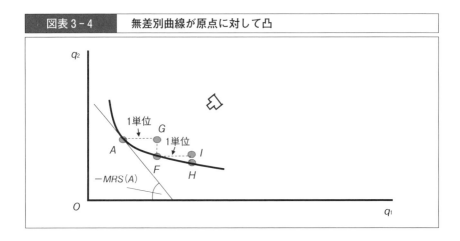

| 図表3-4 | 無差別曲線が原点に対して凸 |

限界代替率を，$MRS(A)$と表記する。第1財を追加的に1単位増加させたとき，$A$点から$F$点の第2財の消費量の低下（$GF$）よりも，$F$点から$H$点の第2財の消費量の低下（$IH$）の方が小さくなる。これは，$\dfrac{GF}{AG}$の絶対値$>\dfrac{IH}{FI}$の絶対値の関係になることを意味する。

　限界代替率逓減の法則とは，第1財の消費が多くなると限界代替率の大きさが小さくなることをいい，**図表3-5**の$MRS(A)$と$MRS(F)$を比較すると，桃

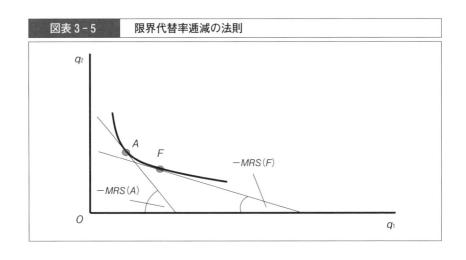

| 図表3-5 | 限界代替率逓減の法則 |

の消費が増えると，その限界代替率は小さくなることがわかる。つまり，$MRS(A) > MRS(F)$になることを意味する。

## 2　消費者の効用最大化

### 2.1　予算制約

　消費者は消費する量が多くなると効用が高くなるが，無限に財・サービスを購入することはできない。消費者は予算内で財・サービスを購入し，その下で効用を最大にする消費量の組合わせ，もしくは消費点を選択する。経済学ではある制約の下で最も良い点を選択することを**最適**と表現する。この場合，「最適な消費点」を選択しているという。

　消費者が購入し消費する財を第1財と第2財とする。所得は$I$，第1財の価格は$p_1$，第1財の消費量は$q_1$，第2財の価格は$p_2$，第2財の消費量は$q_2$，また消費者の予算の限度である予算制約はそれぞれの価格と消費量から$p_1q_1 + p_2q_2 \leqq I$になる。**図表3-6**にこの消費者の予算線と無差別曲線を示す。三角形$obc$の面積は**消費可能性集合**とよばれ，消費可能性集合内であれば，財・サービスを予算内で購入することができる。予算線は消費可能性集合の境界線である線分$bc$（＝予算線$bc$）になり，予算線上では所得をすべて財・サービスの購入に充てることができるが，予算線を越えて財・サービスを購入することはできない。

　予算制約の式を等式として，$q_2$について解くと予算線$bc$は（3-2式）になる。

$$q_2 = \frac{I}{p_2} - \frac{p_1}{p_2}q_1 \qquad （3-2式）$$

　（3-2式）の傾きは$-\dfrac{p_1}{p_2}$，切片は$\dfrac{I}{p_2}$である。（3-2式）の特徴は，傾きの絶対値である$\dfrac{p_1}{p_2}$は，第1財と第2財の価格比（相対価格）を示す。第1財である桃の価格が200円，第2財である柿の価格が100円の場合，$\dfrac{p_1}{p_2} = 2$となる。

これは，桃１個の予算で柿が２個買える。もしくは，桃１個の価値は柿１個の価値の２倍であるともいえる。また，（３-２式）の傾きの絶対値（$\frac{p_1}{p_2}$）は，第１財を１単位多く消費したい場合に，あきらめる必要のある第２財の消費量を示すともいえる。

| 図表３-６ | 予算制約線と無差別曲線 |
| --- | --- |

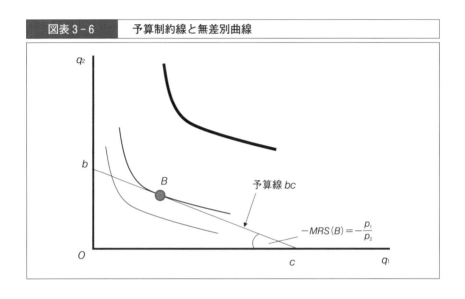

## 2.2　最適な消費点

　消費者は与えられた予算制約の下で，効用の最大化を目指す。そのため，消費者はその予算制約の下で，第１財と第２財の消費量をどのように選択すれば効用の最大化が実現できるかを考える。

　**図表３-６**では，消費者が予算線 *bc* の下で効用を最大にすることを示す。無差別曲線と消費可能性集合から，最も効用の高い点は*B*点になる。消費者は，無差別曲線と予算線 *bc* が接する点を選択する。効用を最大にする*B*点では限界代替率と第１財と第２財の価格比が等しくなる。つまり，$MRS(B) = \frac{p_1}{p_2}$になる。

　**図表３-７**では，所得（*I*）が上昇すると消費点が変化することを示す。*I*が上

昇すると予算線の切片 $\dfrac{I}{p_2}$ が上昇し，効用を最大にする最適な消費点も上方に移動する。最初の所得が $I^B$，予算線が予算線 $bc$ のとき，最適な消費点は$B$点である。所得が $I^B$ から $I^J$ へと上昇すると，予算線は予算線 $bc$ から予算線 $jk$ へと移動する（予算線 $bc$ の切片だけが上昇し，傾きは同じままで，上方に平行移動する）。最適な消費点は$B$点から$J$点へと移動する。最適な消費点の比較をすると，所得上昇後に，第1財と第2財の消費量はともに増加している。所得が上昇することで消費量が増加する財を**正常財**もしくは，**上級財**という。また，所得が上昇することで消費量が減少する財を**劣等財**もしくは，**下級財**という[3]。なお，所得が減少する場合には，最初の所得を $I^J$，減少後の所得を $I^B$ とし，最適な消費点が$J$点から$B$点へと移動することで考えれば良い。

| 図表 3 - 7 | 所得の変化と消費点の動き |
| --- | --- |

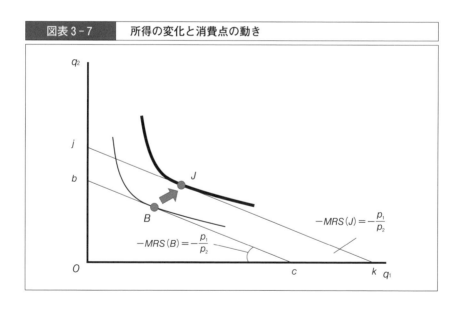

---

3)　所得が上昇する前はスーパーで果物を購入していたが，所得が上昇した後は百貨店で高価な果物を購入するようになった場合，百貨店で購入した高価な果物を食べることが正常財（上級財）を消費することで，スーパーで購入した果物を食べることが劣等財（下級財）を消費することになる。

**図表3-8**では，第1財の価格($p_1$)が上昇すると消費点が変化することを示す。第1財の価格が上昇すると予算線の傾きの絶対値$\dfrac{p_1}{p_2}$が大きくなり，効用を最大にする最適な消費点も下方に移動する。最初の第1財の価格が$p_1^B$，予算線が予算線$bc$のとき，最適な消費点は$B$点である。第1財の価格が$p_1^B$から$p_1^M$へと上昇したことで，予算線は予算線$bc$から予算線$bm$へと変化する（予算線$bc$の切片は同じままで，傾きの絶対値だけが上昇し，下方に移動する）。最適な消費点は$B$点から$M$点へと移動する。最適な消費点の比較をすると，第1財の価格上昇後に，第1財と第2財の消費量は減少する。なお，第1財の価格が下落する場合には，最初の第1財の価格を$p_1^M$，下落後の第1財の価格を$p_1^B$とし，最適な消費点が$M$点から$B$点へと移動することで考えれば良い。

　なお，ここでは詳細に説明をしないが，第1財の価格が変化することによって，第2財の消費量が増加したり，減少したりする。それには代替効果と所得効果が関係する。もし興味があれば，これらの効果についても考えてみよう。

| 図表3-8 | 第1財の価格の変化と消費点の動き |
| --- | --- |

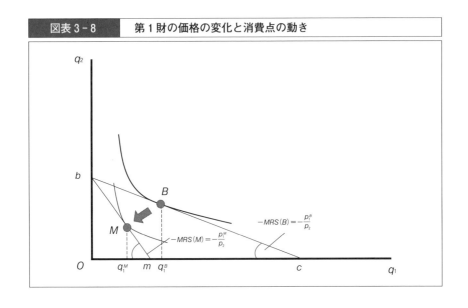

# 3　需要曲線

## 3．1　需要曲線の導出

**需要曲線**は，消費者がある財に対して，どの価格で，どの程度消費したいと思っているかを示す。ただ，実際に消費する量を表わしているのではない。需要曲線は縦軸に価格，横軸に数量を示し，一般的には右下がりになる。価格が下落すると需要量（消費したいと考えている量）が増加する。これを，**需要の法則**という。また，縦軸の価格は消費者の評価額を示し，需要量が少ない場合の方が支払ってもよいと思う金額は高い。これは，1個目の桃や柿の方が2個目の桃や柿よりも食べたいという意欲が高いことから考えられる。

**図表3−8**では，第1財の価格は $p_1^M$ の方が $p_1^B$ よりも高く，B点での第1財の価格は $p_1^B$ で第1財の消費量は $q_1^B$ であり，M点での第1財の価格は $p_1^M$ で第1財の消費量は $q_1^M$ であることを示す。

**図表3−9**では，縦軸に第1財の価格，横軸に第1財の消費量を示す。$D^M$ 点

| 図表3−9 | 第1財の需要曲線の導出 |
| --- | --- |

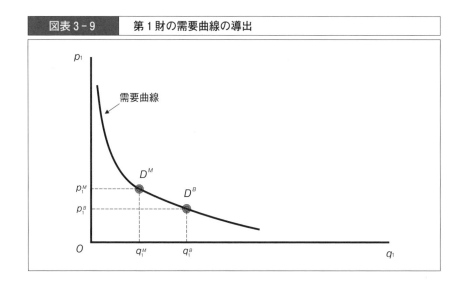

では，第1財の価格が $p_1^M$ で，そのときの消費量が $q_1^M$ である。$D^B$点では，第1財の価格が $p_1^B$ で，そのときの消費量が $q_1^B$ である。このように，所得と第2財の価格を一定にし，第1財の価格を変化させたときの価格と消費量との関係を描いたものが第1財の需要曲線となる。

### 3.2　需要曲線のシフト

　桃の価格が変化すると桃の需要量は変化する。この場合，需要曲線上のどこかで桃の需要量が決定する。それに対して，柿の価格や所得が変化すると桃の需要量も変化する。しかし，この場合，需要曲線上のどこかで桃の需要量が決定するのではなく，需要曲線が右から左へ，もしくは，左から右へとシフト（移動を意味する）し，その下で，桃の需要量が決定する。桃の価格と所得が一定の場合，柿の価格が上昇（下落）したら，柿の食べる量を減ら（増や）し，桃の食べる量を増やす（減らす）ことになるため，需要曲線が右（左）にシフトする。また，桃の価格と柿の価格が一定の場合，所得が上昇（減少）したら，桃の食べる量を増やす（減らす）ことになるため，需要曲線が右（左）にシフトする。

　**図表3-9**の需要曲線は曲線の形状であるが，単純に考えていくため，今後は，直線の形状をした需要曲線を用いて考えていく。**図表3-10**と**図表3-11**は需要曲線のシフトを示す。

　需要曲線のシフトを考える場合，**代替財**と**補完財**を知っておくと理解しやすいので，紹介をする。実は，桃と柿が代替財の関係にあることを前提で今まで説明をしてきた。以下では，財の関係と需要曲線のシフトについて説明する。ある財の価格が上昇したことで，他の財の需要量を増大させることとなった場合，他の財のことを代替財という。たとえば，眼鏡とコンタクトレンズはお互いに代替財の関係にある。眼鏡の価格が高ければコンタクトレンズを購入し，コンタクトレンズの価格が高ければ眼鏡を購入する関係が成立するからである。消費者は，コンタクトレンズの価格が上昇すると，コンタクトレンズを購入せず，眼鏡を購入する。このように，コンタクトレンズの価格が上昇すると，眼

鏡の需要曲線は右にシフトする。これは，**図表3-10**の①のシフトを意味する。また，コンタクトレンズの価格が下落すると，眼鏡の購入量が減少するため，眼鏡の需要曲線は左にシフトする。これは，**図表3-11**の②のシフトを意味する。

　ある財の価格が上昇したことで，他の財の需要量を低下させることとなった

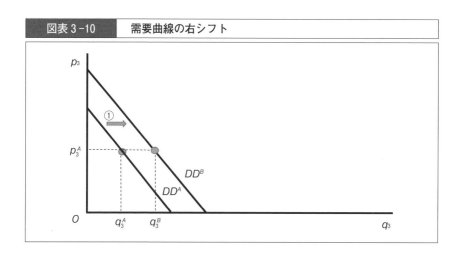

図表3-10　　需要曲線の右シフト

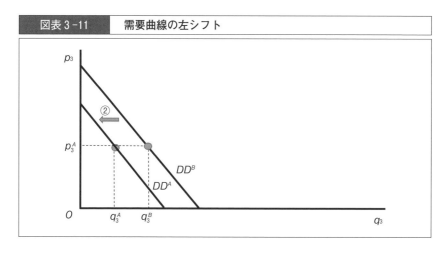

図表3-11　　需要曲線の左シフト

場合，他の財のことを補完財という。たとえば，コンタクトレンズとコンタクトレンズ用の保存液は補完財の関係にある。コンタクトレンズとコンタクトレンズ用の保存液は一緒に消費することに意味があるからである。消費者はコンタクトレンズの価格が上昇すると眼鏡を購入するため，コンタクトレンズ用の保存液の購入量が減少する。このように，コンタクトレンズの価格が上昇すると，コンタクトレンズ用の保存液の需要曲線は左にシフトする。これは，**図表3-11**の②のシフトを意味する。また，コンタクトレンズの価格が下落すると，コンタクトレンズの購入量が増加するため，コンタクトレンズ用の保存液の購入量も増加する。その結果，コンタクトレンズ用の保存液の需要曲線は右にシフトする。これは，**図表3-10**の①のシフトを意味する。

　需要曲線は，代替財の価格，補完財の価格，所得といった値が変化することで左もしくは右にシフトとする。需要曲線がシフトするその他の要因として，桃が健康に良いという情報がTVやネットで流れると，桃を買う消費者が増え，同じ価格のときの需要量よりも増加する。一時的なブームであれば，いずれ元の需要量に戻ることになる。人口が上昇すると，食料品の需要は増える。しかし，日本のように人口が減少すると，食料品の需要は減る。消費税の増税が近日中に実施されると決まっている場合，今のうちに桃を購入しておこうと考える人が増え，桃の需要は増える（駆け込み需要）。ただし，将来の桃の需要は減ると予測される。このように，需要曲線がシフトする例を書いているが，これ以外にも，どのような理由で需要曲線がシフトするかを考えてみよう。

## 3.3　弾力性

　所得もしくは価格が変化したことで，需要がどの程度変化したかを図る尺度として，**需要の所得弾力性**と**需要の価格弾力性**がある。需要の所得弾力性とは，1％の所得の変化によって需要量が何％変化するかを示す尺度である。需要の価格弾力性とは，1％の価格の変化によって需要量が何％変化するかを示す尺度である。

　所得と第1財の需要量を用いて需要の所得弾力性について考える。上昇前の

所得（$I$）が100のときの需要量（$q_1$）は10，上昇後の所得（$I'$）が200のときの需要量（$q_1'$）は15であるとき，需要の所得弾力性は次のように計算される。

$$需要の所得弾力性＝\left(\frac{15-10}{10}\right)\Big/\left(\frac{200-100}{100}\right)=0.5$$

上記は一般的に以下のように表記される。

$$需要の所得弾力性＝\frac{\Delta q_1}{q_1}\Big/\frac{\Delta I}{I}$$

なお，$\Delta I = I'-I$，$\Delta q_1 = q_1'-q_1$ となる（$\Delta$は「デルタ」と読み，変化分を意味する）。需要の所得弾力性＞0ならば，正常財もしくは上級財である。需要の所得弾力性＜0ならば，劣等財もしくは下級財である。需要の所得弾力性＜1ならば，必需品である。需要の所得弾力性＞1ならば，贅沢品である。

第1財の価格と需要量を用いて需要の価格弾力性について考える。上昇前の第1財の価格（$p_1$）が10のときの需要量（$q_1$）は200，上昇後の第1財の価格（$p_1'$）が20のときの需要量（$q_1'$）は100であるとき，需要の価格弾力性は以下のように計算される。

$$需要の価格弾力性＝-\left(\frac{100-200}{200}\right)\Big/\left(\frac{20-10}{10}\right)=0.5$$

上記は一般的に以下のように表記される。

$$需要の価格弾力性＝-\frac{\Delta q_1}{q_1}\Big/\frac{\Delta p_1}{p_1}$$

なお，需要曲線が直線の場合，傾きが緩やかになると価格変化に対して需要が大きく反応する。また，傾きが急になると価格変化に対して需要は小さく反応することになる。

1. 次の文章を読み，(1)から(3)までに入る最も適当な語句を考えよう。

　消費者とは，財・サービスを購入し，それを消費することで満足を得ている個人や家計のことを指し，自己の満足度を最大化するように行動する。この満足度のことを(1)という。また，消費者は(2)の下で，財・サービスの購入計画を決める。財・サービスを1単位追加的に消費することで得られる効用のことを(3)という。

2. 次の文章を読み，(1)から(4)までに入る最も適当な語句を考えよう。

　無差別曲線の性質は次になる。無差別曲線は(1)に存在する。無差別曲線は(2)上にいくほど効用は高い。無差別曲線は(3)になる。無差別曲線は(4)。無差別曲線は原点に対して凸である。

3. 次の文章を読み，(1)から(3)までに入る最も適当な語句を考えよう。

　お米とパンが代替財の場合，お米の価格が上昇すると，パンの需要曲線が(1)にシフトする。お米の健康ブームが起こると，お米の需要曲線が(2)にシフトする。日本人の人口が減少したことで，お米の需要曲線が(3)にシフトする。

推薦図書

・奥野正寛（2008）『ミクロ経済学』東京大学出版会。
価格理論，ゲーム理論，契約理論をカバーしたテキストとなっている。
・神取道宏（2014）『ミクロ経済学の力』日本評論社。
現実と理論の関係について分かりやすく説明したテキストとなっている。

・Ｎ・グレゴリー・マンキュー（2019）『マンキュー経済学Ⅰ　ミクロ編（第4版）』（足立英之・石川城太・小川英治・地主敏樹訳）東洋経済新報社。

世界でも定評のある教科書を翻訳したテキストとなっている。

## 参考文献

武隈愼一（1999）『ミクロ経済学　増補版』新世社。
古沢泰治・塩路悦朗（2018）『ベーシック経済学 – 次につながる基礎固め（新版）』有斐閣アルマBasic。

# 第4章

# 企業行動の原理

────◆学習の目的◆────

　会社と企業はほぼ同じ意味で使われる。会社とは商行為を行う経済主体であり，わが国では会社法でその種類が定義されている。本章では企業という用語を統一して用いるが，その企業が日々，活動する企業行動は，経済活動の中で重要な役割を担っている。そのため，本章では企業とはなにか，そしてその活動の原理を学んでいきたい。

## 1　企業とは

　会社と企業はほぼ同じ意味で使われる。会社とは商行為を行う経済主体であり，わが国では会社法でその種類が定義されているが，詳しくは第9章をみてもらいたい。本章では企業という用語を統一して用いるが，その企業が日々，活動する企業行動は，経済活動の中で重要な役割を担っている。そのため，この章では企業とはなにか，そしてその活動の原理を学んでいきたい。

　経済の中で企業が果たす役割は，ある特定の財・サービスを生産し，市場に供給することである。いいかえると，企業はある特定の財・サービスの生産・供給をするための団体ともいえる。生産・供給するために，企業は賃金を支払って，労働者を雇い，また設備投資とよばれる将来の生産のための設備の購入を行う。さらには，新製品を開発したり，新たな生産プロセスを発見するための研究開発を行ったりもする。

経済学では企業の存在をあえて単純にしてとらえている。たとえば，個々の企業の特徴・個性というものを捨象して，多数存在する企業でも同質的な存在としてとらえている。また，企業が生産するための要素も**土地**，従業員を雇用する**労働**，設備機械などの**資本**，そして労働と資本の組み合わせである**技術**といったものに単純化している。これは，経済学が市場の機能を説明するために，あえて企業の特徴を単純にしていることが便利であるからである。

　経営学では，企業をより現実に近づけてとらえようとしている。すなわち，多数存在する企業のそれぞれの特徴・個性を重視し，独自の技術や差別化された製品などにも注目する。また，企業内の組織や，経営者による生産要素である労働への関わり方など，企業を複雑にとらえている。また，個別の企業活動の事例を深く学ぶこともある。

　経済学では企業を単純化してとらえることにより，市場での企業の役割を浮かび上がらせたり，消費者全体との関わりなどを理解しやすくなる。そのため，経済学では企業の目的を次のようにとらえている。すなわち，企業は自らの利潤を最大にするように行動するものとする。ここで，企業の利潤は総収入から総費用を引いた値，すなわち

$$利潤＝総収入－総費用　　（4-1式）$$

と定義される。企業は財・サービスを生産し，それを販売することで収入の合計である**総収入**を得ることができる。一方，企業は何もないところから生産することはなく，原材料や生産設備を購入したり，工場用地やオフィスなどを賃貸したりすることによって財・サービスを生産することができる。また，財・サービスの生産に必要な技術的な要素を**生産要素**とよぶ。

　生産に必要な費用の総計が**総費用**となる。また，生産に必要な原材料などを**投入物**とよぶ。ただし，総費用について注意したいのは，会計上の費用だけでなく，経済学では機会費用も総費用に含めて考慮する。ここで**機会費用**とは，次のようにとらえる。ある経済活動を決定したときに，他の経済活動を行う機会が失われることになる。その行わなかった経済活動を行っていれば得られた

であろう最大の収益を機会費用とよぶ。たとえば，ある投入物Aを利用すると決定したときに，別の投入物Bを利用して生産していれば得られるであろう収益を放棄したことになる。したがって，経済学では総費用の中に機会費用を含めて考慮する。

　このように，（4-1式）の利潤が最も大きくなるように，企業は生産量を決定するものと想定する。たとえば企業は収入を得るための活動として，原材料をどのぐらい購入するのか，あるいは労働者を何人ぐらい雇うのか，また生産に必要な設備をどのぐらい設置するのかといったことである。労働者を雇うことを**雇用**とよび，設備購入を**投資**あるいは**設備投資**とよぶ。さらに，新たな製品開発（これをプロダクト・イノベーションとよぶ）や新しい製造方法の開発（これをプロセス・イノベーションとよぶ）などを行う技術革新のための開発投資も行うものと考えている。ただし，総収入を最大にするのではなく，総費用を差し引いた利潤を最大にするように，企業は雇用や投資を決定する。

　このような経済学での企業像は，経営学で描く企業像と比べるとかなり単純化されたものであるが，概ね現実の企業行動を描写しているといえる。利潤を最大化するという企業行動の原理は，企業行動を決定する企業家を満足させるものであろう。実際，起業家が企業を設立し経営する第1の目的は，企業行動から得られる利潤をできるだけ最大にすることにあると言っていいであろう。もし利潤を得られなければ，企業活動を続けることができないからである。そのため，この原理によって企業活動の様々な意思決定をすると考えられる。

## 2　企業が生産するための条件

　1で説明したように，企業は財・サービスの生産をすることで利潤を最大にしようとする。生産するために必要な技術的な要素を生産要素とよぶが，具体的には労働，資本，土地，そして技術をさす。資本とは，建物，機械などをさす。また，労働とは，労働者，事務職員，そして経営者などを含み，すべての人的資源をさす。技術が，これらの資本と労働とをどのように組み合わせるか

を決定する。土地は，企業活動をするために必要な用地をさす。ただし，本書では，企業にとって土地と技術は既に与えられたものとし，詳しくは説明しない。

　また，企業は生産要素の投入量を増加させることを通じて利潤を最大化するとき，すべての要素を同時に変化させるとはかぎらない。企業は変化させやすい生産要素から変更すると考えるのが現実的でもあろう。変更しやすい生産要素として労働があげられる。労働の投入量は，法律や慣習にも制約を受けるものの，比較的弾力的に企業によって決定される。この期間を**短期**とする。すなわち，資本量を一定のままとして労働の投入量を決定することができる期間を短期とする。

　さらに，資本の投入量を含め，すべての生産要素の量を決定することができる期間を**長期**とする。したがって，長期では労働量と資本量を同時に決定するものとする。ただし，本書で一定とする土地と技術の水準を変化させることができるのであれば，長期ではそれらの水準も決定することができると考える。

　ここで企業の生産要素の投入と生産水準の関係について説明しよう。企業が生産要素の投入量を1単位増加させるときに生産量が増える分を**限界生産力**とよぶ。たとえば労働1単位を増加させるとき生産量が増えた分を労働の限界生産力とよび，資本1単位を増加させるとき生産量が増えた分を資本の限界生産力とよぶ。生産要素が増加すれば限界生産力は増えるものの，その増加分（増分とよぶこともある）は生産要素の投入量が増えるにしたがって減少すると考える。これを**限界生産力の逓減**とよぶ。また限界生産力が逓減するならば，生産要素が増加することで生産量の増加は逓減する。一方，生産要素を購入したり，あるいは労働者を雇用するには費用が発生する。

　通常，経済学では生産要素の追加によるその費用の**増加分も増えていく**と想定している。企業が生産を増加させるためには，それに必要な原材料や設備なども増やしていかなければならず，その費用が生産の増加するペースよりも大きく増加していくことになる。しだいに，企業が生産量を1単位増やしていくと，最初の生産に必要な費用よりもしだいに増えていくということを想定して

いる。このような費用が増加する特徴を逓増とよぶ。実際，企業が製品の生産を増加させていくには，原材料だけでなく設備も増やすことが多く，そのため費用も逓増して増加すると考えられる。

　また，生産と生産要素との関係を関数として表現したものを，**生産関数**とよぶ。たとえば短期の生産を考えてみよう。短期では長期とは異なり，資本が固定されていると考えるので，生産要素の 1 つである労働と生産との関係のみを考えてみよう。労働 1 単位が増加すると生産量も増加すると考えられる。しかし，労働を投入するにしたがって，生産量の増え方は小さくなっていく。なぜなら，資本である設備が一定の下では，労働を増やせば生産量も増加するものの，設備の能力には限界があり，追加される労働が過剰となってしまう。そのため，生産量の増え方は小さくなる。この生産要素の投入量と生産量の関係を**収穫逓減**の法則とよぶ。また，**図表 4 - 1** では労働と生産の関係を示している。経済学ではこれらの特徴を想定しており，本書でもこの仮定をおいて説明をすすめていく。

　長期では資本を増加させることができるので，生産関数も生産量と，労働と

| 図表 4 - 1 | 労働と生産の関係 |

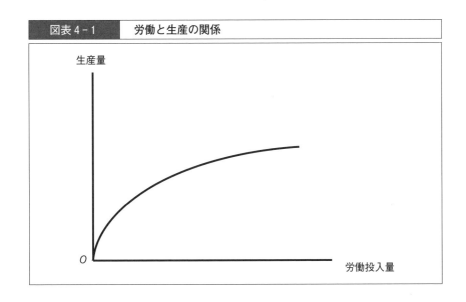

資本との2つの生産要素の関係で表すことができる。たとえば資本が1単位増加すると生産も増加するが，この場合も収穫逓減の法則より，生産量の増え方はしだいに小さくなる。すなわち，生産技術が変わらないものとすると，資本を増やせば生産量が増加するものの，生産設備の能力には限界があり，追加される資本が過剰となってしまい，生産量の増え方は小さくなる。

## 3　完全競争市場の下での企業行動

### 3.1　完全競争市場における利潤最大化

　完全競争市場は，多数の消費者と多数の生産者が参加する市場として定義される（詳しくは，**第5章**で学ぶ）。多数の企業が市場に参加するということは，市場の全体からみて個別企業が小さな存在であり，市場に対して影響力を持たないということでもある。

　このような多数の企業が参加する市場では，各企業は，市場が決める価格を受け入れて，市場への参入の是非や生産量を決める。この市場に参加するすべての企業にとって，市場が示す価格は同一である。このとき，市場が決めた価格を受け入れられない企業は，その市場に参加しないし，受け入れられる企業のみがその市場に参加し，その価格に応じて生産量を決める。市場には，このようにして各企業が生産した財・サービスが供給される。市場が決める価格を受け入れて企業が生産活動を決めるとき，この企業はプライス・テイカー（価格受容者ともよばれる）とよばれる。

　一口に企業の生産活動といっても，その内容は多岐にわたる。実際に生産するためには，何を生産するか，どれくらい生産するか，どうやって生産するかなどを考えるし，他にも，生産のための資金はどうやって調達するか，従業員は何人くらい必要か，給料はいくらくらいにしようか，仕入先はどうしようかなどを決めなければならない。生産活動の実際では，企業はこれらをすべて決めている。経済学は，企業の生産活動を抽象化してモデル（数学的な模型）を作ってとらえるので，これらの中には経済学があまり得意ではないものもある。

たとえば，従業員をどれくらい雇うかは，経済学では労働市場における雇用量の決定として抽象的に分析するが，具体的にどのようにして従業員を評価し，効率的に管理するかを考えるのは，経営学の一分野である人的資源管理論の方が得意である。

　しかし，複雑な問題をそのまま分析するのは難しい。そのため，抽象化によって問題を単純化し，見通しをよくすることは，多くの学問で行われる方法であり，経済学でも有効に利用されている。

　企業の生産活動において，経済学がもっとも関心をもつのは供給量である。単純化した想定では，供給量と生産量は等しいと考えるので，これは生産量に関心を持つことと同じになる。完全競争市場に参加する企業はプライス・テイカーとしてふる舞うので，これは，プライス・テイカーである企業がどのようにして生産量を決定するのかを考えることになる。

　企業の生産量決定に関する意思決定の基準は，すでに本章の 1 で述べており，利潤最大化である。つまり企業は，利潤が最大になるように生産量を決定する。実際には，利潤ではなく，売上や市場シェアを最大にしようとする企業もあるかもしれないし，利用可能な生産設備を最大限に活用して最大の生産量を実現しようと考えるかもしれない。しかし，多様な企業活動の現実を抽象化して描写したもっとも妥当なモデルとして，まずは，企業は利潤最大化することを目的にしているという想定から始めよう，ということである。

　企業は，利潤が最大になるように生産量を決定する。企業の利潤は，（4 - 1式）によって表すことができた。（4 - 1 式）を使って，直観的に利潤が最大になるときの条件を考えてみたい。

　企業は，ゼロから始まって，少しずつ生産量を増やしていく。生産量の増加とともに当初は利潤も増えていく。あるところで利潤はピークになる。ピークを超えると，今後は，生産量を増加させると利潤が減ってしまう。このように考えると，利潤が増えるところと減るところのちょうど境目，いいかえると利潤がこれ以上増えないところが利潤のピークであり，このときの生産量が利潤を最大にする生産量ということになる。

生産量が少しだけ変化したときの収入の変化の大きさは**限界収入**，生産量が少しだけ変化したときの費用の変化の大きさは**限界費用**とよばれる。限界収入と限界費用の言葉を使うと，生産量を増やしたときに利潤が増えるのは，限界収入よりも限界費用が小さいときといえる。逆に，限界収入よりも限界費用が大きいとき，生産量を増やすと利潤が減ることになる。

　このように考えると，利潤が最大になるのは，ちょうど限界収入と限界費用が等しいときであることがわかる。企業が利潤を最大化するための条件は，限界収入と限界費用が等しくなることであり，このときの生産量が企業の利潤を最大にする生産量ということになる。（4-2式）が企業の利潤最大化の条件である。

限界収入＝限界費用　　（4-2式）

ところで，企業の総収入は，（4-3式）のようにして表すことができる。

総収入＝価格×生産量　　（4-3式）

　ここで，この企業が完全競争市場に参加していることを思い出してほしい。完全競争市場に参加する企業は，プライス・テイカーとして，市場の価格を受け入れて販売を行うのであった。これは企業にとって，（4-3式）における価格が一定であることを意味する。価格が一定のとき，生産量の追加的な増加によって得られる総収入の増加は，生産物の価格に等しい。つまり，完全競争市場に参加する企業の限界収入は価格に等しいことになる。この関係を利用すると，（4-2式）は，次のように書き換えることができる。これは，**完全競争市場における企業の利潤最大化条件**として知られている。

価格＝限界費用　　（4-4式）

　次に，企業の利潤最大化を，グラフを使って考えてみよう。そのためには，（4-3式）を利用して，（4-1式）を，以下のように生産量を使った形に書き換えるのがわかりやすい。

利潤＝価格×生産量－総費用　　　（4-5式）

**図表4-2**は，利潤，総収入，総費用の関係をグラフで表している。縦軸に総収入と総費用の金額，横軸に生産量を測っているのは，通常のグラフと同様である。

　企業は，完全競争市場に参入することを想定しているため，プライス・テイカーである。したがって，企業は市場が与える価格を所与として受け入れており，この企業が直面する価格は市場が与える水準で一定である。価格が一定であることから，総収入線は価格を傾きとした直線で描かれている。総費用曲線は，生産量の増加に伴って総費用も増加することから右上がりの曲線である（詳しくは**3.2**で説明する。）。利潤は，総収入と総費用の差額なので，グラフ

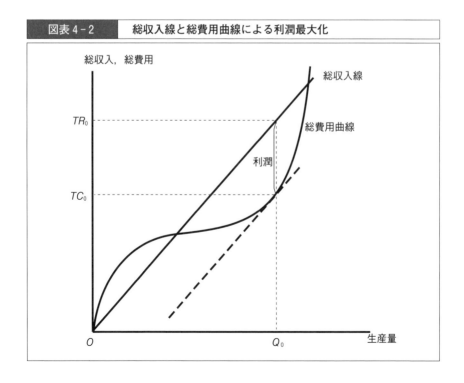

**図表4-2**　**総収入線と総費用曲線による利潤最大化**

では総収入線と総費用曲線の垂直距離によって表される。

　**図表4-2**で利潤を最大にする生産量はどこだろうか。利潤は総収入線と総費用曲線の垂直距離なので，利潤が最大になるのは総収入線と総費用曲線の垂直距離が最大になるところである。**図表4-2**では，生産量が$Q_0$のときに利潤が最大になっている。垂直距離を最大にする生産量の水準では，総収入線の傾きと総費用曲線の傾きが等しい。このことから，総収入線の傾きと総費用曲線の傾きが等しくなるような生産量で利潤が最大になることがわかる。

　総収入線の傾きは価格であり，限界収入である。また，総費用曲線の傾きは，生産量の変化に対する総費用の変化の割合であり，限界費用である。総収入線と総費用曲線の傾きが等しいことは，価格と限界費用が等しくなることであることが，**図表4-2**から確認できる。

### 3.2　生産費用

　ここで生産費用について詳しく確認してみたい。生産に必要な費用の総計を総費用とよぶことはすでに説明したが，総費用は，**固定費用**と**可変費用**に分けることができる。

$$総費用＝固定費用＋可変費用　　（4-6式）$$

　**固定費用**は，生産量が変化しても金額が変わらない費用である。**可変費用**は，生産量の変化に伴って金額が変わる費用である。ある費用が固定費用であるか可変費用であるかは，絶対的なものではなく，期間の長短に応じて決まる。たとえば，労働は短期的にも長期的にも投入量を変化させることができるので，短期的にも長期的にも可変費用である。

　しかし，工場設備などの資本は，短期的には変化させることはできないが，長期的には変化させることができる。したがって，資本は，短期的には固定費用であるが，長期的には可変費用となる。言い換えれば，すべての費用が可変費用となる期間が長期であり，固定費用と可変費用がともに存在する期間が短期ということになる。

　費用と生産量の関係を考えると，生産量の増加とともに総費用が増加することは当然である。しかし，その増加の仕方には注意が必要である。経済学の想定は，生産量が少ないうちは，規模の経済が働き，生産量が多くなると，規模の不経済が働くというものである。ある定度までは規模の経済によって生産効率が上がるが，その効果には限界があり，一定の水準を超えると不経済になってしまう，というイメージである。

　**図表 4 - 3** には，各種の費用曲線を描いている。平均総費用は，総費用÷生産量なので，原点から総費用曲線に引いた直線の傾きとして表すことができる。総費用曲線で平均総費用の変化を確認すると，点$S$（生産量$Q_S$）までは平均総費用（つまり傾き）が逓減し，点$S$を超えると平均総費用が逓増していることがわかる。経済学は，このような逆S字型の総費用曲線を企業の生産活動の費用構造を表す形として標準的に想定している。

　総費用が固定費用と可変費用に分けられるのと同じように，平均費用も**平均固定費用**と**平均可変費用**に分けられる。これは，（4 - 6 式）の両辺を生産量で割ることで得ることができる。

　　　　　総費用÷生産量＝平均総費用

　　　　　固定費用÷生産量＝平均固定費用

　　　　　可変費用÷生産量＝平均可変費用

　　　　　平均総費用＝平均固定費用＋平均可変費用　　　（4 - 7 式）

　平均総費用曲線は，逆S字型の総費用曲線の仮定から，U字型である。U字型の平均総費用曲線の意味は，平均固定費用と平均可変費用を使うことで，より明確に理解できる。平均固定費用は，生産量の増加とともに逓減する。一方，平均可変費用は，当初は逓減するが，一定の水準を超えると逓増する。したがって，当初は，平均総費用も逓減するが，一定の生産量を超えると，平均固定費用の逓減分よりも平均固定費用の逓増分の方が大きくなり，平均総費用は逓増する。これが，平均総費用曲線がU字型であることの意味である。

　ここで限界費用の変化についても確認しておこう。限界費用は，生産量が1

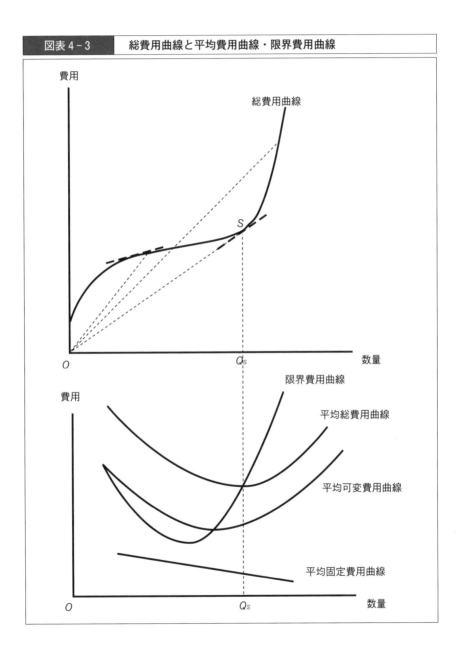

図表 4 - 3　総費用曲線と平均費用曲線・限界費用曲線

費用

総費用曲線

S

O　　　　　　　　　　$Q_S$　　　　　数量

費用

限界費用曲線

平均総費用曲線

平均可変費用曲線

平均固定費用曲線

O　　　　　　　　　　$Q_S$　　　　　数量

66

単位増加することによって増加する費用の大きさの意味であり，総費用曲線の傾きである。**図表 4 - 3**で総費用曲線の傾きを確認すると，当初は生産量の増加とともに，傾きは緩やかになる。一定の生産量を超えると，逆に，傾きは急になる。これを限界費用の用語で述べると，当初は限界費用が逓減するが，途中から，限界費用が逓増に転ずるということになる。

　平均可変費用と限界費用の関係も確認しておきたい。1 個目の生産では，平均可変費用と限界費用は等しいので，両曲線の始まりは一致している。その後は，限界費用が平均可変費用よりも小さく，平均可変費用は逓減する。限界費用が平均可変費用よりも大きくなると，平均可変費用は逓増する。

　ちょうど平均可変費用の変化の仕方が逓減から逓増に変わるポイントがあり，そこが平均可変費用の最小点となる。平均可変費用を最小にする限界費用の大きさが存在し，ここで平均可変費用曲線と限界費用曲線が交差していることになる。

　平均総費用は，平均可変費用＋平均固定費用であるが，平均可変費用の場合と同様に，限界費用より小さいときに逓減し，限界費用より大きいときに逓増している。平均総費用曲線と限界費用曲線の関係も，平均可変費用の場合と同じようにして理解できる。

# 4　供給曲線

## 4.1　個別供給曲線

　企業は，3 で説明したような生産と費用の関係を踏まえて，利潤が最大になるような生産量を決定する。企業は，完全競争市場に参加して，生産物を販売する。販売し，利潤を得るために，企業が市場で財・サービスを生産・販売することは，供給とよばれる。

　企業の供給に影響を与えそうな要因はいろいろあるが，経済学では，需要の場合と同じように，もっとも重要な要因として財・サービスの価格に着目する。価格と供給量の関係は，**図表 4 - 4**のように，これも需要の場合と同じである

が，縦軸に価格，横軸に数量を測ったグラフによって表現される。

　企業の供給曲線は，通常，右上がりで描かれる。これは，価格が高くなるほどに供給量が増えることを意味する。高い価格は，企業にとっては，高い販売価格を意味しており，高く売れるのであれば，もっと供給量を増やそうということである。この意味で，供給曲線における価格は，企業にとって「最低限この価格であれば，供給することにしよう」という目安の価格，つまり最低販売価格の意味がある。たとえば，最低販売価格が$P_0$ならば$Q_0$の供給を行う。最低販売価格が$P_1$に上がれば，供給量も$Q_1$に増える。しかし，最低販売価格が$P_2$に下がれば，供給量も$Q_2$に減る，といった具合である。

　このようにして，供給曲線のグラフでは，供給曲線の高さを最低販売価格として解釈できる。これは，需要曲線のグラフにおいて，需要曲線の高さが消費

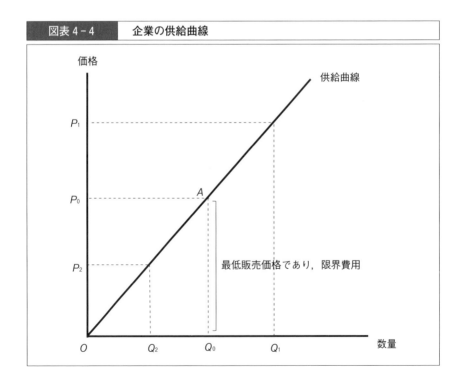

図表 4 - 4　　企業の供給曲線

者の限界支払意思額として解釈できたことに対応している。

　供給曲線の高さが最低販売価格であることから，供給曲線を使って，企業の売上を表すことができる。たとえば，**図表 4 - 4** で最低販売価格が$P_0$のときの販売量（生産量）は$Q_0$であった。このとき，この企業は，価格$P_0$で数量$Q_0$を販売していることになる。したがって，総収入は$P_0 \times Q_0$であり，これを**図表 4 - 4** で示すと，四角形$OP_0AQ_0$の面積である。

## 4 . 2　供給曲線と限界費用

　ところで，需要曲線の高さは，財を購入する時に支払をしてもよいという限界支払意思を示した価格であるのと同時に，限界便益（または，限界効用）の意味もあった。供給曲線の高さにも，これと同様に，２つの意味がある。供給曲線の高さに最低販売価格の意味があることはすでに説明したが，もうひとつの意味は，限界費用である。このために，需要曲線が限界便益曲線とよばれるのと同じように，供給曲線も限界費用曲線とよばれることがある。

　供給曲線の高さが限界費用を意味することは，完全競争市場で操業する企業の利潤最大化条件である価格と限界費用が等しくなること（つまり，（4 - 4 式））から導かれる。（4 - 4 式）の意味は，市場によってある価格が与えられたときに，その価格と限界費用が等しくなるように企業が生産量を決定することである。これは，限界費用が企業の生産量を決めると言いかえることができる。**図表 4 - 4** でいえば，限界費用が$P_0$のとき，利潤を最大にする生産量が$Q_0$になるということである。これは，供給曲線を縦軸（価格）から横軸（数量）に読んでいることになる。

　需要曲線と同様に（同様のことが多い！）供給曲線も，横軸（数量）から縦軸（価格）に読むことができる。このときには，生産量が$Q_0$のときの限界費用が$P_0$という理解になる。このように供給曲線を理解すると，供給曲線を使って総可変費用を表すことも容易である。たとえば，生産量が$Q_0$のときの総可変費用は三角形$OAQ_0$の面積であらわされる。

　供給曲線の高さが限界費用であることは，**図表 4 - 5** によっても理解できる。

図表4-5は，図表4-3と同じく，限界費用曲線，平均総費用曲線，平均可変費用曲線を描いている。

　企業は，プライス・テイカーなので，市場が決める価格を受け入れて，その価格で財・サービスを生産し，販売する。たとえば，市場価格が$P_1$のとき，この企業の生産量は，（4-4式）の条件から，$Q_1$である。このとき，この企業の総収入は，総収入＝価格×生産量なので，四角形$OP_1AQ_1$である。一方，生産量が$Q_1$のときの平均総費用は$P_2$である。したがって，総費用は四角形$OP_2BQ_1$である。利潤＝総収入－総費用（4-1式）なので，四角形$P_1P_2BA$が利潤となる。

　ここで市場価格が変化したときに，企業の生産量がどのように変化するのかをみていきたい。市場価格が$P_3$に下がると，どうなるだろうか。このときの生産量は$Q_2$であり，総収入は四角形$OP_3CQ_2$となる。$P_3$は生産量が$Q_2$であるときの平均総費用にも等しいので，市場価格が$P_3$のときには，総費用も四

| 図表4-5 | 企業の損益分岐点と操業停止点 |
| --- | --- |

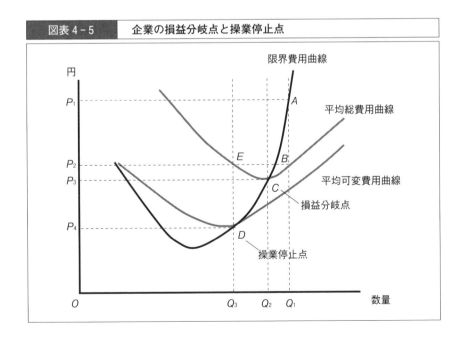

角形$OP_3CQ_2$となる。したがって，このとき，利潤はゼロである。利潤がゼロになる点$C$は，損益分岐点とよばれている。企業は，損益分岐点を超える生産量のときに黒字であり，これを下回る生産量では赤字である。

　市場価格が，更に下がって，$P_4$になるとどうなるだろうか。このときの生産量は$Q_3$であり，総収入は四角形$OP_4DQ_3$である。生産量が$Q_3$のときの平均総費用は$P_2$であり，総費用は四角形$OP_2EQ_3$である。したがって，四角形$P_2P_4DE$だけの赤字が発生していることになる。ところで，価格$P_4$は，生産量が$Q_3$のときの平均総費用$P_2$を下回ってはいるが，生産量が$Q_3$のときの平均可変費用に等しい。このとき，企業は，確かに赤字ではあるが，$Q_3$の生産量によって総可変費用はまかなえていることになる。したがって，企業は，この水準までは市場価格を受け入れて，生産を行うと想定できる。赤字ではあるが総可変費用だけはまかなうことができる点$D$は，操業停止点とよばれている。企業は，市場価格がこれ以上であれば生産を行うが，これを下回ると生産を行わない。

　ここまで，**図表4-5**によって，企業が，限界費用に応じて生産量を決定すること，その生産量に対応して総収入と総費用が決まり，そして利潤も決まることを確認してきた。そこで確認できたことは，企業は，市場価格が操業停止点以上のときに，限界費用曲線によって与えられる生産量の生産を行うことである。ここから，限界費用曲線の操業停止点より右上の部分によって，価格と生産量の関係をとらえることができることがわかる。これが供給曲線である。

　このようにして限界費用曲線の一部（右上がりの部分）が供給曲線であることを踏まえると，供給曲線が右上がりとなるのも当然である。つまり，供給曲線が右上がりなのは，生産量の増加とともに限界費用が増加するからである。

## 4.3　供給曲線のシフト

　需要曲線では，当該財の価格が変化したときに需要曲線上で需要量が変化し，当該財の価格以外の要因が変化したときには需要曲線がシフトした。供給曲線も，同様に，価格以外の要因が変化するときには，供給曲線がシフトする。

（本来は，個別企業の供給曲線と市場の供給曲線を区別した上で説明すべきである。**第5章**で市場供給曲線を説明するので，その後，各自でここでの説明を復習されたい。）

　供給曲線をシフトさせる要因には，**図表4-6**のようなものが考えられる。たとえば，原材料価格や人件費などが上昇することで生産費用が増えると，それまでと同じ生産量を実現するためであっても，企業はそれまでに比べて余計に費用を負担しなければならない。つまり，同じだけ生産するためにそれまでよりも多くの限界費用が必要となる。その結果，生産費用上昇後の供給曲線は，上昇前の供給曲線よりも左方に位置することになる。これが，生産費用の上昇による供給曲線のシフトである。

| 図表4-6 | 供給曲線をシフトさせる要因 |

| 要因 | シフトの方向 |
|---|---|
| 生産費用 | 生産コストの上昇（下落）は，供給曲線を左方（右方）シフトさせる |
| 生産技術 | 生産技術の改善は，供給曲線を右方シフトさせる |
| 生産者数 | 生産者数の増加（減少）は，供給曲線を右方（左方）シフトさせる |
| 将来の予想 | 将来の予想を踏まえて生産を増加（減少）させると，供給曲線は右方（左方）シフトする |

　他の要因も，供給曲線がシフトするメカニズムは同様である。生産技術の改善は，それまでと同じだけの生産量を実現するために必要な限界費用を引下げる。その結果，生産技術の改善によって，供給曲線は右方にシフトする。生産者数の増加は，市場への供給量を増やすことで，供給曲線を右方にシフトさせる。将来の市場を見込んで，企業が生産量を増やそうと考えると，供給曲線は右方にシフトする。

　価格に対しては，供給曲線はシフトせず，供給曲線上で供給量が変化するが，価格以外の変化に対しては，供給曲線がシフトすることによって，供給が変化する。「量」という言葉があるかないかの些細な違いであるが，供給量の変化

と供給の変化を区別することは，供給曲線の理解にとって重要である。

## 4.4　供給の価格弾力性

　これも需要の場合と同様に，供給にも価格弾力性のとらえ方がある。供給の価格弾力性の定義は，次のようになる。

$$供給の価格弾力性 = \frac{供給量の変化率}{価格の変化率} = \frac{\frac{\Delta Q}{Q}}{\frac{\Delta P}{P}} = \frac{\Delta Q}{\Delta P} \times \frac{P}{Q} \qquad （4-8式）$$

　（4-8式）で，$\frac{\Delta Q}{\Delta P}$は，供給曲線の傾きの逆数である。**図表 4-7** には，傾きの異なる 2 つの供給曲線を描いている。供給曲線 S よりも供給曲線 S' の方が傾きが緩やかである。同じだけの価格の変化（$\Delta P$）に対して，供給曲線 S' の方が数量の変化が大きい。ここから，傾きが緩やかである方が供給の価格弾力性が高いことがわかる。

　価格弾力性の大きさは，1 を基準にして解釈される。供給の価格弾力性が 1 よりも大きいとき，価格の変化率よりも供給量の変化率の方が大きいことになる。これは，供給が弾力的であるといわれる。逆に，供給の価格弾力性が 1 よりも小さいとき，価格の変化率よりも供給量の変化率の方が小さいことになり，このとき，供給は非弾力的であるといわれる。価格弾力性がちょうど 1 に等しいときは，単位弾力的（unit elasticity）であるといわれる。供給曲線の特殊なケースに，垂直な場合や水平な場合がある。垂直な場合は完全弾力的な供給曲線，水平な場合は完全非弾力的な供給曲線とよばれている。

　ここで注意すべきは，供給曲線の傾きが同じであったとしても，必ずしも価格弾力性が等しくなるわけではないことである。たとえば，**図表 4-7** で，点 A と点 B で傾きは等しいが，価格弾力性は異なる。通常（供給曲線が直線でその切片が正である場合），生産量の増加とともに生産量 1 単位当たりの価格（$=P/Q$）が逓減するので，生産量が増加すると価格弾力性は低くなる。このことから，生産量が多いほど，低い価格弾力性を見込めることになる。

供給の価格弾力性

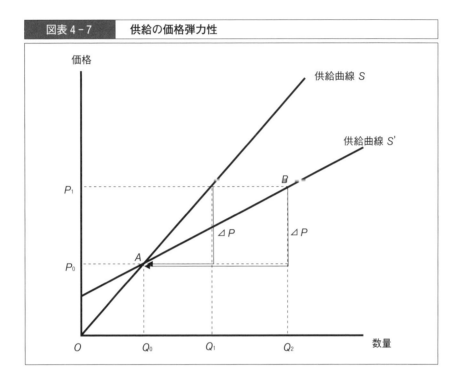

**練習問題**

1. 生産関数が$Q=\sqrt{L}$（$L$は労働量）であるとする。労働量が$L=4$から$L=16$へと4倍に増加するとき，生産量は何倍になるか。

2. 供給関数が$Q=2P-200$で与えられるとする。追加的な1単位の生産に要する費用が50だけ増加したとき，供給関数はどのようになるか。

3. 供給関数が$Q=2P-200$で与えられるとする。価格が100から150に上がるとき，供給量はどのように変化するか。

4. $Q=2P-200$の供給関数をもつ企業が，生産技術の向上によって，同じ最低販売価格であっても従来よりも200だけ多く供給できるようになったとする。生産技術向上後の供給曲線はどうなるか。

5. **図表4-7**で，供給曲線$S$が$P=\frac{1}{2}Q+100$で与えられるとする。$P_0=200$，$P_1=400$とするとき，点$A$と点$B$における供給の価格弾力性はそれぞれいくらか。

**推薦図書**

・伊藤元重（2021）『ビジネス・エコノミクス（第2版）』日本経済新聞出版。
たくさんの最近の事例を挙げて，企業活動を経済学で説明している。

**参考文献**

アセモグル・レイブソン・リスト［2020］『ミクロ経済学』東洋経済新報社

# 第5章

# 市場均衡

────◆学習の目的◆────

　本章では，第1に，市場の需要曲線と供給曲線の考え方を学ぶ。とくに，市場に多数の買い手や売り手が参加しているときに，市場の需要量と供給量を求める方法を説明する。第2に，市場均衡の概念について学ぶ。市場均衡は市場の需要量と供給量が等しくなるときに実現する。さらに，需要量と供給量が等しくないときであっても，価格が変化することで需給の乖離が解消されるメカニズムについても理解する。第3に，余剰分析の方法を学ぶ。消費者余剰，生産者余剰，社会的余剰の考え方を説明し，これによって完全競争市場において市場均衡が望ましいことの理由を理解する。

## 1　市場における需要と供給

### 1.1　完全競争市場とは

　**市場**とは，売り手と買い手が財やサービスを取引する場である。市場は，市場への参加者数と価格支配力によって，独占市場，複占市場，寡占市場，独占的競争市場，完全競争市場などに分けることができる。これらのうちで，多数の売り手と多数の買い手が参加する市場を**完全競争市場**という。

　このような市場のタイプは，主には，市場に参加する売り手・買い手の数と価格支配力に着目して区別することができる。**図表5-1**では，さまざまな市場の種類のうち，売り手の数に着目して代表的な市場を挙げている。

市場の種類

| 市場の種類 | 売り手の数 | 売り手の価格支配力 | 商品の質 |
|---|---|---|---|
| 完全競争 | 多数 | なし | 同質 |
| 独占的競争 | 多数 | あり | 差別化 |
| 寡占 | 少数 | あり<br>（価格競争は除く） | 同質 |
| 複占 | 2人 | あり | 同質 |
| 独占 | 1人 | あり | 同質 |

　これらの市場には，それぞれに特徴がある。たとえば，独占市場では，1人の売り手が市場に財・サービスを供給するので，この売り手は生産量を調整することによって市場で販売する財・サービスの価格をコントロールすることができる。これは，価格支配力があるといわれる。売り手が2人の複占市場や少数の寡占市場でも，売り手は価格支配力を持っている。独占的競争市場でも，多くの売り手が市場に参入しているが，差別化された財・サービスが取引されており，売り手はある程度の価格支配力を持つことになる。一方で，完全競争市場では，多数の売り手が市場に参加するため，個々の売り手は価格支配力を持たない。

　価格支配力を持たないということは，市場で決まる価格を受け入れるということでもある。完全競争市場の売り手のように市場で決まる価格を受け入れて取引を行う者は**価格受容者（プライス・テイカー）**とよばれている。完全競争市場では，買い手も，市場に多数参加しており，価格受容者である。逆に，独占市場などのように価格支配力を持つ場合，自分が市場の価格を形成する者という意味で，**価格形成者（プライス・メーカー）**とよばれる。

　完全競争市場では，売り手も買い手も価格受容者として市場で決められた価格をそのまま受け入れて取引する。その際，売り手も買い手も市場で決まる同じ価格で取引を行う。お店が販売する価格と消費者が購入する価格が同じであることは，一見当たり前であるが，市場の機能を理解する上では重要である。

## 1.2　市場の需要曲線

　多くの場合，市場には複数の売り手や買い手が参加している。市場への参加者の全体をとらえた需要は，市場の需要とよばれる。たとえば，完全競争市場には多数の買い手が参加しているが，このときの市場需要曲線は，多数の消費者をひとまとめにした需要曲線を意味する。市場需要曲線は，個人ごとの需要曲線をまとめる（集計する）ことによって得ることができる。

　**第3章**で個人の需要曲線が右下がりの直線で表されることを学んだ。ここでは，市場をもっとも単純化して，買い手がAとBの2人と想定し，**図表5-2**に個人Aと個人Bの需要曲線を，それぞれ$D_A$と$D_B$として描いている。たとえば，市場価格が300円のとき，個人Aの需要量は3個，個人Bの需要量は6個である。市場価格が200円になると，個人Aの需要量は3個から4個に増え，個人Bの需要量は6個から8個に増える。これを市場全体の需要量でいえば，市場価格が300円のときの市場の需要量は，個人Aの需要量（3個）と個人Bの需要量（6個）を合計して，9個となる。市場価格が200円のときの市場全体の需要量も，同様にして，個人Aの需要量（4個）と個人Bの需要量（8個）を合計して，12個である。このようにして，市場全体の需要量は，市場に参加する買い手の需要量を合計することで求めることができる。

| 図表5-2 | 市場の需要曲線の導出 |
| --- | --- |

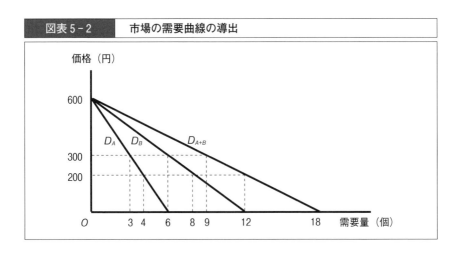

市場価格が300円や200円のときだけではなく，すべての価格で同じようにして市場の需要量を求めると，市場需要曲線を得ることができる。**図表5-2**の$D_{A+B}$は，このようにして得られた市場需要曲線を描いている。

　市場需要曲線は，個人の需要曲線と同様に，右下がりの傾きになっている。傾きが右下がりであることは，価格と需要量の関係が負であること，つまり価格が低下（上昇）すると需要量が増加（減少）することを意味している。価格が下がることによって需要量が増えることは需要法則とよばれた（**第3章**参照）が，右下がりの傾きからは，この需要の法則が市場需要曲線でも成り立っていることがわかる。

　需要曲線は，グラフの縦軸に価格，横軸に需要量をとることからわかるように，価格と需要量の関係を表している。しかし，実際には，**第3章**の個人に対する需要で確認したように，価格以外にも多くの要因が需要量に影響を与える。価格以外の要因によって需要量が影響を受けるとき，個人の需要曲線の場合と同様に，市場需要曲線もシフトする。市場需要曲線のシフトの仕方は，個人の需要曲線と同じ考え方であり，需要を拡大する場合には右方にシフト，逆に需要を縮小させる場合には左方にシフトする。

### 1.3　市場の供給曲線

　市場供給曲線も，市場需要曲線と同じように，個別企業の供給曲線を合計することで得ることができる。

　**図表5-3**は，企業Cと企業Dの2社からなる市場を想定して，供給曲線を描いている。企業Cの供給曲線は$S_C$，企業Dの供給曲線は$S_D$である。市場価格が400円のとき，企業Cの供給量は2個，企業Dの供給量は4個である。このとき，市場全体では，企業Cの供給量（2個）と企業Dの供給量（4個）を合計して，6個の供給量となる。市場需要曲線の場合と同じようにして，すべての価格について企業Cと企業Dの供給量を足すことで，すべての価格に対応する市場の供給量を求めることができる。これが市場供給曲線$S_{C+D}$である。

　市場供給曲線は，個別企業の供給曲線と同様に，右上がりの傾きである。右

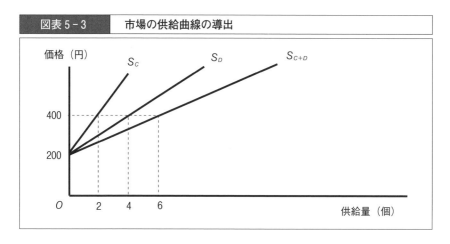

図表 5 - 3　　市場の供給曲線の導出

上がりの傾きは，価格と供給量の関係が正であること，つまり価格が上昇（低下）すると供給量が増加（減少）することを意味している。

　供給曲線も，需要曲線と同様に，価格と数量（ここでは供給量）の関係を表している。したがって，価格以外の要因によって供給量が影響を受けるときには，供給曲線がシフトする。市場供給曲線のシフトの考え方は，個別企業の供給曲線と同じであり，供給を拡大する場合には右方にシフト，逆に供給を縮小させる場合には左方にシフトとなる。

## 2　市場均衡と価格調整メカニズム

### 2.1　需給の一致

　市場では，需要量と供給量が等しくなる水準で価格が決まる。需要量と供給量が等しくなることを市場が**均衡**しているという。そのときの価格と取引量は，市場均衡における価格と取引量という意味で，それぞれ**均衡価格**，**均衡取引量**とよばれる。

　**図表 5 - 4** は，完全競争市場における市場需要曲線と市場供給曲線を描いている。完全競争市場で市場が均衡しているとき，消費者は市場が決める価格を

支払うことで欲しいだけの数量をすべて購入できており，生産者は市場が決める価格で販売するならば売りたいだけの数量をすべて売ることができている。つまり，消費者としては欲しいのに買えない，生産者としては売りたいのに売れないといったことがないのが，完全競争市場における市場均衡である。この意味で市場均衡は，消費者と生産者の双方にとって望ましい状態が実現していると解釈される。

　このことを**図表 5 - 4** で確認すると，需要量と供給量が等しくなる均衡は点Eで生じている。点Eは，均衡点とよばれる。点Eが示す価格と取引量，つまり均衡価格と均衡取引量は，それぞれ400円と300個である。400円で需要量と供給量が一致し，このときの取引量が300個ということになる。

| 図表 5 - 4 | 市場メカニズム |

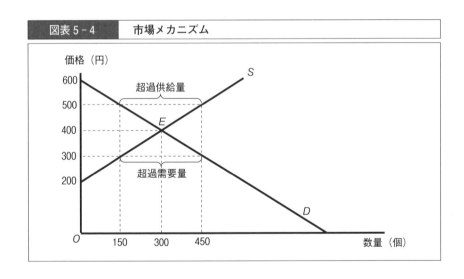

## 2.2 価格調整メカニズム

　ところで，もし市場価格が需要量と供給量が等しくなる水準とは異なる価格であったらどうなるだろうか。

　たとえば，**図表 5 - 4** で，市場価格が300円のときを考える。このとき，

300円の市場価格に対応して需要曲線が示す需要量は，450個である。また，同じく300円の市場価格に対応して供給曲線が示す供給量は，150個である。両者を比べると，300個だけ需要量の方が大きい。これを300個の**超過需要**が生じているという。

　超過需要が生じている市場には，もっと高い価格を支払ってもいいから商品を購入したいという消費者と，もっと高い価格であれば販売可能であるという生産者がいる。これは，市場価格の上昇が消費者と生産者の両方にとって都合がよいという状況が生じていることになる。消費者と生産者のこのような思惑は，価格上昇の圧力となり，その結果，市場価格は上昇する。市場価格の上昇は，需要曲線上で需要量を減らし，供給曲線上で供給量を増やす。このような需要量の減少と供給量の増加は，両者があいまって，超過需要量を減らす。この市場価格の上昇圧力は，超過需要量がなくなるまで続く。最終的に需要量と供給量が一致して超過需要が解消されると，市場価格の上昇圧力はなくなる。**図表 5 - 4** ではこの価格が400円であり，ここで，市場価格は落ち着く。このように価格の調整によって超過需要が解消されて需給が一致することは，市場の**価格調整メカニズム**とよばれている。

　価格調整メカニズムは，市場価格が均衡価格よりも高い場合にも働く。たとえば，**図表 5 - 4** で，市場価格が500円のとき，需要量は150個，供給量は450個である。需要量よりも供給量の方が大きく，300個の**超過供給**が生じている。超過供給が生じているとき，市場では価格下落の圧力が働く。価格の下落は，需要量を増やし，供給量を減らす。これによって超過供給量が減る。この動きは，需要量と供給量が一致するまで続く。最終的には，400円のときに需要量と供給量が等しくなって超過供給が解消され，ここで価格が決まる。

　このようにして完全競争市場では，たとえ当初の価格が高すぎても低すぎても，超過供給や超過需要の解消を通じて，均衡価格に向けて自律的に価格が変化する。そして，最終的に需要量と供給量が等しくなる水準で価格は落ち着く。このような価格調整メカニズムが経済学者アダム・スミスによって**神の見えざる手**とよばれたのは有名である。

### 2.3 需要と供給の変化

価格以外の要因，たとえば人口や所得が増加したり，あるいは企業の広告宣伝がうまくいってブームが起こって需要が増えたりすると，需要曲線は右方にシフトする。**図表 5 – 5** では，これを $D$ から $D'$ へのシフトによって示している。需要曲線の右方シフトによって，需要量と供給量が等しくなる均衡点も点 $E$ から点 $E'$ へと右上に移動する。このとき，均衡価格は $P_0$ から $P_1$ に上昇し，均衡取引量も $Q_0$ から $Q_1$ に増加する。

逆に，価格以外の要因によって需要が縮小すると，需要曲線は左方にシフトする。**図表 5 – 5** では，$D$ から $D''$ へのシフトである。このときには，均衡点も点 $E$ から点 $E''$ へと左下に移動しており，均衡価格が $P_0$ から $P_2$ に低下し，均衡取引量は $Q_0$ から $Q_2$ に減少する。

| 図表 5 – 5 | 需要の変化と市場均衡 |
| --- | --- |

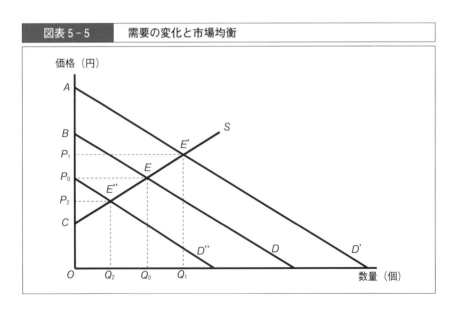

**図表 5 – 6** は，供給曲線のシフトによる均衡点の移動を示している。供給の拡大は供給曲線を $S$ から $S'$ へと右方にシフトさせる。このシフトによって，均衡点は点 $E$ から点 $E'$ へと右下に移動する。供給の拡大は，均衡価格を $P_0$ から $P_1$

に引き下げ，均衡取引量を$Q_0$から$Q_1$に増やす。逆に，供給が縮小すると，供給曲線は$S$から$S''$へと左方にシフトする。このときには，均衡点が点$E$から点$E''$へと左上に移動している。供給の縮小は，均衡価格を$P_0$から$P_2$に引き上げ，均衡取引量を$Q_0$から$Q_2$に減らす。

| 図表 5 - 6 | 供給の変化と市場均衡 |
|---|---|

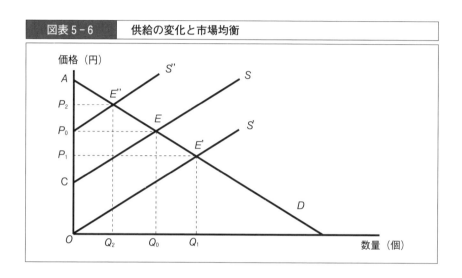

## 3　余剰分析

### 3.1　余剰とは

#### 3.1.1　消費者余剰

消費者が財・サービスを消費することから得る純便益は**消費者余剰**とよばれている。消費者余剰は，消費から得る総便益の金額から消費のために要した支払額を差し引くことによって得ることができる。

**図表 5 - 7** に需要曲線を描いている。需要曲線の高さは，「これくらいであれば支払ってもいいよ」という消費者による意思表示の価格として解釈できる。**図表 5 - 7** では，たとえば，300個目の消費量に対して400円の価格を支払っ

てもよいと考えていることになる。このように需要曲線の高さが支払ってもよいと考えている価格だとすると，需要曲線の下側の面積，つまり四角形AOCEは，300個の消費量に対して支払ってもよいと考えている総額と解釈できる。線分ECは限界支払意思額，四角形AOCEは支払意思額とよばれる。

　また，消費者がそれだけの支払いを受け入れるということは，支払いに相当するだけの便益を得ているからだともいえる。このように考えると，需要曲線の高さは消費から得られる限界便益（または，限界効用）であり，需要曲線の下側の面積は総便益（総効用）としても解釈できる。したがって，四角形AOCEは，消費量が300個のときの支払意思額であると同時に，総便益でもあることになる。

　点Eで消費を決めるときの消費者余剰は，次のようになる。消費者の総便益額は四角形AOCEなので，150000円である。この総便益を得るために消費者が支払った総額は四角形BOCEであり，120000円である。総便益額から総支払額を差し引いた残りが純便益なので，消費者余剰は三角形ABEであり，30000円となる。

| 図表 5 - 7 | 消費者余剰 |

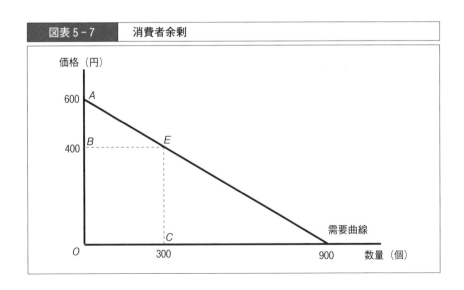

86

　直観的には，消費者余剰を次のようにイメージしてもよい。たとえば，市場価格が400円である商品に対して500円の価値を認めている消費者がいるとする。500円の価値を認めている（つまり，限界支払意思額は500円である）からといって，この消費者の実際の支払額が500円になるわけではない。消費者が実際に支払う価格は，市場で決められた価格なので（価格受容者），この消費者は，400円でこの商品を手に入れることができる。つまり，500円の価値があると評価した商品を400円で入手できるわけであり，これは，この消費者が500円分の便益を400円の支払いで手に入れたと解釈できる。この差額（100円）がこの消費者の純便益であり，この消費者の消費者余剰である。これを市場全体で合計すると，**図表5-7**の三角形*ABE*で示す消費者余剰になる。

### 3.1.2　生産者余剰

　**生産者余剰**は，生産者の純便益であり，これは収入から費用を差し引いた残りである。

　**図表5-8**に供給曲線を描いている。供給曲線は，生産にかかる限界費用であるが，これは生産者にとって，これ以上の価格であれば販売するという最低

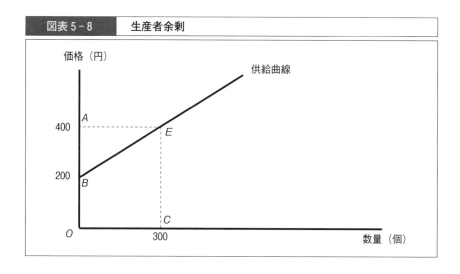

**図表5-8**　　**生産者余剰**

販売価格でもある。右上がりの供給曲線は，最低販売価格が高いほど生産量が多くなることを意味している。市場での販売価格と最低販売価格との差額は，生産者の純便益になる。

　図表5-8では，市場価格が400円のとき，生産量は300個である。このとき，この生産量（＝販売量）による収入は四角形AOCEで表され，120000円になる。この収入を得るために要した費用は，四角形BOCEで，90000円である。したがって，生産者の純便益は，収入から費用を差し引いて，三角形ABEで，30000円となる。これが生産者余剰である。

### 3.1.3　総余剰

　**総余剰**は，市場の余剰の全体であり，社会全体での余剰という意味で**社会的余剰**ともよばれる。消費者余剰が消費者の純便益，生産者余剰が生産者の純便益であったことにならうと，社会的余剰は社会全体での純便益ともいえる。総余剰は，消費者余剰と生産者余剰の合計によって得ることもできる。

　図表5-9で，市場均衡における総余剰を考える。点Eで価格と数量が決まるとき，総便益は四角形AOLE（150000円）である。一方で，これだけの総

| 図表5-9 | 総余剰 |
| --- | --- |

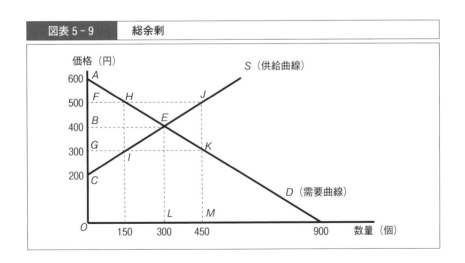

便益を得るために，つまり300個の生産量のために要した総費用は四角形 COLE（90000円）である。総余剰は，社会全体での純便益なので，総便益から総費用を差し引いて，三角形 ACE（60000円）となる。

　これは，均衡点Eにおける消費者余剰が三角形 ABE（30000円），生産者余剰が三角形 BCE（30000円）であることから，総余剰を消費者余剰（三角形 ABE）と生産者余剰（三角形 BCE）の合計と考えても得ることができる。

### 3.2　完全競争市場の効率性

　完全競争市場における市場均衡は，総余剰を最大にすることが知られている。これは，効率的あるいは**最適な資源配分**を実現すると言いかえられることもある。市場均衡がもっとも望ましい状態が実現しているということは，逆にいえば，市場均衡以外の状態では望ましい状態ではないことになる。この意味で，完全競争市場における市場均衡は**パレート効率**的である，ということもできる。

　パレート効率（**パレート最適**とよぶこともある。同義である。）とは，ある人の状況を改善するためには，他の誰かを犠牲にしなければならない状態をいう。やや回りくどい言い方でありイメージしにくいかもしれない。直観的には，ある人の状況を改善するためには必ず誰かが犠牲になるような状態，といった方がわかりやすいかもしれない。つまり，今がもっともよいわけであり，この意味で最善の状態ということになる。

　**図表 5-9** によって，市場均衡以外では最大の総余剰を達成できないことを確かめると，次のようになる。

　価格が均衡価格よりも低くて300円のとき，供給量が150個であるため，取引量は150個になる。このとき，消費者余剰は四角形 AGIH（37500円），生産者余剰は三角形 GCI（7500円）であり，総余剰は四角形 ACIH（45000円）となる。これは，市場均衡による総余剰三角形 ACE（60000円）と比べて，三角形 HIE（15000円）だけ小さい。このことは，価格が均衡価格より下がることで生産量が少なくなり，これによる取引量の減少が余剰を減らした，というようにして理解できる。

逆に，価格が市場均衡よりも高くて500円のときにも，余剰は減少する。このときの取引量は，消費者は150個しか購入しないので，150個である。したがって，消費者余剰は三角形AFH（7500円），生産者余剰は四角形FCIH（37500円），総余剰は四角形ACIH（45000円）であり，三角形HIEだけの余剰の減少が生じている。ここでは，価格が高すぎるために消費者が購入できる数量は減ってしまい，その結果，余剰が減ったことになる。

　次に，取引量が均衡取引量と異なる場合を考える。取引量が均衡取引量よりも少なくて150個のとき，消費者余剰は四角形AGIH，生産者余剰は三角形GCI，総余剰は四角形ACIHとなる。ここでも，三角形HIEだけ余剰は減っている。

　逆に，取引量が均衡取引量よりも多くて450個のとき，消費者余剰は三角形AGK（67500円），生産者余剰は三角形CGI－三角形IKJ（－22500円）である。生産者余剰は，生産者の収入である四角形GOMK（135000円）から費用である四角形COMJ（157500円）を差し引くことで得られる。したがって，総余剰は，三角形ACE－三角形EKJ（45000円）となり，やはり三角形EKJだけ余剰が減っている。

　以上の確認からは，価格が高すぎても低すぎても，そして取引量が多すぎても少なすぎても，市場均衡に比べて総余剰が減ることがわかる。つまり，市場均衡における総余剰が最大ということになる。

　ここで注意したいのは，総余剰は減るが，消費者余剰あるいは生産者余剰だけを見ると，必ずしも減るわけではないことである。たとえば，取引量が多いときには，消費者余剰は増えている。つまり，社会全体での余剰を犠牲にするが，消費者余剰は増えるのである。政府による価格規制や数量規制は，社会全体の余剰を犠牲にすることを承知の上で，特定の市場において政策的に消費者や生産者を保護していることがわかる。

## 3.3　需要と供給の変化が余剰に及ぼす影響

需要や供給が変化すると，それぞれ需要曲線や供給曲線がシフトする。需要

曲線と供給曲線のシフトは，市場均衡の変化を通じて，余剰を変化させる。

　図表5-5で需要曲線のシフトによる余剰の変化を考える。需要が拡大すると，需要曲線は$D$から$D'$へと右方にシフトし，均衡点も点$E$から点$E'$へ移動する。このとき，総余剰は三角形$BCE$から三角形$ACE'$となり，増えている。逆に，需要が縮小すると，需要曲線は$D$から$D''$へと左方にシフトし，均衡点は点$E$から点$E''$へと移動する。このとき，総余剰は三角形$BCE$から三角形$P_0CE''$となり，減っている。ここから，需要の拡大が総余剰を増やし，需要の縮小が総余剰を減らすことがわかる。

　次に，供給曲線のシフトによる余剰の変化を図表5-6で考える。供給が拡大すると，供給曲線は$S$から$S'$へと右方にシフトし，均衡点は点$E$から点$E'$へと移動する。このとき，総余剰は三角形$ACE$から三角形$AOE'$となり，増えている。逆に，供給が縮小すると，供給曲線が$S$から$S''$へと左方にシフトし，均衡点は点$E$から点$E''$へと移動する。このとき，総余剰は三角形$ACE$から三角形$AP_0E''$となり，減っている。ここから，供給の拡大が総余剰を増やし，供給の縮小が総余剰を減らすことがわかる。

　余剰の考え方は，簡単でわかりやすい上に，実践的にも応用範囲が広く，課税，補助金，価格や数量の規制政策，貿易，関税など，ミクロ経済学のさまざまな場面で登場する。（本書では，第11章や第12章でも余剰分析を使う。）市場の効率性も余剰によって評価できる。この意味で，余剰分析は，市場を分析する際に利用されるツールの中でもっとも基本的で重要なものである。

1. 個人A，個人Bの需要関数が，それぞれ次のようになるとき，市場需要関数を求めなさい。

個人Aの需要関数：$q = -\dfrac{1}{100}p + 6$

個人Bの需要関数：$q = -\dfrac{1}{50}p + 12$

2. 企業C，企業Dの供給関数が，それぞれ次のようになるとき，市場供給関数を求めなさい。

企業Cの供給関数：$q = \dfrac{1}{100}p - 2$

企業Dの供給関数：$q = \dfrac{1}{50}p - 4$

3. 市場需要曲線と市場供給曲線が，それぞれ次のようになるとき，均衡価格と均衡取引量を求めなさい。

市場需要関数：$Q = -\dfrac{3}{2}P + 900$

市場供給関数：$Q = \dfrac{3}{2}P - 300$

4. 3. の市場均衡における消費者余剰，生産者余剰，総余剰はいくらか。

5. 市場需要関数と市場供給関数が 3. のように与えられるとき，市場価格が450円であるとする。このとき，市場には超過需要と超過供給のいずれが生じているか。また，その大きさはいくらか。

6. 3. において，需要が拡大し，市場需要関数が以下のようになったとする。

市場需要関数：$Q = -\dfrac{3}{2}P + 1200$

このときの均衡価格，均衡取引量，消費者余剰，生産者余剰，社会的余剰はいくらか。

**推薦図書**

・スティーヴン・レヴィット/オースタン・グールズビー /チャド・サイ
　ヴァーソン（2017）『レヴィット　ミクロ経済学　基礎編』東洋経済新
　報社。
・スティーヴン・レヴィット/オースタン・グールズビー /チャド・サイ
　ヴァーソン（2018）『レヴィット　ミクロ経済学　発展編』東洋経済新
　報社。
　これら2冊は，ミクロ経済学の教科書の中で，計算の説明がもっとも丁
　寧である。

**参考文献**

アセモグル・レイブソン・リスト［2020］『ミクロ経済学』東洋経済新報社

# 第6章

## 不完全競争市場

―――◆学習の目的◆―――

　本章では，完全競争市場の想定とは異なる，不完全競争市場の特徴と仕組みを学ぶ。それを通じて，より現実のビジネス社会に近い市場とはどのようなものなのかを学習する。完全競争市場とは異なり，不完全競争の市場では，一つの企業の取引が，市場での取引価格に影響を与える。また，不完全競争市場の種類には，独占市場，寡占市場，独占的競争市場など，いくつかのタイプがあるが，それらについても学ぶ。

## 1　完全競争市場の想定と現実の市場

### 1.1　現実の市場は完全競争市場なのか

　**第5章**では，完全競争市場という多くの企業が競争して財・サービスを供給している市場を想定して，市場の均衡が説明された。その想定では，一つの企業が価格に影響を与えることはなかった。本章では，この想定を変更していく。まず，供給する企業が「何らかの理由」によって多数は存在できず，1社のみが供給したり，いくつかの企業のみしか供給できない状況ということが現実には生じている。前者のような市場を**独占市場**とよび，後者のような市場を**寡占市場**とよぶ。さらに，独占にはいくつかのタイプがある。まず，**売り手独占**とは，売り手である供給者が1社のみである場合である。これには地域的に電力を供給する企業が1社のみであるような例がある。一方，買い手が1社のみで

ある場合もあり，これを**買い手独占**とよぶ。買い手独占とは１社のみが購入者
である場合である。たとえば，大手スーパーマーケットがプライベートブラン
ドで商品を販売しているが，そのスーパーはその商品を独占的に食品メーカー
から購入している。このとき，大手スーパー１社のみが購入しており，買い手
が独占状態となる。また，**双方独占**という，売り手も買い手も１社のみとなる
場合もあり，特殊な部品などの企業間取引ではみられることがある。ただし，
以下の説明では代表的な独占の例である売り手独占をとりあげる。

　まず，独占の理論的な説明を行う前に，現実の市場をみていこう。たとえば
一次産品とよばれる農業・鉱業分野での商品市場では，多くの需要と全国的に
所在する農家と世界からの輸入によって，比較的多くの供給が登場する。その
ため，一次産品市場は完全競争市場に近いといえる。しかし，われわれを取り
巻く商品は一次産品だけではなく，高度な技術を用いた製品もある。

　**図表6−1**には，スマートフォンの国内シェアを示している。これをみると，
Apple Japanが国内市場で約半分のシェアを近年５年間，維持しており，続
いてシャープ，ソニーモバイルと続いている。ただ，近年はサムスン電子が
シェアを高めている。また**図表6−2**には，乗用車の国内シェアを示している。
これによると，トヨタ自動車が約30％強のシェアを保っており，続いてホンダ，
スズキと続いており，シェア比率は５年でほぼ変化がない。これより，乗用車
の国内市場は少数の企業が競争し，シェアもほぼ一定であることがわかる。

　さらに，ブランドとよばれる他の類似した製品とデザインや品質などで区別
されたレディスウェアの国内シェアを示したのが**図表6−3**である。ワールド，
オンワード，TSIホールディングスの順位は同じで，シェアもほぼ同じである
が，それ以下の企業の順位が入れ替わることもある。また，どの企業もスマー
トフォンや乗用車のようにシェア上位企業が数十％のシェアを持つわけではな
く，数％のシェアしか持っていない。レディスウェアのうちその他企業が全体
の約80％近くであることから，多数の企業がレディスウェアの市場には参入
していることがわかる。

　このように，製品市場によって競争している企業の数やそのシェアは異なっ

| 図表 6-1 | スマートフォンの国内シェア（%） | | | | | （出荷台数） |
|---|---|---|---|---|---|---|
| 2019年度の順位 | 社名 | 2019年度 | 2018年度 | 2017年度 | 2016年度 | 2015年度 |
| 1 | Apple Japan | 50.5 | 50.7 | 48.6 | 50.8 | 51.2 |
| 2 | シャープ | 11.5 | 13.2 | 12.4 | 10.7 | 10.6 |
| 3 | ソニーモバイルコミュニケーションズ | 10.9 | 11.7 | 12.4 | 12.3 | 15.3 |
| 4 | サムスン電子 | 10.1 | 7.2 | 6 | 4.5 | 5.5 |
| 5 | 富士通 | 3.7 | 3.9 | 5.7 | 6.3 | 4.1 |
| 6 | 京セラ | 3.3 | 2.1 | 6.1 | 7.4 | 5.6 |
| 7 | 華為技術 | 2.8 | 5.1 | 3 | n.a. | n.a. |
| 8 | LG電子ジャパン | 1.9 | 2.2 | 2.1 | n.a. | n.a. |
| | その他 | 5.3 | 3.8 | 3.8 | 8 | 7.7 |

| 図表 6-2 | 乗用車の国内シェア（%） | | | | | （新車販売台数） |
|---|---|---|---|---|---|---|
| 2019年度の順位 | 社名 | 2019年度 | 2018年度 | 2017年度 | 2016年度 | 2015年度 |
| 1 | トヨタ自動車 | 32.9 | 31.5 | 33.3 | 34 | 31.3 |
| 2 | ホンダ | 15.4 | 16 | 15.9 | 16.6 | 16.6 |
| 3 | スズキ | 12.9 | 13 | 11.9 | 11.6 | 12 |
| 4 | ダイハツ工業 | 11.8 | 11.3 | 11.1 | 10.8 | 11.1 |
| 5 | 日産自動車 | 10.9 | 11.5 | 11.1 | 10.5 | 11.5 |
| 6 | マツダ | 4.2 | 4.5 | 4.2 | 4.3 | 5.3 |
| 7 | SUBARU | 2.8 | 3.1 | 3.8 | 3.4 | 3.5 |
| 8 | 三菱自動車工業 | 2.1 | 2.1 | 1.8 | 1.7 | 2.1 |
| | その他 | 6.9 | 7 | 7 | 7.1 | 6.7 |

| 図表 6-3 | レディスウェアの国内シェア（%） | | | | （売上高） |
|---|---|---|---|---|---|
| 2018年度の順位 | 社名 | 2018年度 | 2017年度 | 2016年度 | 2015年度 |
| 1 | ワールド | 4.6 | 4.5 | 4.7 | 4.8 |
| 2 | オンワード樫山 | 4.1 | 4.1 | 3.9 | 4.1 |
| 3 | TSIホールディングス | 3.2 | 3.2 | 3.2 | 3.4 |
| 4 | タキヒョー | 1.9 | 2.1 | 2.2 | 1.2 |
| 5 | クロスプラス | 1.7 | 1.8 | 1.8 | 1.9 |
| 6 | イトキングループ | 1.5 | 1.6 | 1.7 | 2.1 |
| 7 | ルック | 1.3 | 1.2 | 1.2 | 1.3 |
| 8 | ジュングループ | 1.1 | 1.2 | 1.4 | 1.3 |
| 9 | 三陽商会 | 1 | 1.1 | 1.1 | 1.5 |
| 10 | サンラリーグループ | 0.9 | n.a. | 1.3 | n.a. |
| | ファイブフォックス | n.a. | 1 | 1 | 1.4 |
| | その他 | 78.7 | 78.3 | 76.5 | 77 |

データ出所：矢野経済研究所マーケットシェア事典オンライン各年より。

ており，特に，高い技術を使う製品市場では，限られた少数の企業が製品を供給しているようである。

## 1.2　参入障壁

　実際のビジネス社会での市場には，完全競争市場とは異なる市場も存在する。それを不完全競争市場とよぶ。不完全競争市場では，技術的な優位性やブランドを保有する一部の企業によって市場が占有されている。では，なぜ一部の企業のみしか供給できない市場が存在するのだろうか。

　これを考えるヒントとなるのが，参入障壁の存在である。企業が自由に利潤を得られそうな市場・産業に参入できない障壁（これを参入障壁とよぶ）があると，特定の数の企業のみしか市場で活動できない。そのため，完全競争市場ではなくなる。参入障壁は，新規企業の市場への参入を阻止することができ，市場支配力のある企業だけが活動することになる。

　では，どのような参入障壁があるのだろうか。まず，1）法律による保護がある場合があげられる。企業が開発した製品は特許権で守られたり，販売時に商品やその包装に文字や記号などで標識を示す商標も，知的財産権として保護されている。また，著作物は著作権という法律による保護がある。これらの権利が法律によって保護されている場合，市場に参入しようとしても権利が消滅しない限り競争企業は参入できず，最初に権利が認められた企業のみが供給できるように守られている。

　次に，2）特定の企業が生産に必要な資源を独占している場合もあげられる。たとえば，生産するための技術，資本設備，人材（労働力）の特殊性があり，それを独占的に保有する企業が競争上，有利に働くことがある。また，技術は特許によっても保護される。さらに，政府によって独占的な供給を認められている産業もある。電力企業は長年，わが国では地域独占が認められてきた。

　また，3）特定の産業で規模の経済が働く場合もある。規模の経済とは，企業が生産量を増やすにしたがって，1単位当たりの平均費用が減少する状況をさす。生産する際に規模の経済が働く場合，生産すればするほど，平均費用が

低下し，生産を，より安いコストで「効率的」に増加させることができる。このような費用構造をもつ産業を費用逓減産業とよぶ。規模の経済が働くことになれば，その企業が市場を自然に独占することになる。このような独占状態を自然独占とよぶ。別の見方をすると，自然独占が発生する理由は，その産業に特有の費用構造が存在するからであるともいえる。

　では，自然独占となる理由とは何であろうか。これを公益企業とよばれる公益性の高い電話，ガス，電気といった，自然独占が発生しやすい企業を例に考えてみたい。まず，電気やガスといったサービスは，事業所から各家庭にサービスを提供するための配線や配管といったネットワークを最初に構築し，電力であれば電力会社は最初に発電所を建設する必要がある。しかし，これらの設備を設置するには，初期に多大な固定費用がかかる。この固定費用を負担できる企業が登場すれば，サービスを供給することができる。

　しかし，もしこの企業が競争的な価格でなければ供給できないとすると，固定費用を初期には回収できないので，この企業は赤字になるかもしれない。あるいは，この企業が赤字になる予想を立てれば，そもそも初期に膨大な固定費用がかかるような事業に参入しようとはしないだろう。一方で，この事業が電力やガス，水道など公益に値するようなどうしても必要とされる場合には，政府がこれらの産業の固定費用に補助金を与えるとともに消費者に提供する際に価格を制限するような価格規制を行う。その補助と規制を受け入れた企業が事業を行い，公益的なサービスを独占的に供給することができる（これらの説明については**第11章**の公共財の説明も読むこと）。また，初期費用が膨大にかかるような場合，この独占的な企業に競争を挑もうとする別の企業もなかなか現れないだろう。そのため，独占企業の供給は維持される。

　以上のような参入障壁があれば，自由に企業がその市場に参入できず，他の企業に有利な条件で競争した企業が市場を占めることになる。このように参入が自由にできない市場を不完全競争市場とよび，その市場では完全競争市場とは異なる基準で企業は活動する。

## 2　独占企業の利潤最大化

　以上のように，参入障壁があり，1社のみが市場での供給者（生産者）となる状態を**独占**とよぶ。独占市場では，1社のみが供給者であり，独占市場での供給者である独占企業は，自らの利潤を最大にするように自由に価格を設定することができる。

　では，不完全競争市場のもとでは，どのような基準で企業は活動するのだろうか。ここでは，独占企業を例にして，完全競争市場での企業と比較しながら，独占企業の価格設定の方法を考えていこう。ただし，以下の説明では，独占の代表的な形態である売り手独占の例で進めていく。

### 2.1　独占企業の生産量の決定

　まず，完全競争市場と独占市場との比較をしておこう。完全競争市場では，企業は価格を自由に設定できず，また生産量を増やしたり減らしたりしても価格に影響をあたえることはない。そのため，市場で決められた価格をもとに，限界費用と限界収益が等しくなるように，自らの生産量を決めていた。言いかえると，生産量を1単位増やすことで得られる収益（これは価格と等しい）と1単位増やして負担する費用（限界費用）が等しくなり，利潤がゼロとなるところまで生産量を増やす。

　独占企業もこの基準（限界収入＝限界費用）は変わらない。しかし，限界収入は価格と等しくないし，価格も市場から与えられるわけではない。また，利潤もゼロにはならない。

　自らの利益を最大にできるのは，1単位の生産から得られる収益と費用が一致している場合で，それ以上，生産を増やしても，生産物1単位当たりの費用が収益を上回るため，利益は増えない。したがって企業は，収益と費用が一致して生産を増やす動機がなくなるまで，生産を増やすはずである。

　ただし，完全競争企業と異なり，独占では供給者は1社しかないので，需要

曲線上で生産量を増減させることで，価格を下げたり上げたりすることができる。この状況では，独占企業は右下がりの需要曲線に直面する。すなわち，独占企業は右下がりの需要曲線の情報を知っているものとして，その需要曲線上のどこで生産量を決めるのが，自らの利潤をもっとも大きくできるのかを考える。独占企業にとって需要曲線の情報は非常に重要であり，そのため製品を供給するかどうか，さらにその価格をどのようにするかをマーケティング活動を通じて情報収集する。ここでも，そのようなマーケティング活動によって情報を得ることができたと想定しよう。その需要曲線の上で，利潤が最大になる点を探して，生産量と価格を決定する。その需要曲線は**図表 6 - 4**の右下がりの線として描かれるとする。

　では，もっとも大きい利潤（最大利潤）を達成できるとはどういうことだろうか。結論を先取りすれば，それは，限界費用＝限界収益となるところまで，独占企業は生産量を増やすことである。これを確認するため，まず独占企業の収入が生産量の変化に応じてどのように変化するのかを確認しよう。独占企業の収入は価格と供給量の積（かけ算の結果）で求められる。

| 図表 6 - 4 | 需要曲線 |
| --- | --- |

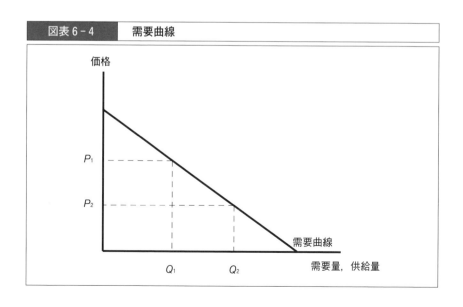

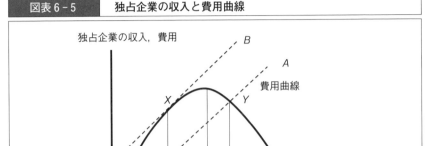

| 図表6-5 | 独占企業の収入と費用曲線 |
|---|---|

独占企業の収入が最大になる条件を**図表6-4**で確認しよう。**図表6-4**では、収入は、需要曲線上の価格$P_1$と供給量$Q_1$の積$P_1Q_1$であり、$P_1Q_1$と横軸、縦軸で囲まれた面積として求められる。また独占企業が、供給量を$Q_2$に増やしたとき、価格を需要曲線上の$P_2$に設定することになり、収入は積$P_2Q_2$となり、図では$P_2Q_2$と横軸、縦軸で囲まれた面積で示される。

　では、生産量が増加すると収入も増加するのだろうか。これは一概にはいえない。なぜなら、生産量を増加させると、価格は下がり、独占企業の収入は生産量を増やしたとしても、増加させられるとはいえないからである。たとえば**図表6-4**では、供給量の水準$Q_2$までは、価格が下がっても供給量の増加によって収入を増やせるが、その$Q_2$をこえると、価格が下がっても供給量がそれほど増加せず、かえって収入を減少させてしまう。

　このことを明らかにするために、独占企業の収入と供給量との関係を示したのが**図表6-5**の実線で示した曲線（二次関数のグラフ）である。独占企業の収入は、価格と供給量の積であった。供給量がゼロのときは、当然、収入はゼロである。そして、供給量が最大のときにも、価格がゼロになるので、やはり収入はゼロである。そうすると、独占企業の収入は、ゼロから始まり、生産量

の増加とともに収入は増加するが，途中で収入は減少に転じ，最大の供給量のときに再び収入がゼロに戻る，という変化をたどることになる。これが図表6－5の収入曲線の直観的なイメージである。図表6－5の実線（＝収入曲線）は，$Q_2$を境に，独占企業が供給量を$Q_2$まで増加させると収入は増加するが，$Q_2$を超えると収入は減少することを示している。

　次に独占企業の費用を考えよう。第4章で学んだように通常，企業の供給に応じて費用も増加し，これを可変費用とよぶ。実際の企業活動でも費用は増加するが，その増加の仕方にはいくつかの想定ができる。ただし，ここでは単純に追加的な1単位当たりの費用である限界費用に生産量をかけた額が費用だとしよう（したがって，費用と供給量の関係は一次関数になる）。この費用を図表6－5で表したのが，点線で示した右上がりの直線$A$である。

　では，この独占企業の利潤（＝収入−費用）が最大になる供給量は，どこなのだろうか。図表6－5で利潤は，収入を示す実線の曲線から費用を示す直線との差で表すことができる。それが最も大きい供給量が，独占企業にとって利潤を最大にする供給量$Q^*$である。利潤を最大にする供給量では，収入曲線の傾きと費用曲線（ここでは直線である）の傾きが等しくなることが知られている。図表6－5で傾きが等しくなるのは点$X$であるが，これは，直線$A$を上に動かして収入の曲線と接するところ（直線と曲線が1点でつながる点）まで移動させることで得ることができる。この点$X$で利潤が最大になる。また，点$X$では，1単位当たりの収入の増加分である限界収入（曲線の傾き）と，1単位当たりの費用の増加分である限界費用（直線の傾き）が同じになっている。いいかえると，利潤が最大となる限界収入＝限界費用という関係が独占企業を含む企業の供給量を決定する条件となる。

　したがって，供給量$Q_1 = Q^*$でもっとも利潤が多いため，独占企業は$Q^*$で供給量を決定する。ただし，本章の例では$Q^*$が供給量$Q_1$の水準と同じになるものと想定している。独占企業が$Q^* = Q_1$の水準で供給量を決定すると，販売価格をどのようにして決めるのだろうか。図表6－4においては，供給量$Q^* = Q_1$に対応する需要曲線上の価格は$P_1$であり，その価格が，買い手に独占企業

が提示する価格となる。このように，独占企業は需要曲線上であれば利潤が最大になるような価格を自ら設定することができ，その価格のもとで生産したすべての量$Q_1 = Q^*$を販売することができる。

　したがって，独占企業は1単位当たり供給することで，どれだけ収入が得られるのか（市場）需要曲線から知ることができる。なぜなら，独占企業は需要曲線にしたがって価格を設定することができるからである。このことから独占企業の収入は，需要曲線で与えられる価格と数量の組み合わせ，すなわち価格×数量で示される。そうであると，独占企業が1単位生産して得られる限界収入は，生産量＝需要量を増やしていくと，価格が需要曲線にしたがって低下することになる。限界収入と生産量の関係を表したのが，需要曲線の縦軸の交点から始まる右下がりの曲線である。いいかえると，独占企業にとって需要曲線は，1単位当たり供給することで収入をどれだけ増やすことができるのかを表すことになる。

　ただし，注意しておきたいのは，独占企業であっても消費者の需要を左右することはできない。そのため，需要曲線を与えられたものとして，限界収益と限界費用が等しくなるところで生産量を決めれば，需要曲線上の価格を決めることになる。いいかえると，独占企業であっても，需要曲線上以外では価格を決めることができない。

　このようにして独占企業は価格と供給量を決定する。その場合，独占企業の利潤はどのようになるであろうか。完全競争下での企業と同じく利潤は収入から費用を差し引いたものであるので，

　　　　独占企業の利潤＝収入－費用＝（独占価格－限界費用）×供給量

となる。この利潤を**図表6-6**で示すと，$P^*MRC$で囲まれた2の面積になる。なぜなら，独占価格は$P^*$，限界費用は$C$であり，独占企業の供給量$Q_1 (= Q^*)$であるからである。ここで注意する必要があるのは，独占企業の利潤は時間がたっても維持されることである。すでに学んだ完全競争市場では，正の利潤があれば参入する企業が多数あらわれ，その利潤はゼロになるものの，独占市場

| 図表 6 - 6 | 独占企業の利潤 |
| --- | --- |

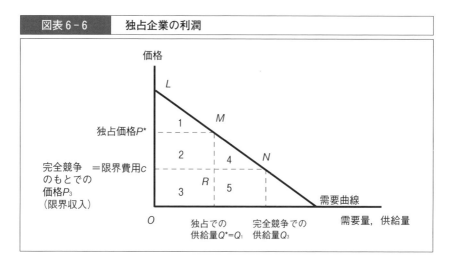

では他に参入する企業がないためである。このようにして独占企業が享受する
正の利潤は，独占利潤（または，超過利潤）とよばれることもある。

## 2.2　独占企業の余剰分析

　以上のように独占企業の価格決定を説明したが，社会的に望ましい状態との
比較から独占市場の意味を考察しよう。これを考えるヒントとして，**第5章**で
学んだ社会的余剰の考え方を使おう。そこで，比較する対象として，**第5章**に
おける完全競争市場のもとでの企業活動を通じた社会的余剰を確認する。

　**図表6-6**では，独占企業の生産者余剰は先に確認したように，$P^*MRC$で
囲まれた2の面積になる。一方，独占企業が供給する独占市場のもとでの消費
者余剰は需要曲線と独占価格$P^*$の線とで囲まれた$LMP^*$の1である。したがっ
て，生産者余剰と消費者余剰を合わせた社会的余剰は1＋2の面積で表される。

　次に完全競争市場での余剰を考えよう。完全競争市場では企業の参入は自由
であるので多数の企業が市場に参入し，財を供給しようとする。そのため，結
果として利潤はゼロになり，企業の収入と費用は等しくなる。**図表6-5**では
収入と費用が等しくなるのは点線の直線と，実線の曲線が交わる点$Y$である

（交わるということは直線での値と曲線の値が等しいことを示す）。$Y$で決まる生産量は$Q_3$である。

　次に**図表6-6**では，$Q_3$の供給量で決まる価格を需要曲線上で求めると，$P_3$となる。完全競争市場では限界収入と限界費用が等しくなるように供給量が決まるのは独占企業の場合と同じであるが，**第4章**でみたように完全競争市場での限界収入は限界費用まで引き下げるので，2つは等しくなる。そこで，**図表6-6**での完全競争市場での社会的余剰は，$LNC$で囲まれる1＋2＋4の面積で示される。

　独占市場と完全競争市場のもとでの社会的余剰を比較すると，4の面積分だけ独占市場では少なく，これは死荷重とよばれる。死荷重が発生しているもとでは，完全競争であれば供給されているはずの供給量が独占市場では供給されず，社会的に必要な量が供給されないことになる。以上のように，独占企業は高い価格を設定して正の利潤を長期的に維持することができ，完全競争と比べると社会的余剰は小さくなる。

### 2.3　独占を回避するための施策

　ここまでみて，独占は完全競争に比べて社会的余剰が小さく，死荷重が発生することがわかった。そのため独占は社会的に望ましい状態とはいえない。そこで現在，多くの国では，独占を規制する法律が制定されている。たとえば，わが国では独占禁止法という法律によって規制し，公正取引委員会が企業行動を監視して，独占など競争上，不公正な行動をとる企業に対しては，警告を与えたり，不公正な行動をやめるような措置をとったりする（同様の法律として，米国では反トラスト法，EUでは競争法がある）。独占を規制し，他の企業が参入しやすくすることによって，市場をより競争的にし，独占状態の死荷重を減少させ，社会的余剰を増加させることが期待される。

　あるいは，電力やガスなどネットワークを構築する必要のある公益産業に対しては，直接，その産業の価格規制を行って，想定される独占価格よりも低く設定することがある。これは独占企業の供給量を増やして死荷重を減少させる

ことを狙うものである。そもそも初期にネットワークを構築する必要がある産業では，他の企業が参入しづらい。そのため，他の企業による参入を促そうとしても，なかなか進まずに自然独占の状態に陥りやすい。そのことから，独占状態を認めるものの，政府が価格を規制して供給量を増やすことが期待される。また，政府がこの独占企業に対して初期の費用を補助することもある。

## 3　寡占市場の特徴

　ここまで，不完全競争市場のうち，独占市場について説明してきた。ただ，不完全競争市場には独占以外にも寡占市場，独占的競争市場がある。そこで，次にそれらの説明を簡単にしておきたい。

　寡占市場とは，市場に2社以上の企業が競争しているものの，完全競争市場のように多数の企業は存在できないような市場である。**本章**の1でもみたように，このような市場は，世界の多くの国で，また多くの産業で観察される。スマートフォンや自動車を生産しているのは少数の大企業であり，それらが市場で競争している。いいかえると，寡占市場とは参入障壁はあるものの，独占市場のように1社のみが企業活動を行うことがない市場といえる。

　寡占市場で競争し合う企業の利潤追求行動は，同じ市場で競争するライバル企業の意思決定に何らかの影響を与えやすく，さらにその影響を考慮した上で，自社の供給の決定を行ったりする。たとえば，自社が市場シェアを高めようとして自社製品の価格を引き下げたとする。それを受けて，市場シェアを維持したいと考えるライバル企業も価格を引き下げて，対抗しようとする。そのため，自社は対抗しようとするライバル企業の行動も予想しながら，価格を引き下げるべきかどうかを決定しなければならない。このように，寡占市場ではライバル企業の動きがよくわかり，自社の行動が，相手企業に影響を与えるため，それを予想して行動することもある。この点については**第7章**で詳しく説明する。

## 4 独占的競争

　また，別の不完全競争市場の構造として，独占的競争市場がある。独占的競争では，市場で供給する各企業は市場支配力があり，独占企業と同じように，右下がりの需要曲線に直面して，自社で価格を決めることができる。一方で，独占的競争市場には多くの企業が参入しようとしており，競争的でもある。短期的には，自社の製品は他社の製品から差別化されており，独占企業のように振る舞える。しかし，参入が規制されていない限り，長期的にはライバル企業が参入して，独占的競争企業の長期的な利潤はゼロとなる。

　このことを次のような例で説明しよう。短期ではA社が他社とは差別化された製品を独占的に販売できるとする。独占的な行動により，このA社の利潤は高いままである。そこで，B社が類似した製品を販売するため，この市場に参入したとする。消費者としては，A社のみが製品を販売しているよりも，代替的な商品が登場する方が，選択肢も増え，消費者の需要は価格に反応しやすくなる（需要曲線が弾力的になる）。

　また，A社に加え，B社が供給するので消費者の需要をA社とB社とで分けることとなる。そのとき，A社の独占的な利潤は低下する。A社とB社が市場で競争していてもまだ利潤が正であれば，他社が参入する余地がある。そのため，さらなる企業が同じ市場に参入し，長期的には各企業の利潤はゼロになる。

　当初，独占的な利潤を受け取ることができたA社であったものの，B社の参入により，A社の利潤は低下し，長期的には利潤がゼロとなる。もしA社が正の独占的な利潤を維持したいのならば，常にライバル企業が参入しないように，新たな差別化された製品を開発し，供給しなければならない。実際のビジネスでも，新製品を販売しても，その後，何回にもわたって製品が更新され，新機能が追加されたりする。企業はその行動によってできるだけ正の利潤を確保しようとしているといえる。このような競争を通じて市場は活性化されている。

## 練習問題

1. 完全競争市場と不完全競争市場の違いを説明しなさい。

2. 不完全競争市場には寡占市場がある。これは参入障壁があるものの，複数の企業が生産活動を行える市場である。この参入障壁にあたるものとして何が考えられるだろうか。

3. 居酒屋は独占的競争市場の一例として考えられている。このような独占的競争市場における居酒屋に関する記述として，最も適切なものの組み合わせを下記の解答群から番号で選びなさい。

    a　この居酒屋が価格を上げて，周囲の居酒屋が価格を据え置いたとしても，製品差別化のおかげで需要が長期的に減少することはない。

    b　この居酒屋は，新規の居酒屋が多数参入してくると，製品が差別化されていたとしても，長期的に利潤はゼロになる。

    c　この居酒屋は，他の居酒屋とは異なるユニークな料理を提供しているので，価格支配力を持つ。

    d　この居酒屋は，プライス・テイカーである。

（中小企業診断士令和2年度一次試験を改訂）

〔解答群〕

(1) aとc　　(2) aとd　　(3) bとc　　(4) bとd

## 推薦図書

・アセモグル・レイブソン・リスト（2020）『ミクロ経済学』東洋経済新報社。

　一般的なミクロ経済学のテキストですが，不完全競争についてもわかりやすく解説をしていますので，さらに不完全競争を学びたい初学者には推薦したい。

・多和田眞・近藤健児（2018）『経済学のエッセンス100　第 3 版』中央経済社。

　見開きで，経済学の概念・用語を解説しており，本章の内容を深めることができる。

## 参考文献

伊藤元重（2018）『ミクロ経済学　第 3 版』日本評論社。

塩澤修平・玉田康成・石橋孝次（2006）『現代ミクロ経済学 中級コース』有斐閣。

# 第7章

# 企業の戦略とゲーム

―――◆学習の目的◆―――

　本章では，ゲーム理論の初歩について学ぶ。ゲーム理論は社会科学の分析で広く利用されるようになった考え方である。この理論では，自分の意思決定を行うときに他人の意思決定も考慮しながら，決定することが分析できる。これはビジネス・企業の意思決定でもよく見かける状況であり，米国では企業経営の**戦略**を立てるときにもゲーム理論が応用されることがある。

　そこで，ビジネスの事例をもとにしてゲーム理論の基本的な考え方を学んでいきたい。

## 1　企業の成長と市場シェア

　**第6章**で不完全競争市場について学んだが，不完全競争市場のもとでも企業は競争している。それらの企業は，参入障壁を適切に利用し成長しようとする。ここでいう企業の成長とは，たとえば売上高が増加し，資本金も増額（増資）されていく状況である。それによって，その企業はさらに設備投資や技術開発に多額の資金をつかうことができ，成功する可能性が高くなる。それにより，企業の売り上げがさらに増加することで，企業規模は大きくなる。

　企業規模が大きくなることと市場シェアを高めてゆくことは，必ずしも正比例の関係があるわけではない。しかし，多くの例では，市場の中で相対的に企業規模が大きくなることで，売上高が増え市場シェアを高める傾向にある。た

だし，多くの市場では1つの企業が市場を独占しているわけではなく，寡占的に市場で競争している。たとえば，**第6章**で説明したように，わが国の乗用車市場では，数社の大企業が競い合っている。このような寡占市場では，自社の供給量の決定が市場で競い合っているライバル企業の供給量の意思決定に影響を及ぼす。では，そのような競争環境のもとで自社はどのようにして供給量の決定をするのが望ましいのであろうか。本章では，ゲーム理論とよばれる手法を用いて考えていきたい。

## 2　複占企業とゲーム理論の仕組み

### 2.1　ゲーム理論の枠組み

　ゲーム理論は，自分の行動が相手にも影響を与え，相手の行動も自分の意思決定に影響を与えるという，いわゆる戦略的な相互依存関係があるときの意思決定を分析する手法である。ここで，行動と戦略を区別しておきたい。**戦略**とは，ある考え方に基づく経済主体の行動を決定する計画をさしており，主体が行う実際の**行動**とは区別する。

　たとえば，国際政治において大国政府どうしの交渉を分析したり，市場で競合する企業どうしの戦略的な意思決定を分析したりできる。ここでは，考察を単純にするため，市場には2つの競合する企業があるとしよう。これは不完全競争市場の1つであり，複占市場とよばれる。これより，複占市場での企業行動を考えていこう。

　あらためてゲーム理論とは，ゲームのルールとよばれるゲームのプレイヤーの行動の規律付けが行われたもとで,プレイヤーの利益（これを利得とよぶ）が最大になるように，複数のプレイヤーがどのように行動するのかを分析する理論である。ゲーム理論を用いることで，大企業が競争相手の行動を予測し，それに基づいて自社の行動をどのようにすべきなのかを決めることができる。なお，ゲーム理論にはプレイヤーが競い合って戦略を決める非協力ゲームと，プレイヤー間で事前の交渉による協力が可能であり，その協力のもとで戦略を

決める協力ゲームがある。ただし本章では，非協力ゲームについてのみを説明する。

　まず，ここでは次のような仮定をおくものとする。

仮定1：　市場では2つの企業のみが生産し供給するとする。

仮定2：　企業は相手のライバル企業の行動を予測しようとする。

仮定3：　この予測に基づいて，自社は最適な戦略的行動を選択するものとする。

　以上の想定をおいて，これから分析を始めよう。自社は他社が選択する戦略を所与（与えられたもの）として自社にとって最善の行動を選択することを，**最適反応**とよぶ。他社の戦略が変更されると，それに対して自社は，最適反応となるように，戦略を変更する。また，他社が実行可能などのような行動を選択したとしても，自社の戦略的行動が最適反応となるとき，それを**支配戦略**とよぶ。いいかえると，自社が支配戦略を選択できるのであれば，他社の戦略がどのようなものであったとしても，自社の行動を変更する必要はないことになる。

## 2.2　複占企業による同時手番ゲームの事例

　以上で分析するための準備がそろったので，複占企業の戦略を次の事例を用いて考察しよう。まず，食品会社AとBが，同じ国の市場で新製品のインスタントラーメンを供給しようとしているとする。また，消費者は通常の需要曲線を持っており，食品会社から提示された価格で最適な（自分が納得する）量を購入するものとする。

　いま，A社とB社，2つの食品メーカーは**同時に**新製品を開発して市場に供給しようと計画している。これからの説明は，ゲーム理論では**同時（手番）ゲーム**とよばれるものである。このとき，2つのメーカーの利益を表したのが**図表7-1**（これをゲーム理論では**利得行列**とよぶ）である。ここでは，はじめから2社とも利得行列をわかっているものとする。A社とB社，すなわち

ゲーム理論ではプレイヤーとよぶ2人が利得行列を，ゲームを始める前に知っているという想定は重要である。この想定を変更して利得行列の値が不確実な場合を取り扱うこともできるが，本章では事前にわかっているものとして進めよう。

　ここで，少し難しいが，情報に関するゲームの種類について整理しておこう。まずこの例のように，ゲームのルール，参加プレイヤーの戦略，そしてそれぞれの戦略が採用されたときの利得の大きさなど，すべてのプレイヤーがゲームに関するすべての情報を保有する状況を，**完備情報**とよび，そのもとでのゲームを**完備情報ゲーム**とよぶ。そうでないゲームを**不完備情報ゲーム**とよぶ。完備情報と類似した考え方に，**完全情報**という考え方がある。完全情報とは，他のプレイヤーがこれまで採用した戦略や，それによって実現した状況など，ゲーム内でこれまでおきた情報をすべてのプレイヤーが保有している状態である。ただし，完全情報では，相手のプレイヤーがどのような戦略をこれから採用するのかまではわからない。完全情報であるかどうかは，後ほど述べる展開ゲームでは重要な考え方となる。

| 図表7-1 | | 新製品開発ゲームの利得行列 | |
|---|---|---|---|
| | | ライバル企業B社の戦略 | |
| | | 新製品を出す | 新製品を出さない |
| 自社A社の戦略 | 新製品を出す | （2億円，　2億円） | （3.5億円，1.5億円） |
| | 新製品を出さない | （1.5億円，3.5億円） | （4億円，　4億円） |

　**図表7-1**の利得行列での縦列は自社A社の戦略の選択を，横列はライバルB社の戦略の選択を表している。また表の中の数字はA社とB社がそれぞれの戦略を採用したときの利得を表し，カッコ内の左はA社の利得を，右はB社の利得を表している。ちなみに，この例では，新製品を出す場合には，その開発

費用がかかるので，それ分だけ利得は低くなり（2億円），新製品を出さない場合の利得の方が高くなる（4億円）ものとしている。

　ライバル企業がなければ新製品を出さないのが望ましいが，市場には，ライバル企業が存在する。そのため，ライバル企業の戦略（新製品を出すか，出さないか）によって，自社の利得は変動するので，より高い利得を得るためには，新製品を開発し供給する**インセンティブ**（動機）があることになる。

　まず，自社A社は新製品を出すことを計画しているが，出さないことも選択肢にある。利得行列より，A社が新製品を出すとすると，自社A社の利得は，ライバルB社の戦略によって2つのケースがある。第1のライバルB社が新製品を出す場合には，A社の利得は2億円となるが，A社が出さない場合には1.5億円となるので，A社は新製品を出すことが望ましい。第2のライバルB社が新製品を出さない場合には，新製品を出すと3.5億円，出さない場合には4億円である。そのため，新製品を出さない場合の方が望ましい。

　一方，**同時に**B社はA社と同じように新製品を出すか，出さないかの計画を持っている。先のA社の利得と同じように，B社の利得は自社Aの戦略によって2つのケースがある。第1のA社が新製品を出す場合には，B社が新製品を出すとB社の利得は2億円となり，B社が新製品を出さないと1.5億円となる。そのため，新製品を出すのが望ましい。第2のA社が新製品を出さない場合には，B社が新製品を出せば3.5億円の利得があり，B社が新製品を出さない場合には4億円となる。

　したがって，A社が新製品を出さない場合には，B社も新製品を出さない場合が望ましいことになる。実は，この場合，A，B各社の2つの戦略が落ち着く組み合わせが2つある。すなわち，A，B両社がそれぞれ新製品を出すという戦略の組み合わせと，A，B両社とも新製品を出さないという戦略の組み合わせである。これを**ナッシュ均衡**とよぶ。

　自社A社は，ライバル企業B社が新製品を出さないと予想した場合には，自社A社も新製品を出さないことが望ましい戦略となる。このようなA社の対応が，先に説明した最適反応となる。そうすると，ライバル企業B社が新製品を

出すと予想した場合のA社の最適反応は，新製品を出すことである。B社の判断も，A社と同じようになる。

このようにB社の戦略に対して，A社の戦略が最適反応となるように選択し，一方，A社の戦略に対して，B社の戦略が最適反応となるように選択した組み合わせがナッシュ均衡となる。この例では，A社，B社の戦略の組み合わせとして，｛新製品を出す，新製品を出す｝と｛新製品を出さない，新製品を出さない｝という2つの組み合わせがある。この組み合わせは，お互いの戦略に対して最適反応となるように選択された組み合わせなので，どちらもナッシュ均衡である。

なお，**図表7-1**のケースとは異なるが，ナッシュ均衡の戦略が支配戦略になることもある。支配戦略による均衡は支配戦略均衡とよばれるが，この支配戦略均衡は，ナッシュ均衡の特殊なケースといえる。

### 2.2.1 ナッシュ均衡は安定的なのか？

これまでの説明で，ナッシュ均衡がどのように成立するのかをみてきた。ただ，ナッシュ均衡がいったん成立した後，すなわち2つの企業が最適反応を実現した後，選択した戦略を変更することはあるのだろうか？　もし変更することがあれば，あらためて選択された組み合わせを，選び直さなければならず，いつまでも選択が決まらない。そこで，次のように考えてみよう。

同時にA社，B社が新製品を出すと選択した後に，A社は新製品を出さないという選択に変更することはあるだろうか。答えは否である。もしA社が新製品を出さないと変更すれば，利得は1.5億円に低下してしまうので，変更することはしない。一方，B社も同様であるため出さないという選択に変更することはない。

また，A社，B社が新製品を出さないと同時に選択した場合，B社が新製品を出すという選択に変更するだろうか。これも変更することはない。なぜならA社はB社が新製品を出さないことが同時にわかっているので，もしA社が新製品を出すと4億円の利得が3.5億円へと減少する。そのため，A社が新製品

を出すという選択をしない。B社も同様に新製品を出すという戦略に変更することはない。これらのことから，いったんナッシュ均衡が選択されると，その選択が揺るがないことがわかった。

　このように，いったん選択されたナッシュ均衡の組み合わせは，選び直されることはなく，この状態を**安定的**とよぶ。したがって，ナッシュ均衡は安定的であるといえる。

### 2.2.2　ナッシュ均衡へ至るまで

　では，そのナッシュ均衡へどのように至るのだろうか。たとえば，A社が新製品を出す，B社は出さないという選択をしようとする。その場合，A社は出すという選択を変更しないが，B社は出さないよりも，出すという選択の方が利得を0.5億円（1.5億円⇒2億円）増加させることができる。したがって，B社は新製品を出すという選択に変更する。そのため，新製品を出すという選択をA，B両社が行い，〔新製品を出す，新製品を出す〕という選択の組み合わせであるナッシュ均衡へと至る。

　また別の例として，A社が新製品を出さない，B社は出すという選択をしようとする。その場合，B社は，新製品を出さないと利得を増やすことができるので，出さないという選択に変更すると，B社は利得を0.5億円（3.5億円⇒4億円）に増加させることができる。一方，A社は新製品を出すという選択よりも，新製品を出さない選択の方が利得を増やすことができるので，出さないという選択のままである。したがって，A社は出さないという選択を続け，B社は新製品を出すという選択に変更する。そのため，A，B両社は〔新製品を出す，新製品を出す〕という選択を行い，この組み合わせもナッシュ均衡である。

### 2.2.3　複数存在するナッシュ均衡

　以上のように，ナッシュ均衡がたまたま最初に選択されると，その選択の組み合わせは変更されることのないことがわかった。また，ナッシュ均衡ではな

い組み合わせが選択されたとしても，ナッシュ均衡へと至ることがわかった。したがって，A社，B社の2つの企業による戦略は，2つのうちのどちらかのナッシュ均衡に至る。

　しかし，多くのゲーム理論の例でもあるように，このゲームの場合でも2つのナッシュ均衡が存在する。すなわち，両社とも新製品を出すという均衡か，あるいは両社とも新製品を出さないという均衡か，どちらが選択されるのかを一概に決めることができない。理論上どちらの選択も可能性のあるナッシュ均衡である。では，どちらが選ばれるのか。これは，どちらかの企業，あるいは両方の企業の経営における，これまでの経営手法や，経営陣の方針にも関わってくる。

　たとえば，A社が新開発を積極的に行う企業であれば，B社は「A社が新製品を出す」という予想をしがちであろう。そのため，「A社が新製品を出す」という予想のもと，戦略を決めるであろう。したがって，B社も新製品を出すという選択をし，｛新製品を出す，新製品を出す｝というナッシュ均衡に至ることになる。

### 2.2.4　パレート効率とナッシュ均衡の関係

　ナッシュ均衡は，**第5章**で示されたパレート効率（パレート最適）に必ずしもならない。パレート効率とは，お互いの満足が相手の満足を低下させることなく最大になるような選択であった。ここではA社とB社，2社の利得が最大になるような選択の組み合わせがパレート効率である。したがって，｛新製品を出さない，新製品を出さない｝がパレート効率といえる。しかしナッシュ均衡には，その組み合わせだけでなく｛新製品を出す，新製品を出す｝という組み合わせもある。いいかえると，パレート効率にならないナッシュ均衡が選ばれる可能性もあるといえる。

　この点は，**第5章**で示された完全競争市場均衡では必ずパレート効率となるのとは異なることに注意が必要である。完全競争市場での需給均衡が現実に満たされない例は，**第6章**の不完全競争市場でも紹介した。**本章**でのゲーム理論

的な競争でも，完全競争市場のようなパレート効率となる均衡も選択される可能性はあるものの，そうではない均衡に至る可能性もあることを示している。これがゲーム理論の興味深い点であり，また現実のビジネスでの応用にも有益であるとされる点である。

## 3　複占による展開型ゲームの事例

　ここまでは2つの企業（プレイヤー）が同時に戦略を決めるものと想定していた。しかし，現実の市場では同じ業界での企業が競争するとき，ある企業が先に戦略を実行し，それを観察していた別の企業が続いて戦略を決定するということがある。

　たとえば，ある自動車メーカーが小型SUV（多目的スポーツ車）を発売すると，しばらくたってからライバルの自動車メーカーが似たような小型SUVを発売することがある。このように，相手の行動をみて，自分の意思決定を行うこともゲーム理論では分析できる。これを**展開型ゲーム**とよぶ。このように，ゲームで対戦する相手の行動を観察してから，自分の意思決定を決める場合には，ゲームの木（あるいはゲームツリー）を作成して，選択の可能性を探ることが便利である。なお，本章ではゲーム理論でよく説明される不完全情報ゲームについては省略し，すべてのプレイヤーによってこれまでどのような戦略が選択されたのかを，すべてのプレイヤーが知っている**完全情報ゲーム**とよばれるゲームを説明する。

　次のような例を用いて展開型ゲームでの意思決定を考えよう。2つの自動車メーカー X社とY社があり，新車を販売することを計画しているとする。新車の販売の意思決定はまず，X社が行うと仮定する。それを観察してから，Y社が新車販売の意思決定を行うと仮定する。この意思決定の順番を表したのが，ゲームの木とよばれる**図表7-2**である。この**図表7-2**をもとに，説明していこう。

　**図表7-2**は最初にX社が意思決定をし，次の手番でY社が意思決定すると想

定している。まず，X社が販売するか，販売しないかを決める。次に，Y社が
X社の選択を観察した後に，販売するか，販売しないかを決める。X社が販売
し，Y社も販売するときの利得はX社，Y社ともに5億円とする。また，X社が
販売し，Y社は販売しないときの利得は，X社は7億円，Y社は3億円とする。
さらに，X社が販売しないを選択し，Y社は販売するときの利得はX社3億円，
Y社は7億円とする。X社が販売しないを選択し，Y社も販売しないときの利
得はX社，Y社ともに2億円とする。

| 図表7-2 | 新車販売ゲームの木 |
| --- | --- |

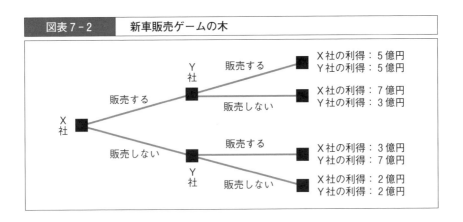

## 3.1　展開型ゲームの解き方

　図表7-2のようなゲームの木を想定した上で，X社，Y社の選択がどのよう
に決まるのかを考えていこう。展開型ゲームを解く方法として**後ろ向き解法**が
ある。ここでは，それを紹介しよう。まず，前提として，ゲームの各プレイ
ヤーはそれぞれの意思決定を行った後の手順と，その手順によって得られる利
得も，あらかじめ完全に知っているものとする。そのため，あらかじめ理解さ
れている最大の利得を得るための手順として最後の選択から最初の選択へと後
ろ向きに解いていく。このように後ろから前に向かってゲームを解くので，後
ろ向き解法とよばれる。

　この方法では最初の手番の企業（プレイヤー）の選択によって場合分けを行

う。その場合分けにしたがって，最後の手番の企業（プレイヤー）が，どのように意思決定を行うのかを先に考え，次にその前の手番の企業（プレイヤー）の意思決定を考えるというように，後ろから順番に意思決定を考えていく。

　具体的に先ほどのX社，Y社の例に戻ろう。まずX社が新車を販売すると選択した場合，Y社には新車を販売するか，販売しないかの2つの選択肢がある。Y社が販売を選択した場合，Y社の利得は5億円となる。また，X社の利得も5億円となる。Y社が販売しないを選択した場合には，Y社は3億円となる。一方，X社の利得は7億円となる。その結果，X社が新車を販売すると選択した場合には，Y社は利得の多い販売するを選択する。

　次に，X社が新車を販売しないと選択した場合にも，Y社は新車を販売するか，販売しない，の2つの選択肢がある。Y社が販売をするを選択した場合，Y社の利得は7億円となる。また，X社の利得は3億円となる。Y社が販売しないを選択した場合には，Y社は2億円となる。一方，X社の利得も2億円となる。その結果，X社が新車を販売しないと選択した場合には，Y社は利得の多い販売するを選択する。

　では，X社は販売するか，販売しないか，どちらの選択をすべきであろうか。X社が販売するときにはY社が販売するを選択するので，X社の利得は5億円となり，X社が販売しないときにはY社は販売するを選択するので，X社の利得は3億円となる。この2つの利得を比較すると，X社は販売するを選択した方が利得は多い。したがって，X社は新車を販売するを選択するのが最適な戦略となる。すなわち，X社は販売するを選択し，それを受けてY社も販売するを選択することが，それぞれの最適反応となり，その組み合わせがナッシュ均衡となる。

## 4　ビジネスでのゲーム理論の意義

　本章では企業活動を例にしながらゲーム理論を学んできた。最後になるが，ビジネスの現場でのゲーム理論の意義を説明したい。ここまで学んだように，

ゲーム理論の基本的な考え方は，自分の選択を決定する際に相手の行動がどのようになるのかを想定し，それを織り込んで自分の行動を選択することにあった。

　意思決定に関するこのような状況は，まさにビジネスでも登場してくる。本章の例でも考えたように，ある製品を販売することを決めたとして価格をいくらに設定するのかは，その製品の売れ行きを左右する重要な戦略となる。これは価格戦略とよばれたりもするが，その価格を決定するときに，ライバル企業の価格設定も考慮することが必要である。ライバル社の製品よりも低く設定すべきなのか，それとも同じに設定すべきか，あるいは高く設定することができるのかなど，価格戦略のシナリオはいくつか想定できるが，そのときにライバル社が反応して，価格を変更することも考慮する必要がある。

　このように，ゲーム理論でいくつかのシナリオを想定しておくことは大切である。たしかに，ゲーム理論はいくつかの仮定をおいて抽象的にゲームを進めていくため，様々な想定や制約のある現実のビジネスにそのまま当てはめることは難しいだろう。しかし，ゲーム理論的な考え方は，ビジネス戦略のシナリオを考えるときの助けにはなろう。実際，欧米の経営コンサルタントの多くがアドバイスをするときにはゲーム理論を利用している。また，ゲーム理論は，価格戦略だけではなく，製品開発，出店戦略，広告戦略など，ビジネスの広い範囲で活用できる。

　ゲーム理論では，自分の行動がライバルにどのような影響を与え，またそのライバルの行動が自分の利益にどのように影響するかも考えることができる。いいかえると，ビジネスにおける意思決定をするときに，洞察力を得ることができる。また，ゲーム理論のプレイヤーはライバルどうしとなる企業単位とは限らない。プレイヤーは同じ企業で働く従業員どうしであったり，あるいは株主と企業との関係であったり，さらには企業と銀行との関係にも応用できる。ゲーム理論を応用することで，そのようなプレイヤー間の意思決定を明らかにし，新しい関係を築くきっかけになるかもしれない。

　本章では扱いきれないが，ゲーム理論はまだまだ奥も深く，扱うゲームの種

類も豊富にある。本章を読んで興味を持った方は是非，ゲーム理論を専門に解説した入門書を手にとっていただきたい。

---

コラム 1

## 囚人のジレンマゲーム

　本文の中では 2 つの企業戦略を，ゲーム理論を用いて考察した。これは，もともと「囚人のジレンマ」というゲーム理論の考え方を応用したものである。そこで，あらためて囚人のジレンマについて，図表 7 - 3 にある利得行列を用いて，考えていこう。最初の想定として，ここにまだ刑が定まっていない 2 人の囚人がいるとする。そこで，警察が 2 人を別々の部屋で取り調べをするところである。2 人には自白するか，黙秘するかの 2 つの選択があるとする。それぞれの選択によって，囚人の刑期が決まるものとする。

　まず図表 7 - 3 の利得行列から，囚人 2 人が白状した場合 3 年の刑期があり，2 人とも黙秘した場合，1 年の刑期になるとする。さらに，一方が白状し，一方が黙秘した場合，白状した方は刑期が短くなることを示している。

　そこで，囚人 A，B の選択がどのようになるのかを考えよう。まず A が白状するか，黙秘するのかの選択を考えるが，この時 B の選択に対して自分の望ましい選択が何かを考える必要がある。B が白状したとすると，A が白状すると 3 年，黙秘する場合 5 年となるので，A にとっては白状した方が望ましい。B が黙秘するという選択をしたとすれば，A が白状すると 0 年，黙秘すると 1 年となるので，A は白状することが望ましい選択となる。

　B にとっては，A が白状したとすると B は白状することを選ぶ。なぜなら黙秘するよりも白状した方が刑期が短くなるからである。また A が黙秘すると，B が白状すると 0 年，B が黙秘すると 1 年となるので，B は白状を選択する。

　これらの選択をまとめると，A，B ともに白状するのが最適な組み合わせとなる。この組み合わせはナッシュ均衡となる。

　この例のように，あらかじめ 2 人の囚人がコミュニケーションをとり，示し合わせていれば 2 人にとって最適な状況の刑期が 1 年になるという選択を行うことができる。すなわち，2 人にとってパレート最適の状態を選ぶことができる（こ

の例で最適という言葉がいいのかは疑問だが)。したがって,あらかじめコミュニケーションをとるという協調行動をとることで,ナッシュ均衡はパレート最適になることができる。しかし,協調行動をとらなければ白状,白状という組み合わせを選択し,ナッシュ均衡はパレート最適にはならない。

| 図表7-3 | 「囚人のゲーム」での利得行列 |

| 利得行列 | | 囚人Bの選択 | |
|---|---|---|---|
| | | 白状する | 黙秘する |
| 囚人Aの選択 | 白状する | (3年, 3年) | (0年, 5年) |
| | 黙秘する | (5年, 0年) | (1年, 1年) |

注) 利得行列の中の年数とあるのは,刑務所での刑期の年数を示す。

### 練習問題

1. **図表7-4**ではA社とB社の価格競争のゲームが示されている。ただし,カッコ内の左側がA社の利得,右側がB社の利得を示す。A社とB社の戦略は,値上げと価格維持であるとする。値上げをせず,価格を維持した企業は,すべての顧客を得て100の利得を得ることができるが,値上げをした企業は顧客を得ることができず,利得は0となる。また,両企業が価格を維持した場合は,この価格で得られる市場全体の利得100の半分の50を得るとする。さらに両企業が値上げする場合には,市場全体の利得は160となり,それぞれ80の利得を得るとする。このゲームに関する記述として,最も適切なものを下記の解答群から選びなさい。

| 図表7-4 | A社とB社の利得表 |

|  |  | B社の戦略 | |
|---|---|---|---|
|  |  | 値上げ | 価格維持 |
| A社の戦略 | 値上げ | (80, 80) | (0, 100) |
|  | 価格維持 | (100, 0) | (50, 50) |

(1)　このゲームにおけるA社とB社の最適反応は，ともに値上げする場合だけである。

(2)　このゲームでは，A社とB社が異なった価格戦略を採用する場合が，ナッシュ均衡となる。

(3)　このゲームで，A社，B社がともに価格を維持していたとき，どちらかの企業が価格を引き上げると，その企業の利得は減少する。

(4)　このゲームからは，2つの企業が価格を引き上げると互いにメリットがある。

2.　独占的に市場にある商品を供給しているA社があるとしよう。そこでいま，この市場にB社が新規参入を希望している。A社は，この事業で「高価格」戦略か「低価格」戦略を採用することができ，企業Bは，「参入」ないし「参入せず」を選択することができる。**図表7-5**のツリー図（樹形図）は，このようなゲームの様子を整理したものであり，カッコ内の値は，左が企業A，右が企業Bの利得を表している。このときの記述として，最も適切なものの組み合わせを解答群から選びなさい。

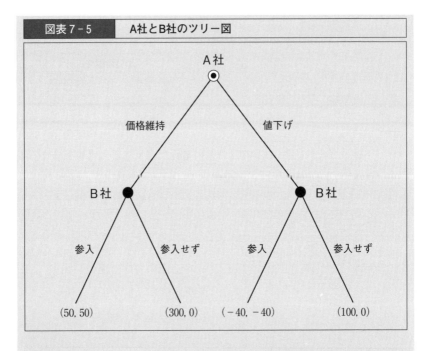

図表7-5　A社とB社のツリー図

A社

価格維持　　　　　　　値下げ

B社　●　　　　　　　　　　●　B社

参入　　　参入せず　　　　　参入　　　参入せず

(50, 50)　　　(300, 0)　　(−40, −40)　　(100, 0)

解答群

(1) A社が値下げを行い，B社が参入せずを選択するのはナッシュ均衡である。

(2) 後ろ向き解法の解では，A社は値下げを選択する。

(3) A社が価格を維持し，B社が参入せずを選択するのはナッシュ均衡である。

(4) 後ろ向き解法の解では，企業Bは参入を選択する。

## 推薦図書

・鎌田雄一郎『ゲーム理論入門の入門』岩波新書，2019年。

・鎌田雄一郎『16歳からのはじめてのゲーム理論』ダイヤモンド社，2020
　年。

　上記の 2 冊の本は，ゲーム理論の入門書としてとてもわかりやすい。ゲーム
　理論に少しでも興味をもてば，是非，手にとってほしい。

・梶井厚志・松井彰彦『ミクロ経済学　戦略的アプローチ』日本評論社，
　2000年。

　ミクロ経済学の解説書であるが，ゲーム理論の入門書としても利用できる。
　やや難しいかもしれないが，次に取り組んでほしい書籍である。

## 参考文献

岡田　章（2021）『ゲーム理論〔第 3 版〕』有斐閣。

ロバート・ギボンズ（2020）『経済学のためのゲーム理論入門』（福岡正夫・須
　田伸一訳）岩波書店。

# 第8章

# 生産要素と労働市場

---◆学習の目的◆---

　本章では，財・サービスを生産するために必要な生産要素のうち，私たちの生活に所得をもたらす点において重要な要素である，労働について学習する。企業は労働の需要者であり，家計は労働の供給者である。労働市場において賃金がどのように決まり，またどれくらいの労働者が雇用されるのかについて，これまでの章で学んだことをもとに，労働需要と労働供給を分析することで明らかにしよう。また賃金に格差が生まれる要因や，失業についても考えてみよう。

## 1　生産要素と労働市場

　これまでの章では，財・サービスの需要と供給について学んできた。ところで，財・サービスの供給には，生産するヒトや機械設備などの様々なモノが必要である。こうした財・サービスを生産するために必要な投入物を**生産要素**という。生産要素は主に，**労働**，**土地**，**資本**の３つが挙げられる。たとえば，企業が自動車を生産する際には，技術者や組立工などの労働，国内外の工場や社屋などを建てる土地，工場設備や機械などの資本が利用される。生産要素における資本とは，機械や建物など生産に利用される物的資本を指す。

　生産要素の需要は財・サービスの供給によって左右される。たとえば自動車の需要が増えれば，企業は設備を増やして労働者を雇用し，生産を増やそうとするだろう。このように生産要素の需要は，生産する財・サービスの供給に関

する意思決定から派生する需要，すなわち**派生需要**である。

　生産要素の中でも，企業の生産活動を支える労働は，私たちの生活を支える所得を獲得する点において重要な要素である。労働の買い手と売り手によって取引が行われる市場を**労働市場**という。財・サービスの市場では企業は製品などを生産する供給者であり，家計は消費する需要者であった。労働市場では企業は労働の買い手であり労働の需要者となる一方，家計は労働の売り手であり供給者である。企業は賃金を支払い，労働者を雇用する一方で，家計は労働力を提供して所得を得る。本章では，労働以外の生産要素（土地，資本）の量を一定とする短期の市場を考察する。その上で，短期でも生産要素の量が変化する労働市場に焦点を当て，労働需要と労働供給について確認しよう。

## 2　労働需要

　**労働需要**とは，財・サービスの生産者である企業による労働に対する需要である。労働以外の生産要素が一定であるとして，パン製造企業A社のアルバイトを例に，労働需要について考えてみよう。

　**図表8-1**はA社における労働者の人数と1日のパンの生産量の関係を示し

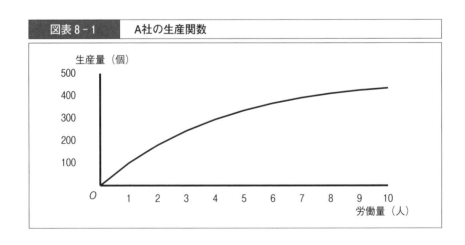

| 図表8-1 | A社の生産関数 |

| | 図表 8 - 2 | | A社の労働量と生産量 | | | | |

| (1)<br>労働者数<br>（人） | (2)<br>1日の製造数<br>（個） | (3)<br>労働の限界生産<br>物（個） | (4)<br>パン1個の価格<br>（円） | (5)<br>労働の限界生産<br>物の価値（円） | (6)<br>1人あたり賃金<br>（円） | (7)<br>限界利潤<br>（円） |
|---|---|---|---|---|---|---|
| 0 | 0 | - | 200 | - | - | - |
| 1 | 100 | 100 | 200 | 20000 | 8000 | 12000 |
| 2 | 180 | 80 | 200 | 16000 | 8000 | 8000 |
| 3 | 244 | 64 | 200 | 12800 | 8000 | 4800 |
| 4 | 295 | 51 | 200 | 10200 | 8000 | 2200 |
| 5 | 335 | 40 | 200 | 8000 | 8000 | 0 |
| 6 | 367 | 32 | 200 | 6400 | 8000 | -1600 |
| 7 | 392 | 25 | 200 | 5000 | 8000 | -3000 |
| 8 | 411 | 19 | 200 | 3800 | 8000 | -4200 |
| 9 | 425 | 14 | 200 | 2800 | 8000 | -5200 |
| 10 | 435 | 10 | 200 | 2000 | 8000 | -6000 |

ている。生産要素の投入量と生産物の産出量の関係を表した関数を**生産関数**という。

　**図表8-2**はA社の労働量と生産量を表にまとめたものである。労働を1単位追加したときの生産の増加量を**労働の限界生産物**という。A社が1日に製造するパンの数は，労働者が1人なら100個，2人なら180個である。このとき，労働者を1人増加させることにより増えたパン80個が労働の限界生産物である。**図表8-1**では，生産関数の傾きが労働の限界生産物を表している。

　労働投入量の増加にしたがって生産量は増える。しかし，他の生産要素が一定である場合，労働投入量を増やしても生産の効率が落ち，労働の限界生産物は徐々に減少する。労働の限界生産物の増え方を**労働の限界生産性**という。他の生産要素の量が一定のとき，労働投入量を増やすと労働の限界生産性が徐々に低下することを，**労働の限界生産性逓減の法則**という。A社の場合も**図表8-2**の(3)列の数値が示す通り，労働の限界生産性逓減の法則にしたがって，労働の限界生産物は徐々に減少している。

　また，労働の限界生産物を金額で捉えたものを**労働の限界生産物の価値**という。労働の限界生産物の価値は次のように定義される。

　労働の限界生産物の価値＝労働の限界生産物
　　　　　　　　　　　　　×生産物1単位あたりの価格　（8-1式）

A社のパンを1個200円とすると，労働の限界生産物の価値は**図表8-2**の(3)列×(4)列で算出され，(5)列の数値となる。

　ここで，企業はどのように労働量を決めればよいだろうか？　A社の賃金が1人1日あたり8000円のとき，何人の労働者を雇用すればよいか考えてみよう。

　労働者を1人から2人に増やすと，労働の限界生産物の価値は1万6000円だけ増加する。1人増やすごとに賃金8000円を払う必要があるため，A社が2人目を雇用することにより得られる利潤は，労働の限界生産物の価値1万6000円から1人あたり賃金8000円を差し引いた8000円となる。このように，労働を1単位増やすことにより追加的に得られる利潤を**限界利潤**という。

　限界利潤＝労働の限界生産物の価値－労働1単位あたり賃金　　（8-2式）

　限界利潤を全て得ることができれば企業の利潤は最大化される。したがって企業は，限界利潤がゼロになるまで労働を増加すれば利潤を最大化することができる。限界利潤は労働の限界生産物の価値と賃金の差額であるため，限界利潤がゼロになるのは，労働の限界生産物の価値と賃金が等しくなる水準（労働の限界生産物の価値＝賃金）である。この水準まで労働量を増加すれば利潤を最大化できる。**図表8-2**で示されるように，A社の場合，限界利潤を最大限に得られる労働量は，労働の限界生産物の価値が賃金と等しくなる5人である。

　では賃金が5000円の場合どうなるだろうか。A社は労働の限界生産物の価値と賃金が等しくなる水準，すなわち7人雇用すれば，利潤を最大化することができる。このように，企業が求める労働量は，労働の限界生産物の価値と賃金の関係によって表される。

　**図表8-3**は，A社の労働の限界生産物の価値を示す曲線を描いている。この曲線は，A社の労働需要を表しており，労働の限界生産物の価値と賃金が等しくなる点で労働量が決まる。すなわち，労働の限界生産物の価値を描く曲線は，**労働需要曲線**となる。

　**図表8-4**は労働需要曲線である。労働需要曲線はある賃金における労働需要量を示している。また，労働の限界生産性逓減の法則に従い，労働需要曲線

の傾きは右下がりとなる。

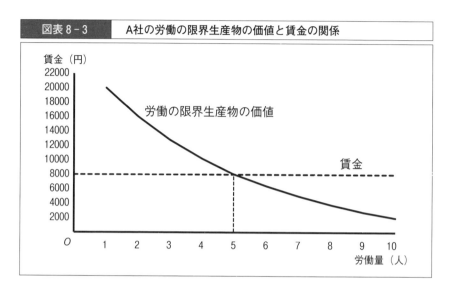

図表 8 - 3　　A社の労働の限界生産物の価値と賃金の関係

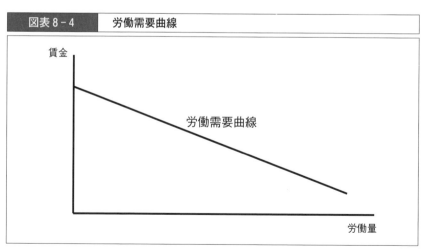

図表 8 - 4　　労働需要曲線

## 3 労働供給

**労働供給**とは，労働者がある賃金で働きたいと考える労働の量である。ある賃金水準で供給される労働量が労働市場の労働供給量となり，**図表8-5**で示される通り，賃金と労働供給量の関係を描く曲線が**労働供給曲線**である。

労働者はどのような賃金でどれくらい働きたいと思うだろうか？ 労働と余暇の関係は，余暇が増えれば労働量が減少するというトレードオフ（二律背反）である。たとえば日給3000円なら働きたくないと考える人は，働けば得られた3000円と引き換えに働かないで得られる余暇の効用を選択していることになる。この余暇の機会費用は3000円である。では日給1万円であればどうだろうか？ 多くの場合，賃金が高くなれば余暇よりも労働を希望する人数は増えるだろう。このように考えると労働供給曲線は右上がりで示される。

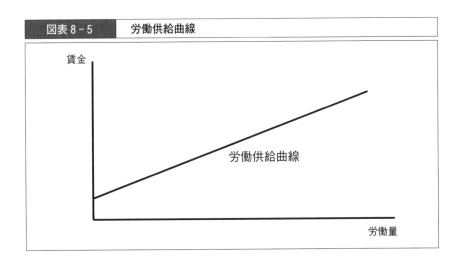

| 図表8-5 | 労働供給曲線 |
|---|---|

## 4　労働市場の均衡と変化

### 4.1　労働市場の均衡

図表8-6は労働市場における労働需要曲線と労働供給曲線を表している。労働市場が完全競争市場である場合，労働需要曲線と労働供給曲線が交差する点Eにおいて市場は均衡する。均衡点で**均衡賃金**が決定する。また均衡賃金のもとで労働需要量と労働供給量が一致し，**均衡雇用量**が決定される。市場が均衡していれば，働きたい人はみな雇用されている状態となる。

| 図表8-6 | 労働市場の均衡 |
|---|---|

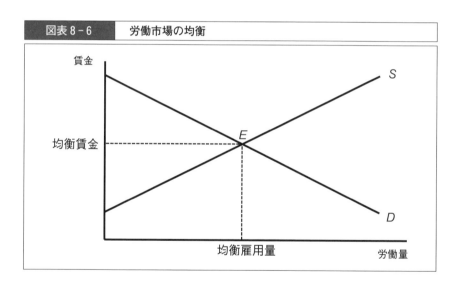

### 4.2　労働需要曲線と労働供給曲線のシフト

均衡賃金と均衡雇用量の変化は，労働需要と労働供給の変化，すなわち労働需要曲線と労働供給曲線のシフトによって生じる。

図表8-7は労働需要曲線が右にシフトする場合の図である。賃金$W_1$のもとで労働需要が増大し労働需要曲線が右にシフトすると，均衡点は点$E_1$から点

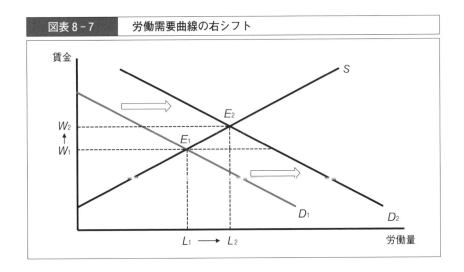

図表 8-7　　労働需要曲線の右シフト

$E_2$に移動し，均衡賃金は$W_1$から$W_2$に上昇，均衡雇用量は$L_1$から$L_2$に増える。反対に，労働需要が減少し労働需要曲線が左にシフトすると，均衡賃金は下落し均衡雇用量は減る。

また**図表 8-8**は労働供給曲線が右にシフトした場合の図である。賃金$W_1$の

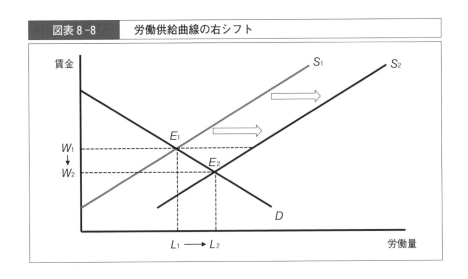

図表 8-8　　労働供給曲線の右シフト

もとで労働供給が増大し労働供給曲線が右にシフトすると，均衡点は点$E_1$から点$E_2$に移動し，均衡賃金は$W_1$から$W_2$に下落，均衡雇用量は$L_1$から$L_2$に増える。反対に，労働供給が減少し労働供給曲線が左にシフトすると，均衡賃金は上昇し均衡雇用量は減る。

### 4.3　労働需要曲線のシフトの要因

労働需要曲線がシフトする要因を考えてみよう。

#### ①　生産する財・サービスの価格の変化

労働需要は派生需要なので，生産する財・サービスの価格が変化すると，労働需要曲線はシフトする。パン製造会社のA社を例に考えてみよう。

A社のパンの需要が増大すると，パンの需要曲線は右にシフトするため，パンの価格が上昇する。生産物の価格が上昇すると，労働の限界生産物の価値も増大する。8-2式から，賃金が一定の場合，労働の限界生産物の価値が増えれば限界利潤が増える。企業が利潤を最大化するためには，より多くの労働が必要になるため，労働需要曲線は右にシフトする。反対に財・サービスの価格が下落すると，労働の限界生産物の価値が低下し限界利潤が減るため，労働需要曲線は左にシフトする。

#### ②　生産技術の変化

また労働需要曲線のシフトは，生産技術の変化によっても起こる。生産技術の変化により，たとえばAIやロボットが労働者に代替すると，労働需要は減少し，労働需要曲線は左にシフトする。一方，AIやロボットが労働を補完すれば，1人1日当たりの生産量が増加することで労働の限界生産性が向上する。すなわち労働の限界生産物が増加するため，労働の限界生産物の価値が上昇し，限界利潤が増える。これにより企業は，利潤を最大化するために労働力を増やそうとする。したがって，同じ賃金水準で労働需要が増加し，労働需要曲線は右にシフトする。代替効果と補完効果のどちらが現れるかによってシフトする方向が異なる。

### 4.4 労働供給曲線のシフトの要因

労働供給曲線がシフトする要因を考えてみよう。

#### ① 労働者数の変化

労働者数が増減すれば，労働供給曲線はシフトする。たとえば，海外からの移民の増加により労働供給が増加すれば，労働供給曲線は右にシフトする。反対に少子高齢化などによって就労人口が減少し，労働供給が減少すれば，労働供給曲線は左にシフトする。

#### ② 労働者の選好の変化

労働に対する労働者の選好の変化によっても，労働供給曲線はシフトする。総務省の労働力調査によれば，日本の生産年齢人口（15〜64歳）における女性の就業率は，昭和61年には53.1％であったが，令和元年では77.7％である。この変化には様々な背景が挙げられるが，女性の労働に対する選好が変化し，仕事をする女性が増えれば労働供給曲線は右にシフトする。一方，アルバイトをする学生の労働市場を考えてみよう。放課後の時間をアルバイトよりも勉強やスポーツに振り向ける学生が増えれば，労働供給曲線は左にシフトする。

#### ③ 雇用機会の変化

雇用機会の変化によっても労働供給曲線はシフトする。たとえばA社の工場の近くに，より賃金の高いB社の工場が建設されれば，B社に転職しようとする労働者が増えるかもしれない。この場合，A社に対する労働供給は減少し，A社の労働供給曲線は左にシフトする。また数年後，B社の工場が閉鎖され労働者が解雇されれば，A社に職を求める者もいるだろう。この場合A社に対する労働供給が増加し，労働供給曲線は右にシフトする。

## 5 賃金の決定要因

ここまで学んだように，賃金は労働市場での市場均衡によって決まる。しかし市場均衡以外にも賃金を決定する要因がいくつかある。

## 5.1　効率賃金仮説

　高い賃金は労働者の労働意欲を高め，離職を減らすインセンティブとなる。また，能力の高い労働者の雇用に繋がると考えられる。そこで企業は，労働生産性を高め利潤を増やすため，均衡賃金よりも高い水準の賃金を支払う傾向がある，とするのが**効率賃金**仮説である。この仮説によれば，実際に企業が労働者に支払う賃金は均衡賃金よりも高く設定される。

## 5.2　補償賃金仮説

　危険度が高い仕事や肉体的・精神的に負担が大きい仕事に対しては賃金が上乗せされるため，安全で負担の小さい仕事に比べ賃金が高くなる，と考えるのが**補償賃金**仮説である。代替的な雇用機会が存在する場合，同じ賃金であれば労働者は安全で負担の小さい仕事を選択するため，リスクの高い仕事などには労働者が集まらなくなる。そこで，補償賃金として賃金を均衡賃金に上乗せし高めに設定することで，労働需要に対する供給量を確保しようとする。

## 5.3　人的資本の差

　**人的資本**とは，労働者の技能や知識などを，経済価値を生み出す資本とみなす考え方であり，具体的には資格や学歴，技術として捉えられる。高度な教育や資格，技術を身につけた労働者は高い生産性を生み出すと考えられるため，労働需要は大きい。一方で，高度な人的資本を持つ労働者は少なく，労働供給量は少ないといえる。したがって，賃金は高くなる傾向にある。たとえば厚生労働省の賃金構造基本統計調査によれば，初任給は高校卒より大学卒，大学卒より大学院卒の方が高い傾向にある。また，高度な資格を要する職業の賃金は比較的高い傾向にある。これらは，人的資本の差が賃金の差を生み出している例と考えられる。

## 6 失業

さて，完全競争の労働市場では，市場均衡の状態において均衡賃金で働きたい人は全員が雇用されているはずである。しかし現実には失業が発生している。

**失業**とは，働く意志があり，仕事があればすぐ働くことができ，仕事を探しているにもかかわらず，賃金が支払われる仕事に就いていない状態を指す。

現在の賃金水準より低い賃金でも就業を希望しているにもかかわらず生じる失業を非自発的失業という。一方で，現在の賃金水準が低すぎる理由で働かないなど，自己の都合により失業を選択している状態を自発的失業という。

なぜ失業は発生するのだろうか。その要因を見てみよう。

### 6.1 摩擦的失業

完全競争の労働市場では，仕事を探す労働者は瞬時に労働需要のある企業の求職情報を見つけ出し，均衡賃金にて雇用が成立すると想定している。しかし実際には，企業が求める人材が失業者にいたとしても，失業者がその求職情報を探して応募し，面接や採用試験を経て雇用されるまでには時間がかかる。このように労働市場には時間的な摩擦が生じることから，求職と雇用までに時間がかかることに起因する失業を**摩擦的失業**という。求職情報がアプリなどですぐに検索できる現代においては，摩擦的失業の期間は過去に比べ短縮されているかもしれないが，少なからず存在する失業であるといえる。

### 6.2 構造的失業

また摩擦的失業以外にも，企業の希望する人材や年齢，勤務地などの採用条件と，求職者の技能や求める雇用条件や年齢が合わないため，雇用がマッチングしない場合がある。このように，労働の需要と供給のミスマッチにより生じる失業を**構造的失業**という。

構造的失業は産業構造や環境の変化においても起こりうる。たとえば1950

年代の日本は朝鮮戦争の特需により好景気であったが，石炭から石油への転換が進み，炭鉱閉鎖により労働者が職を失うなど，特定地域や産業での労働需要と労働供給にミスマッチが生じ失業が発生した。また近年ではITスキルや知識の有無によって，雇用が左右される場合もある。構造的失業は，解消されるまでに時間がかかるといわれている。

### 6.3　循環的失業

景気の悪化により財・サービスの需要が減退すると，企業は生産を縮小する。生産に必要となる労働力が少なくなるため，企業は雇用量を減らさなければならない。これらの結果，雇用カットや新規雇用の抑制が行われるなど労働需要が減退する。このとき，賃金が速やかに下落すれば新たに均衡が生じるが，賃金が変動せず失業が発生する場合がある。このように，景気の変動により消費や投資が冷え込み労働需要が減少した結果，労働供給量が労働需要量を超過するため生じる失業を**循環的失業**（需要不足失業）という。

循環的失業は，賃金が下がりにくい性質によって生じる。賃金には変動しにくいという粘着的な性質がある。次節で，なぜ賃金が粘着的になりやすいかについて確認しよう。

## 7　賃金と雇用の関係

労働需要が減退したとき，賃金が新たな均衡賃金まで速やかに下落すれば，均衡賃金で働く意志のある労働者は雇用されている状態になり失業は解消される。また労働需要が増加すれば，賃金は上昇するはずである。しかし，賃金が速やかに変動せず，均衡賃金が実現しない場合がある。その要因を考えてみよう。

### 7.1　賃金の下方硬直性

労働需給が変化しても賃金が下がりにくい性質を**賃金の下方硬直性**という。これにより賃金が均衡賃金よりも高い状態にあると，労働供給量が労働需要量

を上回り，失業が発生する。

　賃金の下方硬直性を労働市場にもたらす要因は主に３つ考えられる。一点目は，5 にて確認した効率賃金仮説より，賃金を下げづらいことが挙げられる。二点目として労働組合の団体交渉は，賃金の下げを抑制し押し上げる要因となる。三点目は，最低賃金制度である。

　**最低賃金制度**とは，最低賃金法に基づき国が賃金の最低額を定め，企業はその最低賃金以上の賃金を労働者に支払わなければならないとする制度である。最低賃金制度は賃金の最低額を労働者に保障し労働条件の改善を図ることを目的に，労働市場のセーフティーネットとして多くの国で導入されているが，最低賃金があるために賃金の下方硬直性が生じ，失業が発生する可能性も指摘されている。

　**図表 8 - 9** は最低賃金が設定された労働市場を表している。労働市場は均衡しているが，最低賃金が均衡賃金よりも高く設定されている場合，最低賃金での労働供給量は$L_1$であるのに対し，最低賃金での労働需要量は$L_2$となるため，$L_1$―$L_2$の失業が発生する。また，賃金は最低賃金以下には下落しないため，失業は解消されない。

| 図表 8 - 9 | 最低賃金制度と労働市場 |
| --- | --- |

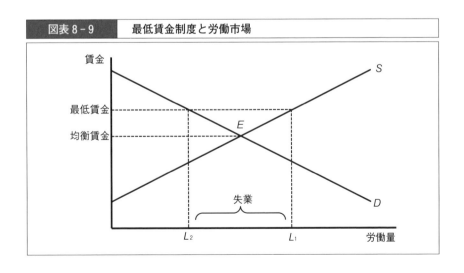

## 7.2　買い手独占

　労働市場が不完全競争市場である場合には，賃金が均衡賃金よりも低く抑えられる可能性がある。労働力の買い手である企業が独占的で，賃金の決定力を持つ状態を，労働市場の**買い手独占**（monopsony，需要独占）とよぶ。買い手独占は，地域に企業が1つしかない場合や，労働の移動が難しい場合など，労働者に他の雇用機会がない場合に生じる。過去には1つの炭鉱会社で成り立っている地方の炭鉱町のケースなどが例として挙げられたが，現代では交通網や情報技術の発達により，物理的要因から生じる買い手独占は解消されつつある。しかし，財・サービス市場が独占的で企業の市場支配力が強い場合や，労働者の就職・転職の機会が少ない場合，実質的な買い手独占となることが考えられる。

　労働市場が買い手独占の場合，企業は賃金を労働の限界生産物の価値を下回る水準に設定することが可能となり，均衡賃金よりも低い**独占賃金**を設定し利潤を増やすことができる。これに対し労働者は他に雇用機会がないため，低い独占賃金を受け入れざるを得ない。

　**図表8-10**は労働市場が買い手独占である場合の賃金と雇用量の関係を表している。完全競争の労働市場であれば均衡賃金 $f$ のもとで $L_1$ の雇用が達成されるはずであるが，買い手独占においては独占賃金 $g$ のもとで雇用量は $L_2$ となり，均衡雇用量よりも過小となる。これを余剰で確認すると，労働市場が完全競争市場である場合の企業の余剰は三角形 $afE$ の面積であるのに対し，買い手独占企業の余剰は台形 $agcd$ の面積となる。完全競争市場に比べ，買い手独占の状態の方が企業の余剰が大きくなることがわかる。また，労働市場が完全競争市場である場合の社会的余剰は三角形 $abE$ の面積であるのに対して，買い手独占の労働市場の社会的余剰は台形 $abcd$ となり，完全競争市場における社会的余剰に比べ，三角形 $dce$ の面積が死荷重として余剰が損なわれる。こうした労働市場の買い手独占の弊害に対しては，最低賃金制度の導入とともに企業の競争を促進する必要がある。

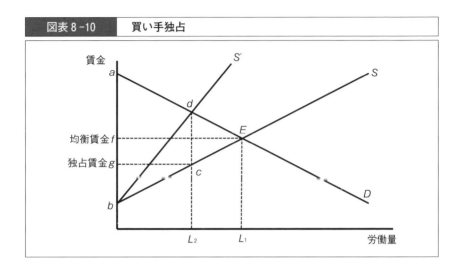

| 図表 8 -10 | 買い手独占 |

## 練習問題

1. 労働需要と労働供給について，以下の問いに答えなさい。

(1) 疫病の発生により除菌用品の需要が高まった。この時，除菌用品を生産する企業の労働需要曲線はどのように動くだろうか？

(2) 日本の農作物の評価が海外で高まり，高値で取引されるようになった。この時，関連する農作物を生産する企業の労働需要曲線はどのように動くだろうか？

2. 次の表はある企業の労働者数と生産量を示している。

| 労働者数 | 生産量 |
|---|---|
| 1 | 100 |
| 2 | 190 |
| 3 | 260 |
| 4 | 310 |
| 5 | 340 |

(1) 市場が完全競争市場であり，生産物の価格が200円，賃金が9000円のとき，企業は利潤を最大化するために何人の労働者を雇用するだろうか？

(2) 賃金はそのままで，生産物の価格が100円に下落した時，企業は利潤を最大化するために何人の労働者を雇用するだろうか？

3. ある労働市場において労働需要曲線と労働供給曲線は次のように表される（$W$は賃金（円），$L$は雇用量（人）を表す）。

労働需要曲線：$L = -W + 1500$

労働供給曲線：$L = 2W - 1200$

(1) この市場の均衡賃金と均衡雇用量を答えなさい。

(2) この労働市場において最低賃金制度が導入され，最低賃金が1000円に設定された。このとき発生する失業の量を答えなさい。

## 推薦図書

- ・アセモグル・レイブソン・リスト［2020］『ミクロ経済学』東洋経済新報社。
- ・アセモグル・レイブソン・リスト［2019］『マクロ経済学』東洋経済新報社。

事例が豊富な比較的新しいテキスト。労働市場はミクロ編で，失業についてはマクロ編で説明されている。

- ・Ｎ・グレゴリー・マンキュー［2019］『マンキュー経済学Ⅰ ミクロ編』東洋経済新報社。

世界でも定評のあるテキストであり，労働市場についてもわかりやすい。

## 参考文献

アセモグル・レイブソン・リスト［2020］『ミクロ経済学』東洋経済新報社。
アセモグル・レイブソン・リスト［2019］『マクロ経済学』東洋経済新報社。
大竹文雄（2003）「日本の構造的失業対策」『日本労働研究雑誌』7月号（No.516）。
神取道宏［2014］『ミクロ経済学の力』日本評論社。

# 第9章

# 企業の資金調達

---◆学習の目的◆---

　本章では，企業の資金調達について学ぶ。企業がビジネスを行う目的は，より良い商品やサービスを提供し利益を上げることである。そのためには多くの資金が必要となるが，企業はどのように資金を調達しているのだろうか。株式会社の資金調達について，株式により資金調達を行うエクイティ・ファイナンスと，負債を利用するデット・ファイナンスのそれぞれを理解することが本章の目的である。また，企業の資金調達に株式と負債をどのように利用すればよいのかについても，資本構成の理論をもとに考えてみよう。

## 1　株式会社とは

### 1.1　会社の種類

　財・サービスを生産する主体の多くは企業である。企業は営利を目的とする私企業と営利を目的としない公企業とに分けられる。これまでの章では前者の私企業を中心に学んできた。よりビジネスの現実に近づけるため，本章で企業の実際についても学んでいこう。

　会社と企業はほぼ同じ意味で使われる。会社とは商行為を行う経済主体であり，わが国においては会社法でその種類が定義されている。会社法によれば会社は，**株式会社**，**合名会社**，**合資会社**，**合同会社**の4つに定義される。合名会社，合資会社，合同会社は合わせて持分会社ともよばれている。このうち株式

会社は，現代においてもっとも代表的な会社形態である。まず，それぞれの違いを確認しよう。

図表9-1はそれぞれの会社形態ごとの違いをまとめたものである。株式会社は**株式**を発行して資本金を提供してくれる出資者を募る。資本金のための資金を提供することを出資とよぶ。株式とは，株式会社が出資者に対して出資の証として発行する有価証券である。会社法上では，株式会社の出資者を**株主**とよび，持分会社の出資者を社員とよぶ。

出資者が負う責任には**有限責任**と**無限責任**がある。無限責任の場合，出資者は，会社が倒産した際などには会社の負債の全てを返済する責任を負うが，有限責任の場合は，出資した金額の範囲のみの責任となる。株式会社の株主は有限責任であり，合名会社は無限責任社員，合資会社は無限責任社員と有限責任社員，合同会社は有限責任社員で構成されている。

経営の最高意思決定機関は，株式会社は**株主総会**であり，持分会社は社員総会である。また，経営の主体は，株式会社では株主から経営を任された取締役が経営を行うが，持分会社は出資者である社員のうち業務執行の権限を与えられた業務執行社員が経営を行う。

| 図表9-1 | 会社の種類 |
|---|---|

| 会社の種類 | | 出資者の名称 | 出資者が負う責任 | 最高意思決定機関 | 経営主体 |
|---|---|---|---|---|---|
| 株式会社 | | 株主 | 有限責任 | 株主総会 | 取締役 |
| 持分会社 | 合名会社 | 社員 | 無限責任 | 社員総会 | 業務執行社員 |
| | 合資会社 | 社員 | 無限責任と有限責任 | 社員総会 | 業務執行社員 |
| | 合同会社 | 社員 | 有限責任 | 社員総会 | 業務執行社員 |

### 1.2　株式会社の特徴

株式会社の特徴は主に3つ挙げることができる。

#### ①　株式の発行

株式会社は株式を発行して資金を調達することができる。他の持分会社は株

式を発行することはできない。

　**株式**とは，株式会社が資金を調達するために発行する有価証券である（有価証券については **2.2** で説明する）。株式会社は，株式を多数発行することで多額の資金調達が可能となる。株式で集めた資金は会計上，資本金などとして純資産に含まれ，返済する必要のない資金となる。株主は，株式に付随する様々な権利を得ることができる。

　② **株主有限責任**

　株主の責任は有限責任であり，会社の債務に対する責任は出資額の範囲にとどまる。これを**株主有限責任**という。無限責任の場合，出資者は，自らが出資した金額の範囲を超えても債務の返済を負担しなければならない。有限責任であれば，出資者は出資した金額は失われるかもしれないが，それ以上は会社の債務の返済を負担する必要がないため，損失のリスクを出資額の範囲に抑えることができるメリットがある。

　③ **所有と経営の分離**

　株式会社では，株主は出資者であり，会社の所有者である。そして，株主から経営を任された**取締役**が経営者として経営業務を執り行う。このように会社の所有（出資）と経営の主体が分かれていることを**所有と経営の分離**という。

　株式会社では，株主が構成する株主総会を最高意思決定機関として置き，会社の基本的な方針や利益の処分など，経営に関する重要な事項を決議する。一方で，実質的な日々の経営は，株主が直接行うのではなく，取締役に委ねる仕組みとなっている。


## 1.3　株主の権利

　株主には株式に付随した権利が与えられる。株主の主な権利には，以下の 3 つが挙げられる。

　① **議決権**

　株主総会に参加し，議案に賛成や反対の票を投じる権利である。株主総会の投票は，1 人 1 票ではなく，持株数に応じて議決の票数が決まるため，多くの

株式を保有している株主ほど経営に影響を与えることができる。

② **利益配当請求権**

会社から利益の分配である配当を受ける権利であり，1株あたりの配当金額が持株数に応じて支払われる。

③ **残余財産分配請求権**

会社が解散する際に，負債を返済した後に残った財産の分配を，持株数に応じて受ける権利である。

## 1.4　株式会社の起こり

世界最初の株式会社は1602年に設立された**オランダ東インド会社**と言われている。大航海時代，17世紀初頭の欧州ではアジアの香辛料を目的とした貿易が盛んに行われていた。しかし，当時の航海は事故や略奪などの危険が多く，また船の建設や貿易資材の調達などに巨額の資金が必要であった。そこで，オランダで1602年に設立されたオランダ東インド会社は株式を発行して出資を募った。このとき，株主を有限責任として出資額以上の損失を負わないものとすると同時に，株式を他の投資家に売買可能とした。そのため出資者は，事業失敗のリスクの全てを負うことなく出資でき，さらには他の投資家に株式を転売することで，いつでも資金を回収できるようになった。これによりオランダ東インド会社は巨額の資金を調達することができた。

その後，株式会社は多くの国で発展する。オランダ東インド会社では大口の出資者の中から選ばれた数人が経営を行っていたが，企業規模が拡大し大量の株式が発行され，多数の投資家の間で株式が分散するようになると，株主が経営を全て管理することが難しくなった。そのため，株主に代わって取締役が専門に経営を行うようになり，所有と経営の分離が進んだ。こうした歴史が，現在の株式会社につながっている。

## 2　企業の資金調達

### 2.1　企業活動と資金

　企業がビジネスを行うには資金が必要である。企業活動において資金が必要になることを**資金需要**という。資金は主に3つに分類することができる。

#### ①　運転資金

　**運転資金**とは，企業の通常の事業活動にともない必要となる資金である。たとえば原材料の購入や従業員に対する賃金の支払い，在庫を保有するために必要な資金などが挙げられる。企業が事業を日々継続して行うため，短期間に繰り返し必要となる資金である。

#### ②　設備資金

　**設備資金**は，設備投資に必要となる資金である。工場の建設や機械設備などを購入することを設備投資という。設備投資は企業が事業を維持していく上でも，また事業を拡大するためにも重要である。設備資金は運転資金に比べ，長期に渡り必要となることが多く，また金額も比較的大きい。

#### ③　その他の資金

　その他の資金として，従業員や役員に対して支払う賞与（ボーナス）や，決算時に配当金や法人税の支払いなどに必要となる資金が挙げられる。

### 2.2　資金調達の分類

　こうした資金を企業はどのように調達するのだろうか。企業の資金調達は，どこから資金を調達するかによって整理することができる。

#### ①　内部資金

　企業内部に蓄積する資金を**内部資金**という。内部資金には内部留保と減価償却が挙げられる。**内部留保**とは純利益から税金や配当金，役員賞与などの社外流出分を除いた残りの部分を指し，企業内に留保されている利益である。

　また，**減価償却**とは，建物や機械など長年に渡って使用する固定資産につい

て，その価値の目減り分を，資産の使用可能な期間にわたり分割して費用として計上する仕組みである。減価償却費は会計上では費用として計上されるものの，実際には現金の流出は伴わないことから，内部留保の効果があるため，内部資金とされている。

### ② 外部資金

企業の外から調達する資金を**外部資金**という。外部資金には自己資本と負債が挙げられる。

**自己資本**は，株式を発行して調達する資金である。企業が新たに株式を発行して資金調達を行うことを，**エクイティ・ファイナンス（equity finance）**とよぶ。エクイティ・ファイナンスにより集められた資金は，株主に返済する必要はなく，長期に渡って利用できる資金となる。

**負債**は企業外部の資金提供者から借りることで調達する資金であり，借入および社債の発行による調達が挙げられる。これらの資金は，債務であるため，債権者である貸主に対して利子を支払い，借入れた資金を返済する必要がある。こうした負債による資金調達を**デット・ファイナンス（debt finance）**とよぶ。デット・ファイナンスにより集めた資金は，返済する必要があることから，**他人資本**ともよばれる。

外部資金の調達は，金融を通じて行われる。金融とは，資金余剰主体（黒字主体）から資金不足主体（赤字主体）へ資金を融通することである。金融は，金融仲介の観点から，間接金融と直接金融に分けられる。

**間接金融**とは，銀行などの金融機関が資金供給者である預金者から資金を集め，その資金を資金需要者に貸し出す仕組みである。**直接金融**は，企業などの資金需要者が株式や社債を発行し，投資家などの資金供給者がそれを購入することで資金を集める仕組みである。金融機関からの借入は間接金融，株式や社債発行は直接金融に分類される。**図表 9 - 2** は，外部資金の分類を整理したものである。

| 図表 9 - 2 | 外部資金の分類 | | | |

| 資金調達先 | 資金の性質 | 資金調達の分類 | 調達方法 | 金融の分類 |
|---|---|---|---|---|
| 外部資金 | 自己資本 | 株式による資金調達<br>（エクイティ・ファイナンス） | 株式発行 | 直接金融 |
| | 他人資本 | 負債による資金調達<br>（デット・ファイナンス） | 社債発行 | |
| | | | 借入 | 間接金融 |

　株式と社債は**有価証券**である。有価証券とは，財産権を表示する証券である。財産権とは財産的価値を有する権利のことであり，有価証券の所有者はその証券に付随する権利を行使することができる。また，有価証券は譲渡売買することができる。

### 2.3　企業の資金調達と金融市場

　金融には，短期の金融と長期の金融がある。取引の期間が 1 年を超えるものを長期金融， 1 年以内のものを短期金融という。

　また，取引の相手を特定した上で行う取引を相対型取引，不特定多数の経済

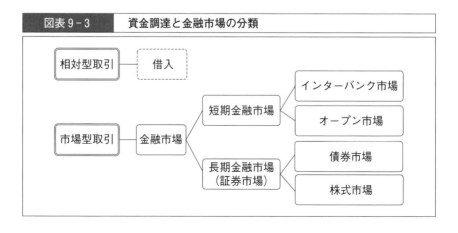

| 図表 9 - 3 | 資金調達と金融市場の分類 |

主体が市場を通じて競争的に行う取引を市場型取引という。借入は，相対型取引に分類される。市場型取引が行われる金融市場には，短期金融市場と長期金融市場がある。短期金融市場は，金融機関が参加するインターバンク市場と，企業も参加するオープン市場に分けられる。長期金融市場には債券市場と株式市場が含まれることから，これらをまとめて証券市場という。証券市場は，資本市場とよばれる場合もある。

## 3 負債による資金調達

この節では，企業の負債による資金調達，デット・ファイナンスについて学習する。

### 3.1 借入

**借入**は，銀行などの金融機関から資金を借りることであり，金融機関からみて貸出（融資）にあたる。貸出を行う金融機関は主に，銀行や信用組合，信用金庫など，預金を取り扱う金融機関である。借入は，金融機関が預金者から集めた資金を企業に貸し出す金融仲介を行う間接金融にあたる。

借入では，企業は金融機関と借入金額（元本，元金ともいう）や金利，借入の期間などの借入条件を予め定め，借入の期間中は利子を支払い，元本を分割して返済する必要がある。借入条件は，企業と金融機関との相対で決定される。また一般的に，利子の支払いや元本の返済が不能になったときに備えて，不動産などの担保や，債務者に代わって返済を保証する保証人などが求められる。

| 図表 9 - 4 | 借入による資金調達 |
| --- | --- |

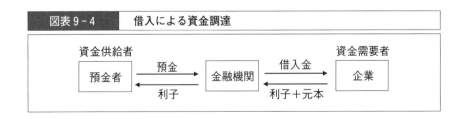

　**金利**は資金の利用料率，**利子**は資金の利用料と捉えることができる。金利は，利子率や利率ともよばれ，主に年利（元本に対する１年あたりの利子の割合）で示される。また，利子は，利息や利金ともよばれる。資金の借り手は，資金の貸し手に対して，資金を利用する見返りとして，金利に応じた利子を支払う。

　金利に応じて，借入にかかるコストは大きく変化する。たとえば企業が銀行から１億円を１年間借入れる場合，金利が年利１％であれば１年間に支払う利子は，

　１億円×１％＝100万円

であるが，年利２％であれば１年間に支払う利子は，

　１億円×２％＝200万円

となり，１％の金利差で利子の支払額に年間100万円の差が生じる。つまり，企業にとっては，金利が低いほどコストは少なくなるため，借入を行う際には低金利であることが望ましい。

　では銀行の貸出金利はどのようにして決まるのか。

　銀行が，最も信用度の高い優良企業に対して資金を貸出すときに適用する最優遇貸出金利を，**プライムレート**という。１年以内の短期貸出に対する金利を短期プライムレート（略して「短プラ」），１年超の長期貸出に対する金利を長期プライムレート（略して「長プラ」）という。

　プライムレートは，銀行が個別に決定する。一般的に，短期プライムレートは短期金融市場の取引の金利に連動して決まる。また，長期プライムレートは，短期プライムレートに一定の利率を上乗せして決定されている。

　プライムレートは，最も信用力が高い優良な企業に対する貸出金利であり，すべての企業に適用されるわけではない。金融機関が実際の貸出に適応する金利は**約定金利**とよばれ，金融機関と企業の相対で決定される。約定金利は，プライムレートに，企業の信用力に応じて金利を上乗せしたものである。

　　　　約定金利＝プライムレート＋上乗せ金利　　　（9-1式）

　上乗せ金利は，資金を借りる企業が期限内に利子の支払いと元本の返済を履

行するかどうかの信用力によって異なる。こうした信用力の評価は，金融機関により，企業の財務情報や事業内容を審査して行われる。信用力が低いと判断された場合，上乗せ金利が大きくなり，約定金利は高くなる。

　企業に貸出を行う日本の銀行には，都市銀行，地方銀行，第二地方銀行，信託銀行などがある。従来，日本の企業の資金調達は間接金融が中心であると言われてきた。特に直接金融により資金調達を行うことが難しい中小企業にとって，借入は重要な資金調達となっている。

### 3.2　社債

　**社債**とは，企業が資金を調達する際に，投資家から資金を借入れるために発行する有価証券である。事業債や会社債ともよばれる。

　社債は借入金額（元本）や金利（表面利率），元本を返済するまでの期間（償還期限）などの発行条件を企業が予め定めて発行される。社債の償還方式は満期一括償還であり，期間中には金利に応じて利子が支払われ，償還期限が到来すれば元本が一括で返済される。投資家は，償還までの期間途中であっても，他の投資家に社債を売却することができる。

　社債による資金調達は直接金融であり，発行に際しては証券会社が発行条件の調整や投資家への販売を行う。

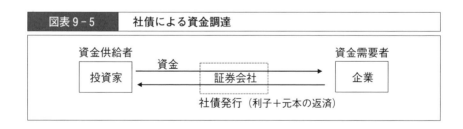

| 図表9－5 | 社債による資金調達 |

　社債は長期の資金調達であり，5年，10年から30年，50年と超長期のものまで，多様な年限の社債が発行されている。たとえば，A社が発行した年限5年の社債を投資家Bが購入し，2年保有した後に売却，別の投資家Cがこれを

購入し満期まで保有した場合を考えてみよう。このとき，A社は投資家Bに2年間利子を支払い，投資家Bが売却した後の3年間はそれを購入した投資家Cに利子を支払い，満期日には投資家Cに元本を返済する。投資家Bから投資家Cに社債が売却されたからといって，いったん投資家Bに元本を返済して投資家Cに新たに資金を払い込んでもらう必要はない。調達した資金は満期日に返済するまで手元にとどまるため，A社にとって長期安定的な資金となる。

　社債の金利は，社債を発行した企業が投資家に対して支払う利子の割合である。借入の場合と同様に，金利が低いほど企業は資金調達のコストが低くなり，社債を発行しやすい。

　では，社債の金利はどのようにして決まるだろうか。社債の金利は一般的に，発行時の国債（国が発行する債券）の金利に企業の信用力に応じた金利を上乗せして決定される。

　借入の場合，企業の信用力は貸し手である金融機関が調査分析し判断する。一方，直接金融である社債の場合には，発行時に投資家が判断するほか，格付会社による**信用格付**が行われている。信用格付とは，企業や債券の元本と利払いの確実性の度合いを評価し，簡単な記号で表したものである。信用力が高い順からAAA，AA，A，BBB，BBなど，アルファベットを用いて表示されている。社債を発行する企業は信用格付を取得することが一般的である。

　元本の返済や利子の支払いが不能になることを，**債務不履行**（デフォルト）という。社債投資における企業の信用力とは，デフォルトする可能性の度合いであるデフォルト・リスクを表し，そのリスクが高ければ投資家はそのリスクを引き受けて満足できるだけの高い金利を求める。一方，信用力の高い企業の社債は低い金利となる傾向にある。

## 4　株式による資金調達

　この節では，株式による資金調達，エクイティ・ファイナンスについて学習する。

### 4.1　株式の発行

　企業は株式を発行して資金調達を行う。調達した資金は自己資本であり株主資本ともよばれ，純資産に組み込まれるため，返済や利払いの必要がない長期安定的な資金となる。

　株式はまず，株式会社を設立する際に初めて発行される。一般的には，会社を設立する際に出資する発起人が，資本金を払い込み株主となる。また，会社が追加的に資金を調達するために株式を発行することを，増資という。増資には，特定の第三者や，既存の株主に対して株式を発行する方法のほか，広く不特定多数の投資家に対して出資を募集する公募増資がある。公募増資を行うためには，株式を証券取引所に上場させ，上場会社となる必要がある。またその際には，一般的に証券会社が仲介業者となり，投資家への募集や販売などを行う。

| 図表9-6 | 株式による資金調達 |
| --- | --- |

　公募増資の際，株式の発行価格はどのように決められるだろうか。発行価格は一定の日の相場の株価，すなわち株式市場の時価を基準として決定される。

　たとえば，ある企業が新たに100万株を発行して増資を行う場合，時価を基

準に1株500円で発行すれば，

　500円×100万株＝5億円

の資金調達が可能となるが，時価がより高く，1株1000円で発行できれば，

　1000円×100万株＝10億円

の資金調達が可能となる。株価が上昇している時には，少ない株式発行数でより多くの資金を調達することができる。

### 4.2　株式の上場

**上場**とは，証券取引所が定める上場基準を満たすことで，証券取引所での株式の売買を認める制度である。企業が初めて上場し，株式を売買できるようにすることを **IPO**（Initial Public Offering，新規株式公開）とよぶ。

　企業にとって上場はどのような意味をもつだろうか。1つは，上場し公募増資により新株を発行することで，多くの投資家から資金を調達することが可能となる。また，上場企業は一定の上場基準を満たしていることから，社会的信用や知名度の向上にもつながる。さらには，上場し株価が上昇すれば，創業者や上場前に出資をしていた株主は株式を売却し利益を得ることができる。一方で，企業には，上場を維持するための費用や，株主が増えることによる配当支払いや株価上昇のプレッシャーなどの負担が増大する。また，企業買収の対象となる可能性もある。

### 4.3　証券の流通

　株式は，社債と同様に投資家同士で売買される。これらの有価証券を発行する市場を**発行市場**，投資家が有価証券を売買する市場を**流通市場**という。

　株式発行市場においては企業が発行価格で株式を発行し資金調達を行う。発行された株式は株式流通市場において投資家同士で売買される。これは投資家の資産運用であるが，流通市場の株価が，新たな増資の価格基準となる。

| 図表9-7 | 株式の発行市場と流通市場 |
| --- | --- |

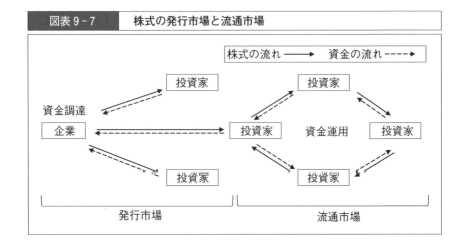

## 5　資金調達方法と企業の資本構成

　これまで，企業は事業を通じて利益を獲得し企業価値を増大させるために，様々な資金調達を行うことを学んだ。また，負債による資金調達と株式による資金調達には，それぞれ異なる特徴があることがわかった。では企業は，何をもとにしてこれら資金調達方法を選択するのだろうか。最後に，企業の資本構成に関する伝統的な理論を確認し，負債と資本の組み合わせである資本構成がどのようであれば，企業価値を増大させるかを考えてみよう。

### 5.1　MM理論

　**MM理論**（Modigliani-Miller theory）とは，アメリカの２人の経済学者モディリアーニとミラーが1958年に提唱した，資本構成に関する最も基礎的な理論である。MM理論は，完全市場の下では企業の資本構成の選択は企業価値に影響を与えないことを明らかにしている。したがって，MM理論によれば，企業がどの資金調達方法を選び，株式と負債をどのように組み合わせても，企業価値に影響はないことになる。

　MM理論が想定する完全市場とは，多数の参加者が存在しており，個々の行動が他者に影響を及ぼさず，取引に関してコストがかからず，法人税などの利益に対する課税がなく，情報の非対称性がなく，すべての行動を瞬時かつ同時に起こすことができる市場を想定している。情報の非対称性に関しては，**第10章**で学ぶことになる。

### 5.2　トレードオフ理論

　しかし，現実には，市場は完全ではないだろう。多くの国において企業の利益には法人税が課される。また，負債の利子は課税対象とならないため，利益から差し引いて計算される。したがって，負債を持ち利子を多く支払う企業は，法人税の支払いが少なくて済む。これを**負債の節税効果**という。

　負債の節税効果だけを考えれば，理論的には負債を最大限増やすことで税金の支払いを抑え，企業価値を高めることができる。しかし，負債が多くなると，返済の負担が増加し，デフォルト・リスクや倒産リスクが高まる。こうしたリスクは事業の継続にダメージを与えると同時に，信用力の低下から借入金利や社債金利の上昇を招き，新たな資金調達のコストが増大してしまう。先に説明したように，信用力が低下すると資金の貸し手がより高い利子を求めるからである。これらのことから，企業の最適な資本構成は，負債による節税効果と，デフォルト・リスクにより増大するコストのトレードオフ関係に基づき決定される，と考えるのが，**トレードオフ理論**である。

　これらの理論以外にも資本構成を説明する理論はいくつかある。現在はIT技術と金融技術とを融合したFinTech（フィンテック）の発達により，新たな資金調達方法も活用され始めている。企業は資金需要に直面しながら，企業価値を高めるために努力しているのである。

---

**練習問題**

1. 企業が増資を行う際に株価の動向に注目するのはなぜだろうか？　その理由を考えてみよう。
2. A社は借入を行おうと考えている。B銀行より3000万円を借入れば1年目に支払う利子は90万円である。またC銀行では3000万円を年利1％で借入れることができる。他の条件は一定とすると，
   (1) B銀行の借入の金利は何％か？
   (2) A社はB銀行とC銀行，どちらの借入を選んだほうがよいだろうか？
3. 企業が資金調達を行う際，エクイティ・ファイナンスとデット・ファイナンスをどのように選択するだろうか？　考えてみよう。

**推薦図書**

・鈴木健嗣（2017）『日本のエクイティ・ファイナンス』中央経済社。

日本企業のエクイティ・ファイナンスについて体系的に学べる良書。

・中島真志（2015）『入門 企業金融論』東洋経済新報社。

企業の資金調達を基礎から学びたい人に向けた，分かりやすいテキスト。

・日本経済新聞社（2020）『金融入門』第3版，日経文庫。

金融の基本的な仕組みから最新の動向まで，コンパクトにまとめてある。

**参考文献**

鈴木健嗣（2017）『日本のエクイティ・ファイナンス』中央経済社。

中島真志（2015）『入門 企業金融論』東洋経済新報社。

日本証券経済研究所編（2020）『図説 日本の証券市場』。

# 第10章

# リスクと保険

―――◆学習の目的◆―――

　現代社会にはさまざまなリスクが存在する。経済や社会で発生している事象を正しく理解するためには，それらに潜んでいるリスクを知る必要があり，さらに私たちはリスクに対応していかなければならない。これからの社会を生きていくためにはリスクを理解しておくことは必要である。また，リスクによる損害を補うために保険は大きな役割を果たしており，それも理解する必要がある。

　本章では，現代社会における不確定な状況をリスクと保険の視点から考える。


## 1　現代社会におけるリスク

　現実の経済やビジネスでは将来の状況がよくわからない状況が存在する。そのため，今まで学んできたような経済理論が想定している市場に必ずしもなるわけではない。グローバル化，AI（Artificial Intelligence：人工知能），IoT技術（Internet of Things：モノのインターネット）の進展や超高齢化社会の到来など経済や社会で発生している事象を正しく理解するためには，これらの背後にあるリスクや不確実性を知る必要がある。

　リスクと不確実性は，日常生活での言葉としてはほとんど同じ意味で使うこともあるが，経済学では両者を区別することが多い。本章では，主にリスクを対象にして，リスクに対処するための**保険**と保険制度に内在する**情報の非対称性**について説明する。

リスクに対処するためには，**保険**は大きな役割を果たしている。保険は私たちの生活の安定に寄与しているため，保険を知ることがリスクを知ることにつながる。

今日では，地球温暖化のような環境問題や，米中対立やロシアによるウクライナ侵攻のような国際政治問題，新型コロナウイルスのような感染症の問題，さらには台風や地震などの自然災害の巨大化・激甚化などが企業のビジネスや私たちの消費生活にも影響を与えている。

また，日本は超高齢化時代に突入している。日本の全人口に占める66歳以上の割合（高齢化率）は2020年現在では約28.8％であるが，2065年には38.4％になると推計されており，先進国で一番高齢化の進んだ国になる（令和３年版「高齢社会白書」）。「長生き」するリスクが「早死に」するリスクより大きいともいえ，老後に経済的に破綻しないために生活費の確保が重要になっている。

日本だけではなく，世界全体の経済の先行きについても正確な予想をすることが難しくなっている。現代社会はさまざまなリスクがあふれており，リスクから逃れた生活を送ることは不可能である。

| 図表10-1 | 現代社会におけるリスクの例 |
| --- | --- |

| | |
| --- | --- |
| 環境リスク | 地球温暖化，気候変動による自然災害の巨大化・激甚化など |
| 自然災害リスク | 台風，洪水，地震など |
| 感染症リスク | 新型コロナウイルス，インフルエンザなど |
| 国際政治リスク | 米中対立，テロ，中東問題，サイバー攻撃など |
| 経済リスク | 日本や世界における低金利の長期化と債務膨張など |
| 投資リスク | 株式，新商品開発，海外進出など |
| 人生のリスク | 進学，就職，結婚，老後など |

出所：筆者作成。

## 2　リスクと不確実性

　リスクと不確実性という用語は，私たちの日常生活の中では厳密に使い分けられていないが，よく知られた用語であり同一視されることも多い。しかし，本質的には異なる概念である。この機会にリスクと不確実性を整理してみたい。

　リスクと不確実性について，1920年代に経済学の視点から考察を加えた人物がナイト（Frank H. Knight）である。ナイトはリスクと不確実性を明確に区別して考察している。以下，ナイトの考察をもとにリスクと不確実性について考えてみたい。

　ナイトは不確実性（広義）を①**測定可能な**不確実性と②**測定不可能な**不確実性とに区分した。ここでいう測定可能とは，将来，発生する可能性がある事象が認識できており，それが発生する「確率」を客観的に把握することができるということで，測定不可能な不確実性とは根源的に異なっている。この測定可能な不確実性を「リスク」とし，測定不可能な不確実性を「"真の"不確実性」として区別している。つまり，リスクと不確実性の相違は確率のあり方に

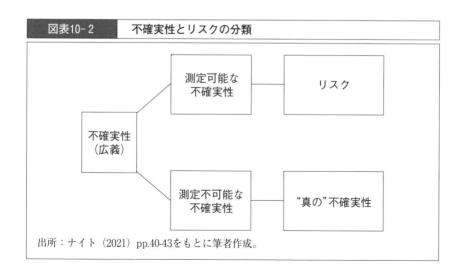

**図表10-2　不確実性とリスクの分類**

出所：ナイト（2021）pp.40-43をもとに筆者作成。

ある。

　確率とは，将来起きうる事象すべてに対する起こりやすさを０から１の間の
数値で表したものである。ある事象の確率が１に近ければ，その事象は起きや
すく，０に近ければ起きにくいと表現される。

　リスクは，将来，発生する可能性のある事象が認識できており，それが発生
する確率の分布があらかじめわかっている。交通事故，火災，死亡などはリス
クに分類され，リスクをマネジメントする制度として保険がある。リスクと将
来発生する可能性のある事象とは因果関係が明白であり，客観的確率で把握す
ることができる。

　一方で，将来，発生する可能性がある事象が認識できていても確率があらか
じめわからないものであったり，もしくは確率の分布がわからないものは**不確
実性**に区分される。

　ナイトによるリスクと不確実性の考察から，人間は測定不可能な不確実性か
ら不可避であるため，合理的に判断するということは不可能であるとして，経
済学が前提とする合理的な経済人の限界を指摘し，今日の行動経済学の端緒に
なったともいえる。

---

コラム２　　　　　　　　　　　**不確実性の３分類**

　ナイトは，私たちが直面する不確実性（広義）について３つに分類している。
　第一の分類は「アプリオリ（先験的）な確率」である。経験に先立って認識で
きる確率のことで，ゆがみのないコインを用いたコイントスではそれぞれの面が
出る確率は２分の１であり，立方体であるサイコロを振ってそれぞれの目が出る
確率は等しく６分の１である。数学的な理論にもとづいて確率を算出することが
できるタイプの不確実性である。
　第二の分類は「統計的確率」である。整数年齢ごとの男女別生存率，死亡率，
平均余命，交通事故の発生確率や天気予報における降水確率のように経験が蓄積
されていくことで，収集されたデータをもとに発生確率を事後的に把握すること

ができるようになるタイプの不確実性である。

　第三の分類は「推定」とそれをもとに行われる判断である。ある製造業者の経営者が生産設備への追加的な設備投資を行うかどうかの経営判断をする場面で考えてみたい。この経営者は設備投資に関係する投資金額，投資回収期間，景気の動向などさまざまな要因を考慮に入れながら，投資するのかどうかについて意思決定することになる。投資をする際にはこれらの諸要因について事前に入念な調査を行い，いろいろな事態を想定して投資が失敗に終わる可能性を可能な限り最小限になるように試みる。しかし，事前の想定とは異なり生産力を強化したことで同業他社と価格競争に陥るだけかもしれないし，売り上げも伸びないかもしれないし，それに伴って投資回収期間が長くなるかもしれないし，金利の負担も重くなるかもしれないし，景気の動向も想定通りになるとは限らない。これらの要因の確率を先験的に測定したり，ケーススタディによって統計的に測定したりすることは意味がない。成功する確率や失敗する確率を客観的に計量化することはできない。事前の調査で得られた結果は根拠のある確率をもとにしたものではなく「推定」にすぎないし，推定をもとにした判断では客観的な確率で把握することはできないため，誤った判断をすることにつながる。先験的にも事後的にも発生確率を把握することができないタイプの不確実性である。

　アプリオリ（先験的）な確率と統計的確率はリスクに区分され，推定は真の不確実性に区分される。

## 3　情報の非対称性（不完全情報の例）

　ここまでリスクと不確実性について考察してきた。次に，ある経済主体は情報を十分保有しているものの，別の主体は情報を保有していない**不完全情報**とよばれる状況を考えよう。市場で財やサービスの取引を行う人・企業が，それらに関連する情報を共有していない場合，**情報の非対称性**があると考えられる。たとえば，財の売買で，売り手は財の品質について完全に情報を持っているものの，買い手はその財の品質について十分な情報を持っていないという状況を

考えてみよう。売り手は当然であるが，自らが生産した財がどのような品質であるかを容易に知っているが，買い手は売り手ほどにはその財の情報を得ることは難しいため，情報の非対称性は起きうるといえる。

　市場に情報の非対称性が存在すると，第5章で学習したように消費者余剰や生産者余剰は最大化されない。たとえば，品質に関する情報が重要な財・サービスの市場では，市場が成立しないかもしれない。あるいは，市場が成立したとしても，情報を売り手・買い手の双方が完全に保有する場合に比べて，価格が高くなったりする。なぜなら，売り手は品質が悪いことを知っているが，その財を品質の良いものと同じように高い価格をつけて販売し，その情報を買い手は保有していないため，高い価格で購入する可能性があるからである。

　このような情報の非対称性に関連して，**逆選択**や**モラルハザード**といった問題がある。以下でこの2つを説明しよう。

### 3.1　アカロフの中古車市場

　逆選択の有名な例として，中古車市場の例がある。これは，アメリカの経済学者アカロフ（George A. Akerlof）によって，中古車市場をレモンにたとえて情報の非対称性が説明された。レモンは皮が厚くて外見から中身の善し悪しの見分けがつかないことから，中古車のたとえとしてよく使われている。見かけがきれいなレモンや中古車であっても，味や性能といった中身も優れているとはいえないからである。

　一般的に，中古車は新車と比較して質が低下している可能性が高いと考えられる。中古車市場において情報を持つ経済主体は中古車の売り手である。中古車の売り手は，売ろうとしている中古車の質に関する情報（車両の状態など）を知っている。また，中古車の売り手は専門的に中古車の買い取り・販売をしているため，それぞれの車の質に関する情報を入手することができる。

　一方，情報を持たない経済主体は中古車の買い手である。中古車の買い手は，個別の中古車の質に関する情報を入手することは難しく，中古車の質は新車の質と比較して低下している可能性が高いという一般的な事実しか知ることがで

きない。買い手はそれぞれの中古車に関する質の善し悪しについて正確な判断はできないものの，市場でのおおむねの中古車の価値を知っているだろう。そのため，その価値よりも低い価格で供給されていれば，購入しようとする。

　しかし，売り手は質が低下した中古車であれば安くても市場に供給するが，質の良い中古車であればそれに見合った価格でなければ市場に供給しない。そのため，市場で取引される中古車の価格は下がることになる。中古車の価格が下がると売り手は質の良い中古車を市場に供給しなくなり，市場には質の低下した中古車ばかりになる。

　その結果，買い手は質の低下している中古車を買うという選択肢しかなくなり，質の高い中古車を買おうと望んでいたものの，結果的に質の悪い中古車しか買えなくなるという思惑とは逆の取引をすることになる。このような選択は，**逆選択**とよばれる。

### 3.2　逆選択

　逆選択は，中古車市場でのみ生じうるわけではない。ここで，先ほどの逆選択の例として，銀行による企業への貸出市場を取り上げよう。貸出市場では，銀行に借入を申し込む借り手である経営者は，自身が経営する企業の経営状態，財務状態や将来性などについて正確な情報を持っている。一方，貸し手である銀行は，経営者ほど正確な情報を持っているわけではない。そのため銀行は，優良な企業であれば貸出金を返済される可能性が高いために，低い金利でも融資しようとする。一方，倒産や返済不能の可能性のある優良企業ではないと考えられる企業に対しては，倒産や返済不能のリスクに備えるために金利を高く設定しようとする。

　銀行は企業が優良なのかどうかを判別できないため，金利を高めに設定すれば優良な企業を失うことになり，金利を低めに設定すると優良ではない企業が増えることにつながる。結果として銀行は適切な融資を実行できなくなる。

## 3.3　モラルハザード

　情報の非対称性による2つ目の問題はモラルハザードである。**モラルハザード**は，モニタリングコストがかかることから取引相手の行動をすべては観察することができないため，観察の目が届かないことを知った相手の行動規範が緩むことから生じる。

　そこで，モラルハザードの例を次のように取り上げよう。先の貸出市場では，銀行から資金を借り入れた企業でモラルハザードがおきやすい。銀行は融資を実行した後，融資先の企業がどのように経営しているか，企業や経営者の行動に関する情報を正確に把握することは困難である。そのため，いったん銀行から資金を借り入れた後，その借入企業は行動に緩みが生じて，銀行への返済が困難になる可能性がある。すなわち，企業には返済という義務を回避しようという誘惑が起きやすい。そのため，銀行は貸出をした後にも貸出先の企業の経営状況などをモニターすることによって，モラルハザードを防ごうとする。

　また，経営者と株主の関係でもモラルハザードが発生しやすい。株主は経営者に対して経営を委ねる契約を結んでいる。しかし，株主総会で株主は経営者を選任した後，経営者がどのように経営しているかという情報を，正確に把握することは困難である。1年間に数回の決算情報は株主に知らされるが，常に経営情報を把握しているとは限らない。また，株主にも企業情報を把握できるだけの能力が備わっているとも限らない。そのような状況では，経営者の行動規範に緩みが生じるといったモラルハザードが発生する可能性がある。それにより，本来得られるであろう高い利潤が得られず，株主への利潤の配分である配当も低くとどまるといったことが起きうる。

　このようなモラルハザードを回避するため，株主は観察可能な結果をもとに報酬を支払う契約を作り，インセンティブを準備しようとする。すなわち，経営者に対してストック・オプションとよばれるインセンティブ報酬を準備したりする。ストック・オプションとはあらかじめ定められた株式価格で自社株を買うことができる権利をさす。定められた価格が株式市場で売買されている価格である時価よりも低かった場合，ストック・オプションの権利を与えられた

経営者は利益を得ることができる。そのため経営者は株式価格が上がるように経営努力をするものと考えられている。

## 4　保険の役割

### 4.1　リスクマネジメントとしての保険の役割

　リスクが実際に発生した場合に備えて予防的な対策をとることを**リスクマネジメント**という。リスクの発生確率を減少させたり，発生した損害を最小化したりするための手法である**リスク・コントロール**と，リスクが発生し損害が生じた場合に備えて必要な資金を準備する**リスク・ファイナンス**としての**保険**がある。

　保険は，多くの経済主体が保険者を中心として結合することでリスクが実際に発生して損害が発生した場合に，その損害を集団全体で分担する仕組みのことで，この仕組みを通じて損害の填補に必要となる資金を再分配する金融的な制度である。自分でリスクを負担することを望まない経済主体（保険の契約者）が，そのリスクを引き受ける意思と能力のある経済主体（保険会社）へリスクを移転させる手段である。火災で住宅を焼失した場合の火災保険や交通事故を起こした場合の自動車保険など，保険は発生した損害から復旧させるために必要な資金を準備するための手段となる。

　保険は，大数の法則を前提にして成り立っている。**大数の法則**とは，より多くの観察されるデータがあれば，そのデータの平均と真の分布の平均を知ることができるというものである。たとえば，保険会社は通常，平均的な事故発生確率をもとにして保険料を算出するが，保険会社が実際に獲得する加入者たちの事故発生確率は，必ずしも平均的な事故発生確率と等しくはならないかもしれない。もし，加入者の事故発生確率が平均よりも高ければ，保険会社は赤字になる。

　このような事態を避けるために，保険会社はどうすればよいのだろうか。ここで大数の法則が登場する。大数の法則によると，加入者が増えることで保険

会社の直面する事故発生確率が平均的な事故発生確率に近づくことになる。通常，保険会社は保険が成り立つために最低限必要な加入者数を想定して，保険商品をつくっている。この意味で，加入者の獲得は，保険会社にとってもっとも重要なミッションであり，保険会社が営業に熱心であることも当然ともいえる。

この法則により，多くの保険の加入が見込まれれば，リスクに対応するための保険というサービスを保険会社は供給できる。ここまでリスクについて学んできたが，次に保険の世界では，リスクを**純粋リスク**と**投機的リスク**に分類していることを説明しよう。

純粋リスクとは損害のみを発生させる可能性があるリスクであり，保険を用いることにより，リスクをマネジメントすることができるリスクである。自然災害や交通事故などが純粋リスクの代表例である。人に関する「人リスク」，財産・物に関する「物リスク」，人・財産の双方に関して法律上の賠償責任を負担しなければならない「責任リスク」に分類できる（**図表10- 3** 参照）。死亡リスクは生命保険で，火災リスクは火災保険で，対人賠償責任リスクは自動車保険（対人賠償責任保険）でマネジメントすることができる。

| 図表10- 3 | 純粋リスクの例 | |
|---|---|---|
| 人リスク | 死亡リスク | 想定しているよりも早期に死亡するリスク |
| | 就業不能リスク | 病気などが原因で就業不能になるリスク |
| 物リスク | 火災リスク | 火災に遭うことで所有している住宅や家財を焼失するリスク |
| | 地震リスク | 地震が発生することで自宅が倒壊や流失するリスク |
| 責任リスク | 対人賠償責任リスク | 自動車や自転車の運転で加害者になった場合に被害者に対して損害賠償しなければならなくなるリスク |
| | 製造物責任リスク | 製造業者などによって製造・販売された製造物が「通常有すべき安全性を欠いている」ために加害者になった場合に被害者に対して損害賠償しなければならなくなるリスク |

出所：筆者作成。

　一方，投機的リスクは「利益を発生させる可能性」と「損害を発生させる可能性」の双方が含まれているリスクである。株式市場の変動，新商品開発や海外進出の成否，進学，就職，結婚，老後などが投機的リスクの代表例である。投機的リスクは伝統的に，保険を用いてリスクをマネジメントすることになじまない。投機的リスクにより損害が発生した場合に対応する保険は，一部の例外を除き存在しない。

### 4.2　保険市場で非対称となる情報

　保険市場について考える場合，情報の非対称性の問題を切り離して考えることはできない。情報の非対称性に関する研究は1970年代以降に保険市場を対象として進んできた。情報の非対称性が逆選択やモラルハザードを引き起こし，市場の失敗の一因として認識されるようになった。

　保険市場では，個別の契約者のリスクに対する態度，関心に関する情報が，取引の当事者である保険会社と契約者との間で共有されないため，情報の非対称性が生じる。

　保険市場において情報を持つ経済主体は契約者である。契約者は自分自身が健康的な生活を送ることを心がけたり，安全運転を心がけることでリスクをより小さくしようとするのか，それとも健康的な生活を送らなかったり，安全運転であることにこだわらずに危険な運転でリスクが大きくてもかまわないとするのか，自分自身の抱えているリスクの種類や，リスクのおよその発生確率を知っている。

　一方，情報を持たない経済主体は保険会社である。保険会社は保険契約に必要となる個別の契約者に関するすべての情報について，契約を締結する前に入手することはできない。ただし，保険会社は契約者グループ全体の平均的リスク，契約者グループ全体での事故の発生確率，事故が発生した場合の損害の大きさについては知ることができる。そのため，保険会社は事故発生の確率は，保険契約を締結するすべての契約者が同じという前提に立つことになる。

　保険市場では，保険契約が開始される前に契約の当事者のうちどちらか一方

が情報を知っていて，他方がその情報を知らない場合に逆選択が発生する。事故発生の可能性が大きい（＝保険金を受け取る可能性が高い）と自覚している契約者は積極的に保険に加入しようとする傾向があると考えられる。保険会社が，契約者のリスクについて調べるには時間やコストがかかり，また入手できる情報には限界があるため，契約者のリスクを十分知ることができず，保険市場が成立しない可能性も生じる。

| 図表10- 4 | 契約者グループと保険会社 | | |
|---|---|---|---|
| グループ名（人数） | A（1000名） | B（1000名） | 保険会社（2000名） |
| 属性 | 安全運転 | 危険運転 | ― |
| 事故率 | 1 /1000 （0.1%） | 3 /1000 （0.3%） | 2 /1000 （0.2%） |
| 保険金支払件数 | 1 件 | 3 件 | 2 件 |
| 支払い保険金 | 1 億円 | 3 億円 | 2 億円 |
| 算出される保険料 | 10万円 | 30万円 | 20万円 （a） |
| → （a）と比較 | 割高に感じる | 割安に感じる | ― |
| → 想定される行動 | 加入しない | 加入する | ― |

　1 事故あたり，支払い保険金は1億円と仮定する。また，契約者は自分の属性（安全運転か危険運転）を知っており，保険会社は契約者個々人の属性は知らないが集団全体として把握しているとする。

　**図表10- 4** から，逆選択が生じる例を説明しよう。保険会社の想定している事故率は 4 /2000＝ 2 /1000である。そこから算出される契約者 1 人あたりの保険料は20万円になる。保険会社から見た収入保険料は 2 億円（20万円×1000人），支払い保険金は 2 億円（ 1 億円× 2 件）になる。Aグループの人のみが加入した場合の事故率は 1 /1000である。保険会社の支払い保険金の総額は 1 億円になる。保険会社は収入保険料 2 億円に対して 1 億円黒字になる。Bグループの人のみが加入した場合の事故率は 3 /1000である。保険会社の支払い保険金の総額は 3 億円になる。保険会社は収入保険料 2 億円に対して 1 億円赤字になる。赤字のままでは保険会社の継続が困難になるため，保険料を20万円から30万円に値上げする必要が出てくる。そこで保険会社は，Aグループ

とBグループを合わせた社会全体での事故率を想定して，20万円の保険料を設定し始めようとする。

　しかし，20万円の保険料は，Aグループの人たちにとっては割高であり，Bグループの人たちにとっては割安である。そうすると，Aグループの人たちはこの保険に加入しないことが合理的となり，Bグループの人たちは保険に加入することが，合理的である。Aグループからの加入者よりもBグループからの加入者が多いと，保険料収入よりも支払保険金の方が大きくなる可能性があり，保険会社は赤字が心配になる。そうすると，保険会社は保険料を引き上げようとするかもしれない。保険料の引き上げは，ますますAグループの人にとってはこの保険に加入するメリットを減じることになる。結局，Bグループの人たちばかりが保険に加入し，保険市場が成立しなくなる可能性が出てくる。これが，逆選択である。

　保険市場では，**モラルハザード**も生じやすい。保険契約が開始された後に契約の当事者のうちどちらか一方が情報を知っていて，他方がその情報を知らない場合にモラルハザードは発生する。

　たとえば，契約者がわざと事故を起こして保険会社を欺（あざむ）いて保険金を受け取ろうとする現象としてモラルハザードが発生する。また，契約者が不注意によって保険事故を生じさせてしまうこと，また契約者がそうしようとする可能性としてもモラルハザードは発生する。本来ならば回避できるリスクや損害であったとしても，保険に加入しているという事実や安心感によって，契約者の損害回避行動を取るための意欲を低下させるという現象としてもモラルハザードは発生する。保険金を受け取れる（自分の財布が痛まない）のであれば，無理をしてまで損害回避行動を取らなくなることから生じる。つまり，契約者が保険会社が期待しているような合理的な損害回避行動を取らなくなる。

　保険の契約者の行動によってリスクの発生確率や損害の大きさが変動することになるものの，保険会社は契約者の日常生活のすべてを観察することは不可能である。モラルハザードの結果，保険市場が成立しなくなる可能性も出てくる。

## 4.3 保険市場で情報の非対称性を解消する方法

　以上のように，保険契約を締結する段階においては逆選択が，保険契約が成立している間はモラルハザードが生じることがある。いずれの場合も情報の非対称性を放置すれば，保険市場が成立しなくなる可能性が出てくる。そこで，情報の非対称性を解消するための対策を考えてみよう。

　情報の非対称性の問題を解消するためには，いくつかの方法がある。この後で説明するが，保険会社は強制保険や契約者に告知義務を課すことで，契約者の情報を入手しようとする。これをスクリーニングとよび，情報を持たない経済主体が情報を持つ経済主体に対して，法律や契約によって情報を明らかにさせることである。このようなスクリーニングを行うことで，情報を持たない保険会社は情報の非対称性を解消しようとする。

　スクリーニングの1つである強制保険とは，一定の条件を満たした場合に加入を強制する保険のことである。強制保険の例として，健康保険や国民年金などの社会保険や自動車損害賠償責任保険がある。日本国内に住んでいる20歳以上60歳未満の人はすべて国民年金に加入しなければならないことが国民年金法によって規定されている。また，すべての自動車の保有者は自動車損害賠償責任保険に加入することが自動車損害賠償保障法によって義務づけられている。このように加入を強制するため，リスクの高い人もリスクの低い人も全員が保険に加入し，その結果，リスクの低い人からリスクの高い人に対して補助が行われることになる。

　別のスクリーニングとして告知義務がある。保険会社は，契約締結前に契約者に対して一定の情報を提供するように求めている。特に事故の発生の可能性に関する重要な事項のうち，保険会社が求めた情報を契約者は提供しなければならない。契約者が保険会社に対して提供する情報は，契約者の健康情報や病歴や保険金請求の経験の有無などである。保険会社は契約者から提供された情報をもとにして契約者のリスクを評価し，保険契約を締結するのかどうかについて判断を行う。そして，保険会社がその契約者との契約を締結可能と判断した場合，契約条件（リスクに見合った保険料の算出と保障範囲の確定）の設定

を行う。契約者が情報提供を求められた事項について事実の情報を提供しなかった場合，保険会社は契約を解除することができる。

　スクリーニング以外の方法では，リスクの低い優良な契約者からの情報発信であるシグナリング，保険会社が契約者の行動を観察しようとするモニタリングがあり事故が発生した原因によっては保険会社が保険金を支払わない免責を契約条件に入れることによって情報の非対称性を解消することもある。

　**シグナリング**とは，情報を持つ経済主体が情報を持たない経済主体に対して実績を申し出るなどの方法で情報を発信することである。生命保険では過去の一定期間に喫煙をしていなければ非喫煙者であることを保険会社に申し出ることで，自動車保険では契約者が年齢，性別，居住地域，運転歴，車種，使用目的，安全装置の有無や免許証の色を保険会社に申し出ることで，それらの情報をもとに保険会社が契約者のリスクの程度を判断し，それに応じた保険料を算出することが可能となる。

　**モニタリング**とは，情報を持たない経済主体が情報を持つ経済主体の契約締結後の行動を観察することである。保険分野では伝統的な手法として経験料率，控除免責額や塡補限度額がある。経験料率とは，契約期間に保険金請求を行わなかった場合には次期の保険料を割引し，保険金請求を行った場合には次期の保険料を割増することで，契約期間中の事故発生を抑止しようとするものである。控除免責額とは，発生した損害額のうち，一定額を自己負担するものである。塡補限度額とは支払い保険金の上限額をあらかじめ設定するものである。

　**免責**とは，損害が発生してもその発生原因によっては保険会社が保険金を支払う責任を負わないことである。免責は，契約者などのモラルハザードによって保険制度を悪用されることのないように契約条件の中に設けられている。免責に該当する理由で生じた損害は保険金が支払われないため，契約者が全額自己負担することになる。

　以上のように，保険会社はスクリーニング，シグナリングやモニタリングなどを通じて情報の非対称性を解消することで，逆選択やモラルハザードといった情報の非対称性を原因とする問題を解消することにつとめている。ただし，

このことは保険会社だけの対策ではなく，多くの企業でも類似した方法によって，情報の非対称性の解消につとめていることも付け加えておきたい。

## 5　リスクと保険を知る

　私たちは不確実性やリスクに対応していかなければならない。経済や社会で発生している事象を正しく理解するためには，それらの背後にあるリスクを知る必要がある。現代社会にはいろいろなリスクが存在する。企業が直面するリスクや，家計が直面するリスクがあり，質・量もさまざまである。その結果，リスクに直面した場合に効用（満足度）の高い選択をすることが難しくなっている。

　リスクをマネジメントするために保険は大きな役割を果たしている。保険には情報の非対称性が存在するため，逆選択やモラルハザードの問題が発生し，これらの問題を解決することなく保険を存続させることはできない。

　現代社会における経済という仕組みの中で，リスクの存在と保険の果たす役割は重要であり，リスクを「リスクと保険」の視点から理解しておくことは，これからの社会を生きていくためにも必要である。

コラム3

## ブラック・スワン

　確率論や従来の知識や経験からは予測できない極端な事象が発生したことで，それが人々に非常に大きな影響を与える事象を「ブラック・スワン」とよんでいる。ブラック・スワンには3つの特徴がある（ナシーム・N.タレブ『ブラック・スワン（上）』p.4　ダイヤモンド社 2009年）。

　1. 異常であること。つまり，過去に照らせば，そんなことが起こるかもしれないとはっきり示すものは何もなく，普通に考えられる範囲の外側にあること。

　2. とても大きな衝撃があること。

　3. 異常であるにもかかわらず，私たち人間は，生まれついての性質で，それが起こってから適当な説明をでっち上げて筋道をつけたり，予測が可能だったことにしてしまったりすること。

　タレブは『ブラック・スワン』の中で，不確実性やランダム性が低く，事象は一定の法則に従って分布するという「月並みの国」と，不確実性が高く，事象は予測不能で一つのことがすぐに全体に影響を及ぼしてしまうという「果ての国」に分類し，現実の社会が果ての国に移行していることを指摘している。

　ブラック・スワンの具体例として2001年のアメリカ同時多発テロ，2008年のリーマンショック，2011年の東日本大震災とそれにともなう福島原子力発電所事故などが挙げられる。

1. あなたの身の回りにある純粋リスクや投機的リスクについて例を挙げてみよう。
2. あなたの身の回りにあるリスクのうち，保険につけたことがあるリスクについて例を挙げてみよう。
3. 保険における情報の非対称性はどのような形で現れるだろうか，具体的な例をあげて説明してみよう。
4. 保険会社は「逆選択」や「モラルハザード」の問題に対処するためにどのような対策をとっているだろうか。考えてみよう。

## 推薦図書

・下和田功『はじめて学ぶリスクと保険（第 4 版）』有斐閣 2014年。

多様なリスクが存在する現代社会では，リスクマネジメントが重要となっている。保険をリスクマネジメントの手法のひとつと位置づけ，リスクの基礎から保険の仕組みや歴史など体系的に学べる図書である。

## 参考文献

ナシーム・N.タレブ『ブラック・スワン（上）（下）』ダイヤモンド社 2009年。

フランク・H.ナイト（桂木隆夫，佐藤方宣，太子堂正称訳）『リスク，不確実性，利潤』筑摩書房 2021年。

スコット・E.ハリントン，グレッグ・R.ニーハウス『保険とリスクマネジメント』東洋経済新報社 2005年。

米山高生『リスクと保険の基礎理論』同文舘出版 2012年。

# 第11章

# 政府と企業

────◆学習の目的◆────

　本章では，政府の経済活動について学ぶ。市場での取引が効率的な資源配分を実現できることはすでに学んだが，これはいつもうまくいくわけではない。市場が失敗するとき，政府は，課税や公共財の供給といった経済活動を通じて市場に介入し，市場の歪みを矯正する。市場の失敗の例として公共財と外部性を取り上げ，これがなぜ失敗なのか，政府はこれらにどのように対処できるかを説明する。

## 1　市場の失敗と政府の必要性

### 1.1　政府の必要性をめぐる議論

　市場の価格調整メカニズムは，効率的な資源配分を実現する。それならば，政府は，経済のことはできるだけ市場に任せておけばよく，民間の経済活動に対しても放任主義でよいと考えるかもしれない。

　現実には，政府は，自分自身が経済主体となり生産活動を行っている。教育，医療，上下水道，道路，港，空港など，政府が供給するサービスは私たちの身近なところに数多くある。また，政府は，課税や補助金などによって，民間の経済活動に影響を与えている。これらは，政府の経済活動とよばれる。なぜ，政府はすべてを市場に任せるのではなく，自ら経済活動を行うのだろうか。

　政府を必要とする理由の第1は，**市場の失敗**である。多くの場合に市場はうまくいくが，市場にも失敗することがある。そこで，政府に対して，市場の失

敗を矯正する役割を期待するのである。市場の失敗には，公共財，外部性，費用逓減産業，情報の非対称（**第10章**と**第14章**で扱う）などが知られている。本章では，公共財と外部性を説明する。

第2は，市場システムは，効率は得意だけれども，公平は苦手なことである。ここで政府に対して期待するのは，市場が苦手とする公平を実現する役割である。一般に，効率性と公平性はトレード・オフの関係にあり，どちらか片方を改善すると，もう片方が犠牲になることが知られている。政府には，効率と公平のバランスを図ることが求められる。

第3に，**パターナリズム**（温情主義，家父長主義）とよばれる考え方がある。この考え方では，民間の経済主体は近視眼的であり，将来を見据えた合理的な意思決定をすることに限界がある。そこで，民間経済主体の自主的な意思決定に任せるのではなく，政府が代わりに決めてあげるのが望ましいというのがパターナリズムである。たとえば，公的年金制度のような社会保険は，個人の自主性に任せると不十分なので，政府が強制的に個人に貯蓄させる仕組みである。

## 1.2　政府の失敗

政府には市場の失敗を補う役割が求められている。このことは，政府が市場よりも有能であることを意味するのだろうか。決してそういうわけではない。政府にも，失敗がある。

政府の失敗の第1は，官僚組織の非効率性である。政府には多くの人が関わっており，意思決定は複雑である。政府は，官僚組織によって支えられている。官僚組織は規模も大きく，その周辺には利害の対立する多くの人たちがいる。さまざまな利害の対立から影響を受けて，政府は非効率な意思決定を行うかもしれない。

第2に，政府が腐敗や汚職にまみれる可能性もある。政治家や官僚が特定の民間企業と密接な関係を持ち，接待を受けたりすることは，政府の意思決定を歪めかねないとして禁止されている。しかし，贈収賄事件はしばしばニュースになる。

　第3に，地下経済とよばれて，政府のコントロールが及ばない民間の経済活動がある。地下経済は，麻薬の取引や人身売買など違法な経済活動だけではない。合法であっても，政府から把握できない経済行為は地下経済に含まれる。お世話になった先生への謝礼や友人に中古車を売ったりすることなどは，この例である。地下経済は，その実態の把握が困難であることから，政策によるコントロールが難しくなる。

　このように，政府にも失敗がある。それでも，市場の失敗は矯正される必要があるので，政府がその役割を果たすべきだと考えられている。

## 2　課税の経済効果

　政府は，行政サービスを提供するための必要な財源を税によって調達する。この意味で，税は，政府が財源を得るための手段である。一方で，税は，個人や企業などの民間の経済活動にとっては負担である。ここでは，課税の経済効果を説明する。

### 2.1　税収の確保と超過負担

　図表11-1は，生産者を納税義務者とした場合の従量課税の経済効果を表している。$S$は課税前の供給曲線，$S'$は課税後の供給曲線である。生産者課税による限界費用の上昇分だけ，$S'$は$S$よりも上に位置している。

　課税前の均衡点は点$E$である。このときの消費者余剰は三角形$ABE$，生産者余剰は三角形$CBE$であり，総余剰は三角形$ACE$である。

　課税によって均衡点は，点$E$から点$F$へ移動している。課税後は，消費者余剰が三角形$AHF$，生産者余剰が三角形$CIG$，そして政府の税収が四角形$HIGF$である。税収は政府の余剰と解釈されるので，総余剰は，消費者余剰＋生産者余剰＋税収となり，四角形$ACGF$である。

　政府が税収を調達する一方で，消費者と生産者は余剰を減らしている。これは，課税によって，もともと民間部門の余剰であった消費者余剰と生産者余剰

が政府の余剰，つまり税収に振り替わったものと解釈することができる。

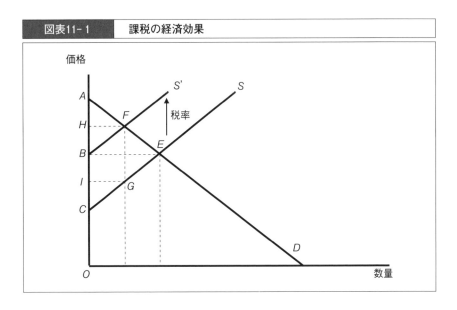

　総余剰に着目すると，課税後の総余剰は三角形EFGだけ少ない。政府の調達した税収以上に民間部門の余剰が減っていることになる。この余剰の減少は，文字通り，余剰が消滅してしまったわけであり，これが課税による**余剰のロス**である。この余剰のロスは，**超過負担（死荷重）**ともよばれる。民間部門からすれば，税収として政府に取られる以上に余剰を減らしたことになる。

　課税による超過負担を決める最大の要因は，価格弾力性である。（価格弾力性は，**第３章**，**第４章**で学んだ。）これを**図表11- 2**で確認する。

　**図表11- 2**には，傾きの異なる需要曲線が２つ描いてある。需要曲線$D_H$は，需要曲線$D_L$よりも，緩やかな傾きであり，需要の価格弾力性が大きい。供給曲線は，グラフを単純にするために，水平である。

　課税による超過負担は，需要曲線$D_H$では三角形FGEであり，需要曲線$D_L$では三角形HIEである。需要曲線$D_H$の場合の方が超過負担は大きい。これは，需要曲線$D_H$の方が課税による数量の減少が大きいためである。ここから，価

格弾力性が大きい財ほど，課税による価格上昇によって大きく需要量が減少するために超過負担が大きくなることがわかる。

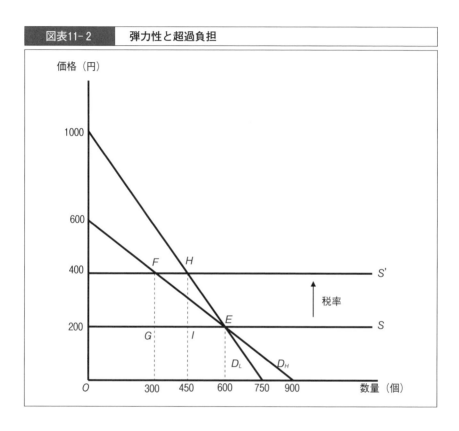

| 図表11-2 | 弾力性と超過負担 |

## 2.2　税負担の転嫁と帰着

　生産者ではなく，消費者に課税すると，課税の経済効果はどうなるだろうか。実は，生産者に課税した場合も消費者に課税した場合も，経済的な効果は全く同じである。このことを**図表11-3**で確かめよう。

　**図表11-3**は，(a) が生産者課税，(b) が消費者課税である。税率は，いずれも*FG*で等しい。両者で，課税前は，消費者余剰が三角形*ABE*，生産者余剰が三角形*CBE*，総余剰は三角形*ACE*である。課税後は，消費者余剰が三角形

*AHF*，生産者余剰が三角形*ICG*，税収が四角形*HIGF*であり，総余剰は四角形*ACGF*，超過負担は三角形*FGE*である。生産者課税と消費者課税で，余剰の変化の仕方や税収など，すべてが同じであることを確認できる。

| 図表11-3 | 生産者課税と消費者課税の比較 |
| --- | --- |

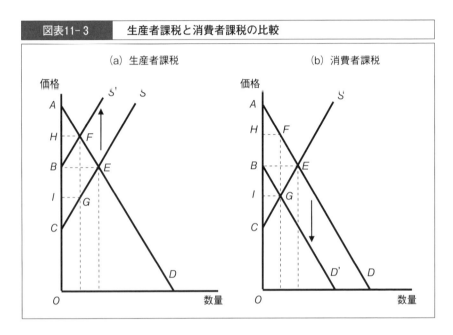

なぜ生産者に課税しても消費者に課税しても，全く同じことになるのだろうか。それはどちらに課税しようとも，**税負担の転嫁**が起こるからである。

生産者課税の場合の税負担の転嫁は，**図表11-3**（a）で確認できる。生産者課税後の均衡点は点*F*であり，このときの市場価格は*H*である。したがって，課税による市場価格の上昇は*HB*であり，これは税率*FG*よりも小さい。課された税率が*FG*であるにもかかわらず，市場価格の上昇が*HB*しかないとすれば残りはどうなったのだろうか。

**図表11-3**（a）から，課税後の取引によって生産者の受け取る価格はであり，生産者が受け取る価格が課税前よりも*BI*だけ低下していることがわかる。つまり，*FG*の税率のうち，消費者が*HB*を負担し，生産者は残りの*BI*を負担して

いることになる。これは，納税義務者である生産者が，税率FGをすべて自分
で負担するのではなく，一部（ここではHB）を市場価格の上昇を通じて消費
者に負担させていると解釈できる。この現象が税負担の転嫁である。**図表11-
3**（a）では生産者から消費者へ税負担が転嫁されている。

　転嫁を経て最終的に税負担がたどり着くことは，帰着といわれる。**図表11-
3**（a）では，FGの税のうち，HBが生産者から消費者に転嫁され，その結果，
生産者にBI，消費者にHBの税負担が帰着している。

　消費者課税の場合の税負担の転嫁は，**図表11- 3**（b）で確認できる。税率

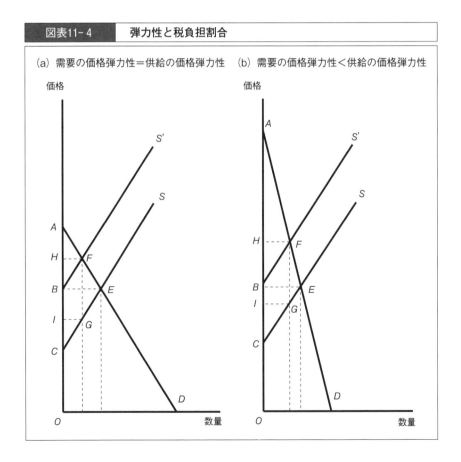

**図表11- 4**　　**弾力性と税負担割合**

（a）需要の価格弾力性＝供給の価格弾力性　（b）需要の価格弾力性＜供給の価格弾力性

*FG*のうち，*BI*が消費者から生産者に転嫁され，消費者の負担は*HB*，生産者の負担は*BI*である。これは，生産者課税の場合（a）と同じ税負担である。このようにして，生産者課税と消費者課税は，余剰の変化も含めて，すべての経済効果が全く同じになる。

　それでは，消費者と生産者の税負担割合は，何によって決まるのだろうか。超過負担と同じく，これも価格弾力性によって決まる。このことは，**図表11-4**によって，確かめることができる。

　**図表11-4**は，（a）と（b）で，需要曲線の傾きだけが異なる。（a）は需要曲線と供給曲線の傾きが等しく，（b）は需要曲線の傾きは供給の傾きよりも急である。いずれも同額の税率*FG*の従量税を生産者に課しているが，（a）と（b）で税負担割合を比べると，（b）で消費者の税負担割合が大きい。ここから，価格弾力性の小さい方がより多くの税を負担することがわかる。

## 3　公共財の供給

### 3.1　公共財とは

　**公共財**は，消費において非排除性と非競合性という2つの性格を持つ財として定義される。

　消費の**排除性**は，特定の消費者を消費から排除できるかどうかを意味する。通常の取引では，対価の支払いがない消費者は商品を入手できず，対価を支払う者のみが商品を購入して消費できる。このようにして対価の支払いの有無によって消費者を区別し，支払いのない消費者を排除することができる場合，この消費には排除性があるといわれる。逆に，対価の支払いのない消費者であったとしても消費から排除できない場合，この消費は非排除的であるといわれる。

　消費の**競合性**は，消費者どうしが消費を巡ってライバル関係にあるかどうかを意味する。たとえば，誰かが消費をすることによって数量が減ってしまい，その分だけ他の誰かが消費できなくなってしまうような場合，消費が競合的であるといわれる。一方，誰かが消費したとしても，他の誰かの消費が減らない

ような場合，消費は非競合的であるといわれる。

**図表11-5**は，消費の競合性と排除性という2つの性格から財を分類している。**私的財**は競合的で排除的である財，共有資源は競合的だが排除性がない財，クラブ財は排除的だが競合性がない財，公共財は競合性も排除性もない財である。公共財の例には，国防，街灯，地球温暖化防止などがある。

| 図表11-5 | 消費の性格による財の分類 |

|  |  | 消費の排除性 | |
| --- | --- | --- | --- |
|  |  | あり | なし |
| 消費の競合性 | あり | 私的財<br>（衣類，食料品，家具） | 共有資源<br>（魚，地下水） |
|  | なし | クラブ財<br>（Wi-Fi設備，音楽や映像の<br>配信サービス） | 公共財<br>（国防，街灯，地球温暖化<br>防止） |

## 3.2 公共財の市場

### 3.2.1 公共財の市場需要曲線

公共財は，消費において非排除性と非競合性の性格を持つことから，個人間の消費量が等しくなる。この特徴は**等量消費**とよばれている。等量消費となることから，公共財の消費量は，個人間で等しいだけではなく，これがそのまま市場の消費量にも等しくなる。

**図表11-6**には，個人Aと個人Bの公共財需要曲線が，それぞれ$D_A$と$D_B$として描いてある。個人の公共財需要曲線が右下がりであることは，私的財の場合と同じである。

等量消費の特徴は，個人Aの公共財消費量と個人Bの公共財消費量が常に等しくなることを意味する。したがって，個人Aの公共財消費量が$Q_0$であるとき，個人Bの公共財消費量も必ず$Q_0$になる。このとき，社会全体での公共財消費量も$Q_0$になる。

需要曲線の高さは限界効用を意味するが，公共財供給の議論では，この限界

効用が公共財への評価を意味することを踏まえて，限界評価とよぶことが多い。公共財消費量が$Q_0$のとき，公共財への限界評価は，個人Aが$P_A$，個人Bが$P_B$である。

| 図表11-6 | 公共財の効率的供給 |

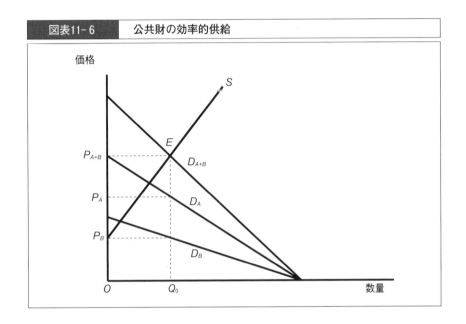

　市場全体での公共財への限界評価は，個人Aの限界評価と個人Bの限界評価を合計することで求められる。公共財消費量が$Q_0$のときの市場全体での公共財への限界評価は，個人Aと個人Bの限界評価を合計して$P_A+P_B=P_{A+B}$になる。すべての消費量でこのような作業を行うことで，公共財の市場需要曲線$D_{A+B}$を得ることができる。

　個人の限界評価を合計することで市場の限界評価を得ることをグラフでいえば，個人Aの公共財需要曲線と個人Bの公共財需要曲線を垂直方向に合計することで市場の公共財需要曲線を得ていることになる。公共財では，等量消費の特徴から，すべての個人が同じだけの数量の公共財を消費するが，その評価は，個人間で異なることに注意されたい。

### 3.2.2　効率的な公共財供給量の条件

　**公共財の効率的な供給**も，私的財の場合と同様に，需要量と供給量が一致するときに実現する。これは，**図表11-6**では交点Eである。

　当然だが，需要曲線と供給曲線の交点では，需要曲線の高さと供給曲線の高さは等しい。両曲線の高さが等しいことは，公共財に対する社会全体の限界評価と公共財の限界費用が等しいことを意味する。

　ここで公共財に対する社会全体の限界評価が個人の限界評価の合計であったことを思い出すと，需要曲線と供給曲線の交点は，次のように表現できる。これは，公共財の効率的供給の条件として知られている。

　　個人の公共財への限界評価の合計＝公共財の限界費用　　（9-1式）

### 3.2.3　公共財消費へのただ乗り

　公共財の供給量が**図表11-6**のように交点Eで決まるのならば，私的財の場合と同じように市場に任せておけば，公共財も効率的に供給されるはずである。それではなぜ公共財は市場に任せてはいけないのだろうか。それは，公共財の場合には，個人の需要曲線が信用できないかもしれないからである。

　**図表11-6**による均衡は，$Q_0$の公共財を消費するために，個人Aが$P_A$，個人Bが$P_B$を負担することで，全体として$P_{A+B}$の費用をまかない，公共財を供給することを意味している。このとき，個人Aはどう思うだろうか。正直にいえば，個人Aの主観的な限界評価は$P_A$であり，確かに$P_A$を支払う価値があると思ってはいる。しかし，個人Bは$P_B$しか支払っていないし，それでも，$P_A$も支払った個人Aと同じだけの公共財を消費している。このように考えて，個人Aは不満に思うかもしれない。そうならば，嘘をついて，自分の限界評価を低めに表明して，支払いも低く抑えればよいことになる。実際のところ，自分の支払いが少なくなったとしても，公共財には等量消費の特徴があるから，他人の支払いによって供給量が確保されれば構わない。このようにして，適切な対価の支払いを逃れて，他人の負担によって公共財を消費しようとする行動は，

ただ乗りとよばれている。

　ただ乗りは，個人的には経済的に合理的な行動である。しかし，個人の限界評価が低めに表明されたことで，社会全体の公共財への限界評価も低くなり，その結果，社会全体では公共財の供給量が不足するという不都合に至る。ただ乗りが望ましくないのは，ただ乗りという行為そのものではなく，ただ乗りの結果として社会全体での公共財供給量が過小になるからである。

　市場システムの最大の長所は，個人の合理的な行動が社会全体にとっても望ましい結果に至ることである。公共財の場合には，ただ乗りが生じることで，この長所が当てはまらないことになる。これが公共財による市場の失敗である。

### 3.3　公共財供給への政府の対応

　公共財による市場の失敗への政府の対応には，次のようなものがある。

　第1に，市場に任せておくとうまく供給できないのであれば，代わりに政府が供給すればよい。政府が供給する際には，効率的であろうと思われる数量を政府が見積もり，それに必要な財源は，公共財の消費者から対価として徴収するのではなく，別途税によって財源を調達する。

　第2に，できる範囲で市場システムの機能を利用する，つまり民間による公共財の供給を政府が管理するというやり方がある。政府の管理による公共財の私的供給といえるが，これには，寄付やボランティアなどの個人や企業による自主的な公共財の供給を活用する，税の優遇や補助金などによって民間による自主的な公共財の供給をうながす仕組みを設ける，あるいは当初は公営で始めて後から民営化する方法などがある。

　ここで注意すべきは，一般には，たとえ私的供給があったとしても，それだけでは社会的に必要とされる公共財の供給には不足することである。どんなに積極的に民間部門による公共財の供給を利用したとしても，それによって政府による公共財の供給が必要でなくなるというわけではない。

# 4　外部性

　経済活動による便益や費用が，市場に参加する売り手や買い手とは異なる第三者にまで及ぶことがある。これは，**外部性**または外部効果とよばれている。第三者に及ぶのが費用の負担などマイナスの影響のとき，この外部性を**外部不経済**あるいは負の外部性という。逆に，便益の増加などプラスの影響が第三者に及ぶとき，これは**外部経済**または正の外部性とよばれている。

## 4.1　外部不経済

　外部不経済の例には，自然環境の汚染や地球温暖化などがある。供給曲線は生産者の限界費用を反映するが，そこに含まれるのは生産者が負担するもののみである。この費用は，生産者が自ら負担するという意味で，**私的限界費用**とよばれる。しかし，生産に外部不経済がともなうときには，生産者が負担すべき費用は，私的限界費用だけではない。たとえば，生産活動が周辺の自然環境を悪化させるなら，この自然環境の悪化は生産者が負担すべき費用であり，社会的にはこれも費用に含めるべきである。このような外部不経済によって生じる費用は**限界外部費用**とよばれ，限界外部費用と私的限界費用を合わせた費用は**社会的限界費用**とよばれている。

　市場均衡が望ましい生産量となるためには，その前提となる供給曲線も適切に費用を反映していなければならない。つまり，供給曲線は限界外部費用を含めた社会的限界費用でなければならない。しかし，生産者は限界外部費用を支払わずとも，私的限界費用を負担するだけで生産できる。そのため，生産者には，社会的限界費用よりも低い私的限界費用のみを負担して生産を行う動機がある。生産者が外部不経済を無視して生産するとき，市場均衡による生産量は過大になる。これが，外部不経済による市場の失敗である。

　**図表11-7**は，生産が外部不経済をともなう場合の市場を表している。*PMC*は私的限界費用曲線，*SMC*は社会的限界費用曲線である。生産者が，外部不

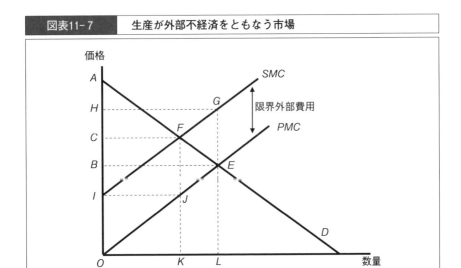

図表11-7　生産が外部不経済をともなう市場

経済を無視して，限界外部費用に相当する費用負担なしで生産を行う場合の均衡点は点Eである。一方，限界外部費用を考慮して生産が行われた場合の均衡点は点Fである。点Eのときの生産量Lと点Fのときの生産量Kを比べると，点Eの場合の生産量が大きい。KLは，外部不経済の存在を無視して生産を行うことによる過剰生産である。

　過剰生産が望ましくないのは，余剰の損失という弊害をもたらすからである。限界外部費用を考慮せずに生産を行った場合の余剰は，均衡点が点Eであることから，消費者余剰は三角形ABE，生産者余剰は三角形BOEである。このとき，外部不経済による外部費用は，生産1単位当たりIO（または，GE）の大きさで，生産量Lだけ発生している。この大きさは四角形IOEG，または四角形HBEGとして表される。この外部費用は社会的な費用であり，この分だけ余剰が減ることから，マイナスの余剰としてとらえることができる。したがって，総余剰は，消費者余剰＋生産者余剰－外部費用であることから，三角形AIF－三角形EFGとなる。

　外部不経済を考慮した生産，つまり効率的な均衡点である点Fによる余剰は，

消費者余剰が三角形*ACF*，生産者余剰が四角形*COJF*であり，このときの外部費用は四角形*IOJF*であることから，総余剰は三角形*AIF*となる。

　点*E*と点*F*で総余剰を比べると，三角形*EFG*だけ点*E*の総余剰が少ない。このように余剰の損失が発生することが，外部不経済が望ましくない理由である。

### 4.2　外部経済

　外部経済の例には，教育や公園がある。教育は，これを受ける本人にとって利益となるだけではなく，教育を受けた人が多くなることで社会全体の教育水準が上がり，新たな産業やビジネスが生まれるというメリットもある。このような社会全体でのメリットが外部経済であり，第三者に便益がスピルオーバー（拡散）していることになる。

　消費者が需要曲線を通じて享受するのは**私的限界便益**のみであり，たとえ外部経済として市場に**限界外部便益**が存在するとしても，私的限界便益はこれを

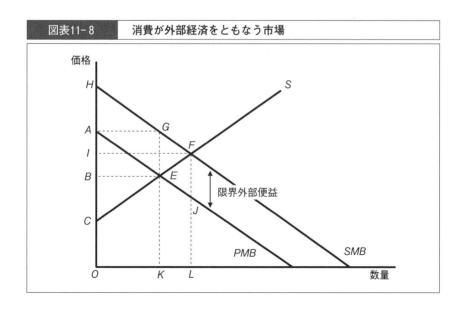

**図表11-8　　消費が外部経済をともなう市場**

含まない。限界外部便益を含んだ限界便益は，**社会的限界便益**とよばれる。社会的限界便益による均衡と比べて，私的限界便益による均衡は，消費量が少なくなる。これが外部経済による市場の失敗である。

　**図表11-8**は，消費が外部経済をともなう場合の市場を表している。*PMB*は私的限界便益曲線，*SMB*は社会的限界便益曲線である。消費者は限界外部便益を自分自身の便益とみなさない。そのため，消費者の自発的な取引に基づく市場の均衡は，*PMB*による点*E*になる。これに対して，限界外部便益を含んで決まる効率的な均衡点は点*F*である。点*E*の消費量Kと点*F*の消費量Lを比べると，点*E*の場合の方が少ない。ここから，外部経済をともなう場合にそのまま市場に任せておくと，望ましい水準に比べて消費量が過小になることがわかる。

　外部経済による過小消費も，余剰のロスを発生させる。外部経済を無視した均衡点の点*E*では，消費者余剰は三角形*ABE*，生産者余剰は三角形*BCE*，外部便益は四角形*HAEG*である。したがって，このときの総余剰は，消費者余剰＋生産者余剰＋外部便益なので，四角形*HCEG*である。

　効率的な均衡点である点*F*では，消費者余剰は四角形*AOLJ*－四角形*IOLF*である。これは，効率的な消費量Lから得られる消費者の総便益である四角形*AOLJ*から，消費者がこれだけの総便益を得るために支払った四角形*IOLF*を差し引くことによって求められる。生産者余剰は三角形*ICF*，外部便益は四角形*HAJF*である。効率的な消費による総余剰は，消費者余剰＋生産者余剰＋外部便益なので，三角形*HCF* となる。

　点*E*と点*F*で総余剰を比べると，三角形*EFG*だけ点*E*の総余剰が少ない。これが外部経済による余剰の損失である。

## 4.3　外部性への政府の対応

　外部性が存在するとき，政府は，生産者や消費者に経済的なインセンティブを与えることで，私的限界費用や私的限界効用ではなく，社会的限界費用や社会的限界便益を反映した取引が行われるようにうながし，失われた余剰を回復

させることができる。このようにして外部性に対処することは，**外部性の内部化**とよばれている。

### 4.3.1　ピグー税による外部不経済の内部化

外部不経済を内部化するために使われる税は**ピグー税**とよばれる。ピグー税では，政府は，限界外部費用を生産者に負担させるために，限界外部費用に等しい税率を課税する。これによって生産者は，私的限界費用ではなく，社会的限界費用によって生産を行うことになる。地球温暖化防止を目的として$CO_2$に課税する環境税の考え方は，ピグー税の代表例である。

**図表11-7**でピグー税を課税すると，課税後の均衡点は点Fになる。このとき，消費者余剰は三角形ACF，生産者余剰は三角形CIFになる。政府にはピグー税の分だけ税収が入るが，その大きさは外部費用の大きさに等しく，四角形IOJFである。したがって，外部費用とピグー税収はキャンセルされ，総余剰は，消費者余剰＋生産者余剰であり，三角形AIFとなる。

ピグー税によって，過大であった生産量は効率的な水準まで減少し，余剰のロスが解消され，社会全体での資源配分の効率性が改善したことになる。ただし，総余剰は増加するが，生産量の減少によって，消費者余剰と生産者余剰が減少していることに注意されたい。また，内部化された外部費用の分だけ政府に税収が入ってくることもピグー税の特徴である。

### 4.3.2　補助金による外部経済の内部化

補助金による外部経済の内部化では，限界外部便益の大きさだけ消費者に補助金を与える。これによって，消費者は，社会的限界便益によって消費量を決定することになる。**図表11-8**で補助金の効果を確認すると，補助金交付後の消費者余剰は三角形HIF，生産者余剰は三角形ICFになる。政府による補助金の支出は余剰のマイナスであり，この大きさは四角形HAJFになる。補助金支出によるマイナスの余剰は，プラスの余剰である外部便益と等しいので，総余剰の計算ではキャンセルされる。結局，総余剰は，消費者余剰＋生産者余剰と

なり，三角形$HCF$となる。

　補助金による外部経済の内部化の効果によって，過小であった消費量が効率的な水準まで増加し，余剰のロスが解消され，社会全体での資源配分の効率性が改善する。ピグー税の場合と異なるのは，総余剰が増加するだけではなく，消費量が増加するために，消費者余剰と生産者余剰が増加することである。ただし，政府には内部化された外部便益の分だけ補助金の支払いの負担がある。

---

**コラム 4**

### 市場の失敗

　市場の取引が効率的な資源配分を実現することを第5章で学んだ。効率的な資源配分の実現は，最大の余剰を実現する，最適な資源配分を実現する，パレート最適などと言い換えてもよい。効率的な資源配分の実現は，市場の機能の最大の長所である。この長所があるからこそ，多くの国で市場経済システムによる経済活動が利用されている。

　そうは言いながら，市場は，いつも効率的な資源配分を実現できるわけではない。市場が効率的な資源配分を実現しないことは，市場の失敗とよばれる。市場が失敗するとき，その市場における取引は非効率的である。この非効率の解消は，政府の役割である。

　教科書によっては，公平性の観点から市場の失敗をとらえることもある。この場合には，所得格差の拡大など，不公平な状態が実現することも市場の失敗に含められる。

　しかし，市場には，もともと公平な状態を実現する機能は備わっていない。市場メカニズムによる価格調整機能は，ダイエットのために食事を抜くビジネスマンと所得不足のために食費の支払いに欠くシングルマザーを区別しない。いずれも，必要であれば支払うはずだとして，限界効用と価格が見合わないから購入しなかったと判断するだけである。この意味で，市場は，失敗しなかったとしても万能ではない。

　実際には，多くの市場が完全競争ではない。そして，おそらくは，企業も市場

が完全競争であることを望んでいない。自社製品の差別化を望む企業は多いし，そもそも完全競争よりも不完全競争の方が企業の利益は大きい。それでも，社会全体からみると，不完全競争よりも完全競争の方が望ましい。

　経済学における市場の失敗への関心は，時代とともに変わる。近年では，地球温暖化や森林伐採などの環境問題との関係で，外部不経済による市場の失敗への関心が高まっている。

**練習問題**

1. **図表11-1**で，需要関数$D$が$Q = -\dfrac{3}{2}P + 900$，供給関数$S$が$Q = \dfrac{3}{2}P - 300$，供給関数$S'$が$Q = \dfrac{3}{2}P - 600$であるとする。このとき，課された税率，この課税による消費者余剰と生産者余剰の減少，超過負担，消費者と生産者の税負担額は，それぞれいくらか。

2. **図表11-2**で，需要関数$D_{\mathrm{H}}$が$Q = -\dfrac{3}{2}P + 900$，需要関数$D_{\mathrm{L}}$が$Q = -\dfrac{3}{4}P + 750$，供給曲線（限界費用曲線）$S$が$P = 200$であるとする。税率が200であるとき，超過負担は，需要曲線$D_{\mathrm{L}}$と$D_{\mathrm{H}}$で，それぞれいくらか。

3. 個人Aと個人Bの公共財需要関数が，それぞれ$q_A = -\dfrac{1}{100}p_A + 6$，$q_B = -\dfrac{1}{50}p_B + 6$のようになるとき，公共財の市場需要関数を求めなさい。

4. **図表11-7**で，私的限界費用曲線が$P = \dfrac{2}{3}Q$，社会的限界費用曲線が$P = \dfrac{2}{3}Q + 200$，需要曲線（限界便益曲線）が$P = -\dfrac{2}{3}Q + 600$のとき，外部不経済がもたらす余剰の損失はいくらか。また，ピグー税によって外部不経済を内部化するとき，ピグー税収はいくらか。

5. **図表11-8**で，私的限界便益曲線が$P = -\dfrac{2}{3}Q + 500$，社会的限界便益曲線が$P = -\dfrac{2}{3}Q + 600$，供給曲線（限界費用曲線）が$P = \dfrac{2}{3}Q + 200$のとき，外部経済がもたらす余剰の損失はいくらか。また，補助金によって外部経済を内部化するとき，政府が支出する補助金はいくらか。

**推薦図書**

・ジャン・ティロール［2018］『良き社会のための経済学』日本経済新聞出版。

著者は，2004年のノーベル経済学賞の受賞者。現実の経済の中で経済学がどのように活かされているか，また活かされていないかがわかる。

**参考文献**

アセモグル・レイブソン・リスト［2020］『ミクロ経済学』東洋経済新報社

# 国際貿易

　本章では，経済学の分析ツールを国際貿易の分析に応用する。まず，日本を取り巻く国際貿易の現状を概観した上で，国際分業の基本的な考え方である比較優位の原理を学ぶ。一国はどのような財を輸出し，逆にどのような財を輸入するのか。これを貿易パターンとよぶが，その原理を理解する。

　その分析をふまえて，貿易利益の発生や自由貿易の最適性などを，余剰の概念を用いて説明していく。自由貿易は理論的に望ましいにもかかわらず，関税や輸入数量制限などの保護貿易政策が発動されることもある。その要因を理解すると共に，保護貿易政策が社会的コストを発生させることを確認する。

## 1　国際貿易の役割

　日本は，人口に比して国土が狭く，天然資源にも恵まれていない。そのため，エネルギー資源や原材料，食料などの多くを輸入することで，物質的な豊かさを実現してきた。これらの輸入に必要とされる外貨は，日本が国際競争力を持つ自動車などの海外市場への輸出によって得ている。輸出入がバランス良く拡大していかなければ，日本経済の順調な発展はなかったと言える。その意味で，国際貿易は日本経済の生命線である。私たちの生活やビジネス活動をより豊かで実りあるものにしていくには，国際的な経済問題を正しく理解することが重要である。

本章では，今までに学習した需要・供給の枠組みを利用して，国際貿易に関する経済学的な分析を行っていく。

## 2　日本を取り巻く国際貿易の現状

　世界経済は，相互依存関係を深化させている。これは，ベルリンの壁崩壊以降に進展した，いわゆる**グローバル化**（globalization）とよばれる世界的な潮流の一つである。財・サービス，カネ（資本），ヒト（労働者），情報，技術，さらには各国の制度や文化などが容易に国境を飛び越え，自由に移動することにより世界の一体化が進んでいる。実際，食品や衣類，スマートフォンや電気製品まで，私たちの身の回りには海外からの輸入品で溢れ，それにより，私たちの生活は，豊かに便利に彩られている。以下では，日本と世界経済とのかかわりを概観していく。

### 2.1　国際貿易の拡大
　世界各国の経済的相互依存関係の進展は，**貿易依存度**（＝貿易総額／GDP）の推移からうかがい知ることができる。**図表12-1**は，日本，アメリカ，中国，ドイツ，そして世界平均の貿易依存度の推移を図示したものである。

　2008年のリーマンショックによる景気後退で，国際貿易は一時的に大きく落ち込んだ。だがこの時期を除けば，世界全体の貿易依存度は傾向的に上昇してきていることが分かる。さらに，この図から観察できることは，貿易依存度は国によって大きく違うという点である。アメリカのように経済規模の大きな国は，一般に，内需が大きいために貿易依存度は小さくなりがちである。日本はしばしば貿易立国と見なされるが，経済規模が大きいためにこの原則が当てはまっている。中国も大国であるが，輸出主導型の経済発展戦略を採用した時期があり，その期間の貿易依存度は高くなっている。ドイツは欧州連合（EU）の構成国であり，域内貿易が活発なため貿易依存度は構造的に高い。世界経済が傾向的に相互依存関係を深めてきた点が，貿易依存度の推移から観察できる。

| 図表12-1 | 世界主要国の貿易依存度の推移（1985-2019） |

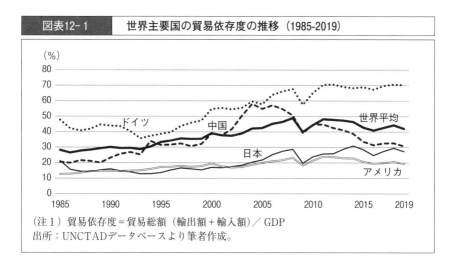

（注1）貿易依存度＝貿易総額（輸出額＋輸入額）／GDP
出所：UNCTADデータベースより筆者作成。

## 2.2　日本の貿易構造

　日本は，基本的に，工業製品を輸出し，それと引き換えに原材料となる一次産品，鉱産物を輸入する**垂直貿易**パターンを形成してきた。日本の輸出入構造の推移を示した**図表12-2，図表12-3**を使ってこれを確認しよう。

　日本の輸出は，一般機械，電気機械，輸送機械に集中している。総輸出額に占めるこれら機械類の合計は，1990年には75％に達し，2019年の時点でも6割超を維持している。

　輸入については，鉱物性燃料の割合が最大である。資源小国である日本は，石油や天然ガスを海外からの輸入に頼らざるを得ないからである。輸入に関する最近の特徴として，電気電子機器の輸入が増えている点が看取できる。日本企業の海外への工場移転や，台湾など周辺アジア諸国で国際競争力のある企業の出現で，家電やコンピュータなどは，日本の輸入額が輸出額を上回っている。このように同一産業に属する製品を相互にやり取りすることを**水平貿易**とよぶが，その出現により，貿易を通じた相互依存の関係が深化していることが分かる。

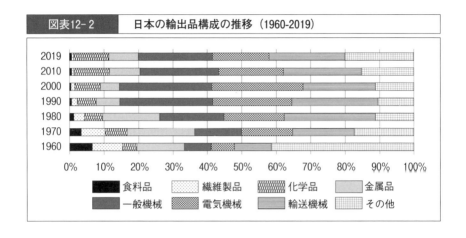

**図表12-2** 日本の輸出品構成の推移（1960-2019）

凡例：食料品／繊維製品／化学品／金属品／一般機械／電気機械／輸送機械／その他

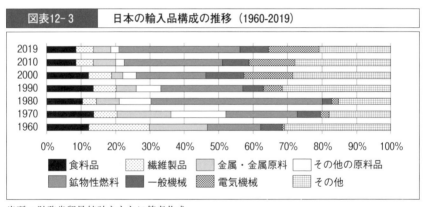

**図表12-3** 日本の輸入品構成の推移（1960-2019）

凡例：食料品／繊維製品／金属・金属原料／その他の原料品／鉱物性燃料／一般機械／電気機械／その他

出所：財務省貿易統計をもとに筆者作成。

## 2.3　日本の貿易相手国

　日本の最大の貿易相手国は，戦後一貫してアメリカであった。特に，自動車，電気電子製品などが集中豪雨的にアメリカに輸出されたが，これがアメリカの反発を買い，1970年代，80年代には日米貿易摩擦に発展した。

　**図表12-4**は，2000年以降の日本の貿易相手国上位10ヶ国をリストアップしたものである。リーマンショックによる景気後退を一つの契機として，アメリカに替わって中国が日本の最大の貿易相手国として台頭した。中国には多く

| 図表12-4 | 日本の貿易相手国上位10ヶ国の推移（2000-2019） |
|---|---|

（単位：億円）

|  |  | 2019 | 2010 | 2000 |
|---|---|---|---|---|
| 1 | 中国 331357 (21.3%) | | | |
| 1 | 中国 | 331357 (21.3%) | 中国 264985 (20.7%) | 米国 231347 (25.0%) |
| 2 | 米国 | 238947 (15.4%) | 米国 162854 (12.7%) | 中国 92158 (9.9%) |
| 3 | 韓国 | 82709 (5.3%) | 韓国 79642 (6.2%) | 台湾 58042 (6.3%) |
| 4 | 台湾 | 76162 (4.9%) | 台湾 66188 (5.2%) | 韓国 55135 (6.0%) |
| 5 | オーストラリア | 65374 (4.2%) | オーストラリア 53402 (4.2%) | ドイツ 35271 (3.8%) |
| 6 | タイ | 60557 (3.9%) | タイ 48337 (3.8%) | 香港 31094 (3.4%) |
| 7 | ドイツ | 49277 (3.2%) | インドネシア 38706 (3.0%) | マレーシア 30594 (3.3%) |
| 8 | ベトナム | 42479 (2.7%) | 香港 38381 (3.0%) | シンガポール 29375 (3.2%) |
| 9 | 香港 | 38905 (2.5%) | サウジアラビア 37173 (2.9%) | タイ 26117 (2.8%) |
| 10 | アラブ首長国連邦 | 36382 (2.3%) | マレーシア 35321 (2.8%) | インドネシア 25839 (2.8%) |
|  | その他 | 533163 (34.3%) | その他 456657 (35.5%) | その他 310954 (33.5%) |
| 合計 |  | 1555312 (100.0%) | 1281646 (100.0%) | 925926 (100.0%) |

（注1）数字は輸出額と輸入額の合計
（注2）カッコ内は貿易総額に占める割合
出所：財務省貿易統計をもとに筆者作成。

の外資系企業が進出し，「世界の工場」として堅調な経済発展を続け，韓国，台湾，タイなどの他のアジア諸国ともに，日本との間で工業製品，部品などの水平分業パターンが形成されている。オーストラリアや中東産油国は，原材料や鉱物性燃料などの輸入元として，日本の重要な貿易パートナーになっている。

## 3 国際分業の原理

　国際分業の原理は，われわれの身近な例から理解することができる。AさんとBさんの2人で事業を興した以下のようなケースで考えてみよう。

### 3.1 絶対優位と比較優位

　AさんとBさんの2人で，会社を設立することにした。会社の経営が上手くいくには，営業と経理（お金の管理）が重要である。Aさんは，人当たりは良いが，デスクワークは苦手である。Bさんは寡黙で地味な性格だが，デスクワークは確実にこなす。AさんとBさんは，どのように仕事を分担することが望ましいだろうか。

　この答えは簡単である。Aさんは営業，Bさんは経理に役割分担すれば良い。それぞれが得意な分野に専念することで，会社全体の業務の効率性は上がる。では，次のような場合にはどうなるだろうか。

　Aさんは人当たりが良いだけでなく，経理も得意で資格も持っている。Bさんは寡黙で人と話すのが苦手である。デスクワークはある程度こなすが，Aさんのような資格を取るほどの実力はない。この場合，AさんとBさんの間で，どう仕事を分担すべきか。

　Aさんが営業でも経理でも八面六臂の活躍をするのが望ましいが，Aさんの労働時間は限られる。他方，その間にBさんが何もせず手持ち無沙汰なのは無駄である。ある程度事務作業をこなせるBさんに経理を依頼し，Aさんは営業に専念して顧客獲得を増やすことが，この会社にとって最適となるはずである。

　最初の例は，AさんとBさんで得意とする分野がクロス（交差）していて，分業のメリットは明白である。これを**絶対優位**に基づく分業と言う。2番目のケースでは，Aさんが両分野に優位性があるが，Bさんと優位性の程度の差があることで分業にメリットがあることが分かる。これを，**比較優位**に基づく分業と言う。

　国際分業の基本的な原理は，この原則を二国間関係に拡張したものである。国際貿易の重要性を最初に指摘した人物は，経済学の父とよばれる**アダム・スミス**である。彼が説明する国際分業の発生要因は，絶対優位に基づいたものである。日本とオーストラリアとの間で自動車と鉄鉱石が交易されるような垂直貿易のパターンを説明するのに，これは説得的である。

　これに対して同じ英国の経済学者である**デヴィット・リカード**は，貿易の発生要因として比較優位の原理に着目した。これは，貿易が発生することをより一般的に説明できる。以下では，比較優位に基づく貿易パターンとそれによる貿易利益の発生を見ていこう。

### 3.2　比較優位と貿易の発生

　まず，**図表12-5**に示されるようなケースを考えよう。ここでは単純化して，日本とアメリカの二国で，牛肉と自動車が労働のみで生産されている状況を想定する。両国で生産される自動車，牛肉の品質は同じであると仮定しておこう。また，貿易に伴い発生する輸送費についても，複雑化を避けるため考慮しない。

| 図表12-5 | 比較優位の原理（例） | | |
|---|---|---|---|
| | | 日本 | アメリカ |
| 自動車1台の生産に必要な労働者数 | | 50人 | 40人 |
| 牛肉1トンの生産に必要な労働者数 | | 25人 | 10人 |
| 総労働者数 | | 500人 | 800人 |

　この場合，自動車，牛肉ともにアメリカの方が日本よりも生産性が高い。しかし，二国間で自動車，牛肉の生産性に格差があることが分かる。これを確認するには，**機会費用**という概念を用いると分かり易い。機会費用とは，ある財を生産するために犠牲にされるもう一方の財の量のことである。ここでは，たとえば，自動車の生産を1台減らしてその労働力を牛肉の生産に振り向けると，アメリカでは4トンの牛肉生産の増加に結びつく。日本では，牛肉生産は2ト

ンしか増えない。つまり，アメリカは日本よりも牛肉生産が相対的に得意であり，日本の方は自動車生産に向いていることが分かる。リカードは，この生産性（機会費用）の格差が貿易の発生要因と考えた。彼は，各国が相対的に得意とする財の生産を増やし，貿易でもう一方の苦手な財と交換すれば，利益が発生することを明らかにした。

　二国が比較優位を持つ財（**比較優位財**）に特化することにより，貿易前の閉鎖経済に比べて貿易利益が発生することを以下で確認しよう。

### 3.2.1　閉鎖経済

　まず，貿易が開始される前の状態を考える。二国は自動車，牛肉の生産に総労働者の半分ずつを配分して生産し，生産されたものを消費している状況を考える。この場合，日本とアメリカの自動車，牛肉の生産量（＝消費量）は**図表12-6**のようになる。

| 図表12-6 | 閉鎖経済均衡 |
| --- | --- |

|  | 日本 | アメリカ | 合計 |
| --- | --- | --- | --- |
| 自動車生産・消費量 | 5台 | 10台 | 15台 |
| 牛肉生産・消費量 | 10トン | 40トン | 50トン |

### 3.2.2　**貿易の開始**

　次に，とある目敏い貿易業者が，二国間に生産性の格差があることを発見したとしよう。この業者は，一国では割安な財を，割高で取引されているもう一方の国に持ち込み，利益を得るチャンスがあることに気がついた。たとえば日本では，自動車1台が牛肉2トンと等価であるが，アメリカではこの比率は1台対4トンである。つまりアメリカでは，日本よりも牛肉が割安になっている。このとき，日本で自動車1台を調達してアメリカに持ち込み，これをアメリカ国内で牛肉4トンと交換して日本に持ち帰れば，牛肉4トンは日本では自動車

２台と等価である。最初に日本で調達した自動車１台が，アメリカとの貿易の結果，自動車２台に変換されたことになる。その差は，貿易業者の利益となる。

### 3.2.3　貿易均衡

この貿易が継続されると，二国の生産パターンも変化していく。日本では，自動車が輸出され牛肉が輸入されるので，牛肉から自動車の生産に労働力がシフトしていく。最終的に日本では，自動車の生産のみに専念（これを**特化**とよぶ）し，牛肉が生産されなくなる。アメリカでは，自動車が輸入され，牛肉が輸出されるために，逆の現象が起きる。両国の自由な貿易によって，たとえば**図表12-7**のような消費パターンが実現される。

| 図表12-7 | 貿易均衡と貿易利益 |
|---|---|

|  | 日本 | アメリカ | 合計 |
|---|---|---|---|
| 自動車生産・消費量 | 5台 | 10台 | 15台 |
| 牛肉生産・消費量 | 20トン | 40トン | 60トン |

この場合，日本は自動車の生産に特化して500人の労働者で10台を生産し，うち５台をアメリカに輸出して20トンの牛肉を輸入できる。その結果，閉鎖経済に比べて牛肉を10トン多く消費することができる。他方，日本から５台の自動車が輸入されたアメリカでは，日本とは逆に自動車から牛肉への200人の労働者のシフトが発生し，閉鎖経済の消費量を維持していて損失はない。

上の**図表12-6**と**図表12-7**を比較すれば明らかなように，貿易の発生により両国が比較優位財の生産を増やしたことにより，両国合計の生産量が牛肉10トン分増加している。これが，リカードの言う**貿易利益**である。この数値例では，貿易利益は日本が独占している。

それではなぜ，このような生産性の格差が存在しているのだろうか？　その要因として，① 気候などの自然条件，② 技術的要因，などが考えられる。天然資源などの貿易については①が，工業製品には②の要因が当てはまる。**2.2**

で述べたように，近年，電気電子製品で周辺アジア諸国との水平貿易が拡大していることは，②の要因により比較優位構造が変化したためと考えられる。

### 3.3　貿易利益発生の条件

貿易利益の大きさは，貿易で実現される交換比率（これを**交易条件**とよぶ）で決まる。3.2の例では，貿易取引で自動車1台を牛肉4トンと交換することによって，日本が貿易利益を独占することができた。他方，何らかの理由で交易条件が変化し，たとえば自動車1台＝牛肉2トンという条件の下では，逆にアメリカのみに貿易利益が発生する。両国共に貿易利益が保証され，両国が貿易に参加する誘因を持つためには，交易条件はこの間に定まる必要がある。

この問題を，相対価格の概念を用いてより厳密に定式化しよう。**相対価格**とは，ある財1単位と別の財1単位の価格比，ここでは，自動車1台と牛肉1トンの価格比のことである。自動車1台の価格を$P_A$，牛肉1トンの価格を$P_B$とすると，日本では自動車1台の生産は牛肉1トンの生産の2倍の労働力が必要とされることから，日本国内における相対価格$P_A／P_B$は2となることが分かる。同じ考え方から，アメリカ国内における相対価格$P_A／P_B$は4となる。

交易条件を$(P_A／P_B)^*$と定義すると，日本とアメリカ両国間で貿易が発生するための交易条件は

$$2 ＜ (P_A／P_B)^* ＜ 4 \qquad (12\text{-}1式)$$

である。貿易発生前の国内相対価格と，海外の相対価格に乖離が生じているときに，貿易利益の獲得を狙った貿易が発生することが分かる。

国内と海外の相対価格の違いにより貿易が発生する極端な例が，幕末の日本で見られた。幕末の日本では金と銀の相対価格が3対4であったのに対し，海外では1対4と，日本では海外に比べて金が相対的に安価であった。これに目を付けた外国商人は，日本に洋銀（メキシコ・ドル）を持ち込み，これを金貨（当時の小判）に両替して海外に持ち出し，そこで洋銀に交換することで，最初に持ち込んだ洋銀を容易に3倍に増やすことができた。外国商人はこの取引

を繰り返し，莫大な利益を得ていたと言う（武田 2009）。この場合，日本は金を輸出し，銀を輸入していたことになる。その結果，日本からは大量の金が海外に流出した。他方，金と引き換えに日本に持ち込まれた大量の銀貨がインフレを引き起こし，幕末の混乱に拍車をかけたとされる。このとき，金銀を貿易する際の交易条件が，日本における金・銀の国内相対価格と一致していたために日本は貿易利益を得ることができず，外国商人がそれを独占したことになる。

### 3.4　比較優位の原理の含意

　比較優位の原理は，経済学的な示唆に富む理論である。ここまでの考察から，以下のような教訓が導かれる。

#### 3.4.1　誰にでも比較優位はある

　AさんとBさんの例からも分かるように，たとえあらゆる面でAさんの方が優れていたとしても，Bさんは相対的に得意な領域に特化することで，2人は協業によって利益を得る。このロジックに従えば，どんな国でも国際貿易から利益を得る。たとえ生産性が全般的に劣る途上国でも，全ての産業が輸入品に圧迫される訳ではなく，相対的に生産性の高い産業は輸出産業になりうる。

#### 3.4.2　本当の敵は国内の他産業である

　比較生産費の原理に従えば，輸出産業と輸入産業を分ける要因は，国内産業間の相対的な生産性格差である。例えば，日本農業は安価な輸入農産物からの競争にさらされているが，その理由はアメリカやオーストラリアの農民の生産性が高いからではなく，日本の製造業の生産性が高いから，ということになる。

#### 3.4.3　消費の利益

　貿易利益の本質は，消費増加による利益である。つまり，比較優位財と引き換えに比較劣位財を輸入し，貿易の無い状態よりもより多く消費できることの利益である。雇用や景気拡大を目的にしばしば輸出が奨励されることがあるが，輸出は輸入のためであるという本来の役割を理解することが重要である。

## 4  自由貿易と保護貿易

　自由貿易がその国に利益をもたらすことを，比較優位の原理から学んだ。しかしながら現実の世界経済では，香港などを例外として完全な自由貿易を行っている国は稀である。各国は，外国との競争から自国産業を保護するために，関税や輸入数量制限などの手段で貿易を制限している。また逆に，輸出産業に補助金を与えたり，貿易摩擦を回避するために輸出自主規制を行うこともある。このように，貿易をコントロールする政策を**貿易政策**とよぶ。以下では，貿易政策の歴史や現状，課題について実態を見ていく。

### 4.1  自由貿易をめぐって

　世界経済の歴史を振り返ると，自由貿易を是とする考え方は，ヨーロッパの絶対王制期に採られた重商主義的な保護貿易体制への反論として始まった。世界に先んじていち早く産業革命に成功したイギリスは，綿織物や鉄鋼の輸出を中心に自由貿易を推進した。自由貿易のメリットを理論的に明らかにしたアダム・スミスやデヴィット・リカードは，この頃に活躍した経済学者である。19世紀後半，**パクス・ブリタニカ**とよばれるイギリスの世界覇権の下で，世界は自由貿易による繁栄を享受した。

　しかしながら，1929年のウォール街株価大暴落を契機に世界経済は大恐慌に陥り，列強は植民地を囲い込む形で世界経済の**ブロック経済化**を進めた。各国は，高関税や輸入制限などで輸入を排除し，自国の産業保護を優先する閉鎖的な貿易政策を採った。その結果，世界経済は縮小均衡に陥り，経済戦争が武力衝突に拡大することとなった。最終的にこれは，第二次世界大戦の勃発という悲劇につながる。保護主義への傾倒が，その遠因となったことは疑いない。

　このような戦前のブロック経済化への反省から，戦後の国際経済は，アメリカを中心に **IMF-GATT体制**（その会議の開催地名から**ブレトンウッズ体制**ともよぶ）が構築され，自由貿易が推進された。アメリカの覇権の下で推進され

た自由貿易体制は世界経済の安定，繁栄をもたらし，これは**パクス・アメリカーナ**とよばれた。その後，GATTが**WTO**（World Trade Organization：世界貿易機関）に発展的に改組され，地域レベルで**FTA**（Free Trade Agreement：自由貿易協定）締結の動きが強まるなど，紆余曲折を経ながら，世界各国は，自由貿易を推進する体制のあり方を模索し続けている。

　これまでの議論を踏まえて，自由貿易を推進する根拠は，主に次のようにまとめられる。

### 4.1.1　貿易利益の実現

　比較優位の原理で学んだように，自由貿易は自国の消費量を増大させる。海外からの安価な輸入品を入手できることは，消費者の利益につながる。これは，貿易取引を経由して，比較優位財を比較劣位財に置き換えることができるからである。

### 4.1.2　経済的相互依存関係を通じた平和構築

　保護主義の激化が世界経済のブロック経済化につながった反省から，逆に自由貿易で経済的相互依存関係が深まれば，各国は他国を必要とすることで，国際環境の平和を維持する気運の高まることが期待される。

### 4.1.3　競争圧力による生産性の向上

　海外からの安い輸入品の流入は，積極的にこれに対抗しようとする国内生産者の生産性上昇を促す可能性がある。たとえば，日本の牛肉や柑橘類，サクランボなどの生産者の一部は，輸入競合品に価格で対抗するよりも，品質面での競争力強化を目指した。これが，ブランド和牛などの高付加価値の農畜産物の開発につながった。

## 4.2　保護貿易の現状と根拠

　自由貿易の意義と重要性は理論的には示唆されても，現実にほとんどの国では何らかの貿易政策が導入されている。代表的な貿易政策の手段としては，①輸入関税，②非関税障壁（輸入数量制限，検疫，政府調達など）が挙げられる。以下では，輸入関税を中心に，保護貿易措置の特徴と現状を見ていく。

（％）

| | 日本 2010 | 日本 2020 | アメリカ | 韓国 | インドネシア | 香港 |
|---|---|---|---|---|---|---|
| **農産品** | 20.9 | 17.8 | 4.8 | 61.5 | 47.1 | 0.0 |
| 　畜産品 | 14.3 | 14.0 | 2.4 | 26.4 | 43.7 | 0.0 |
| 　乳製品 | 118.1 | 85.6 | 17.6 | 69.8 | 74.0 | 0.0 |
| 　果物・野菜 | 10.2 | 9.3 | 4.8 | 65.0 | 45.6 | 0.0 |
| 　コーヒー・紅茶 | 14.3 | 13.9 | 3.2 | 76.4 | 45.3 | 0.0 |
| 　穀物 | 69.7 | 60.2 | 3.5 | 185.3 | 44.8 | 0.0 |
| 　植物油 | 10.0 | 8.3 | 4.3 | 46.2 | 39.9 | 0.0 |
| 　砂糖・砂糖製品 | 44.7 | 36.8 | 13.3 | 32.2 | 58.3 | 0.0 |
| 　飲料・タバコ | 16.4 | 15.7 | 15.0 | 43.0 | 81.3 | 0.0 |
| 　綿花 | 0.0 | 0.0 | 3.7 | 2.0 | 37.4 | 0.0 |
| 　その他農産物 | 5.3 | 3.3 | 1.2 | 22.3 | 40.7 | 0.0 |
| **非農産品** | 2.5 | 2.5 | 3.2 | 9.8 | 35.5 | 0.0 |
| 　海産物 | 4.9 | 4.9 | 1.0 | 14.7 | 40.0 | 0.0 |
| 　鉱産物 | 1.0 | 1.0 | 1.7 | 7.4 | 38.8 | 0.0 |
| 　石油・石油製品 | 11.9 | 21.1 | 6.5 | 8.9 | 40.0 | 0.0 |
| 　化学製品 | 2.3 | 2.3 | 2.8 | 5.7 | 37.9 | 0.0 |
| 　紙・パルプ | 1.0 | 1.0 | 0.5 | 3.2 | 39.4 | 0.0 |
| 　繊維製品 | 5.6 | 5.5 | 8.0 | 16.5 | 26.4 | 0.0 |
| 　衣服 | 9.2 | 9.2 | 11.6 | 28.4 | 35.0 | 0.0 |
| 　皮革製品 | 8.8 | 9.2 | 3.9 | 12.0 | 39.7 | 0.0 |
| 　一般機械 | 0.0 | 0.0 | 1.2 | 9.1 | 35.0 | 0.0 |
| 　電気機械 | 0.2 | 0.2 | 1.4 | 6.9 | 30.5 | 0.0 |
| 　輸送機械 | 0.0 | 0.0 | 3.0 | 8.2 | 38.8 | 0.0 |
| 　その他工業製品 | 1.1 | 1.1 | 2.1 | 8.6 | 35.4 | 0.0 |

出所：WTO, World Tariff Profiles 2011, 2021より筆者作成。

　**図表12-8** は，主な国の品目別輸入関税率をリストアップしたものである。ここから，いくつかの特徴が観察できる。第一に，インドネシアなど途上国は，日本やアメリカなどの先進国に比べて一般に関税率が高い。これは，産業全般の国際競争力が十分でないために，保護が必要とされるためである。第二に，先進国でも国際競争力を持たない部門の関税率は高くなっている。日本の農業部門，特に，乳製品や穀物（主に米）はその典型例である。このように，関税率の高低は，その国のその産業の国際競争力をおおよそ反映していると言える。第三に，都市国家香港の関税率はゼロである。これは，国内の産業基盤が小さ

いために，その産業を保護するよりも，自由貿易で安い輸入品を消費すること
に大きなメリットが得られるためである。最後に重要な特徴として，日本の
2010年と2020年の関税率を比べれば明らかなように，関税率は時間の経過と
ともに低下してきている。これは日本だけの現象ではなく，世界的な傾向であ
る。WTOなどを中心とした貿易自由化推進の動きが，この背景にある。

　国際競争力の乏しい産業に従事する企業や労働者は，安価な輸入品の流入で
損失を被るので，団結して政府に訴えることで保護貿易が発動されることがあ
る。理論的には，このような比較劣位産業から比較優位産業に資源（労働力，
資金など）が徐々に移動していくことが望ましいのであるが，現実にこれはそ
う簡単ではない。このように，保護貿易措置をやむを得ず導入する場合も含め
て，保護貿易は次の３つの理由から是認されることがある。

### 4.2.1　産業調整のための保護

　上記のように，急激な輸入の増加は，輸入品と競合する国内企業の倒産や失
業を発生させる。これは，失業保険給付や社会不安など大きな社会的コストに
なる。このような場合，そのショックを和らげるような産業調整を目的とした
一時的な保護措置が必要となる。このような保護措置による一時的な輸入制限
は**セーフガード（緊急輸入制限）**とよばれ，WTOでもこれが認められている。

### 4.2.2　幼稚産業保護

　現時点では国際競争力を持たないため，自由貿易下では輸入品に圧迫されて
発展の芽が摘まれてしまうが，将来的には国際競争力を持ちうる産業への保護
措置は，**幼稚産業保護**として認められる。その好例は，日本の自動車産業であ
る。日本の自動車産業は，戦後しばらくの間，国際競争力を持たず，輸入制限
などの保護措置で守られた。この措置がなければ，今日の日本の自動車産業の
発展はあり得なかったと言えよう。

### 4.2.3　国の安全保障

　国の安全保障が脅かされる財については，国内産業を保護し，安定供給を目
指す必要がある。たとえば，生存に不可欠な食料などは，世界的な不作や外交
関係のもつれで供給が不安定になるような輸入への依存を減らし，ある程度の

国産を維持する必要がある。

　注意すべきは，最初の2つのケースは，保護貿易を永続的に続ける根拠にはなり得ない点である。産業調整の完了や幼稚産業保護の成果を見届けた上で，保護貿易措置は速やかに撤廃されなければならない。ここでも自由貿易が大原則であり，保護貿易は次善の策に過ぎないという点に注意すべきである。

## 5　貿易政策の経済分析

　WTOを代表とする国際機関は，保護主義的な貿易政策を極力抑制し，世界全体での自由貿易を推進しようとしている。これはどのような根拠によるものなのだろうか。ここでは，自由貿易の最適性と保護貿易のコスト，ならびにそのコストの分配を，余剰の概念を用いて説明していく。

### 5.1　閉鎖経済から自由貿易へ

　これまで，自動車と牛肉の貿易の問題を例として考えてきた。以下では，この例を引き継いで，日本がアメリカから牛肉を輸入するケースを念頭に置く。なお，実際には国産牛肉と輸入牛肉とでは味覚の差が大きいが，ここでは単純化のためにその差は考慮せず，両者は同質のものと仮定して議論する。

#### 5.1.1　閉鎖経済

　日本の牛肉市場が，**図表12-9**に図示されるような需要・供給関係によって，生産量・価格水準が決定されているとする。貿易が行われていない状況（閉鎖経済）では，牛肉の国内価格は$P_d$，生産・消費量は$Q_d$で市場均衡が達成される。この状態の経済厚生を，第5章で学んだ余剰の概念を用いて表せば，消費者余剰は三角形$A$，生産者余剰は三角形（$B+C$）の領域で示される。

#### 5.1.2　自由貿易

　次に，この閉鎖経済に，アメリカから安価な牛肉が貿易障害なしで輸入され

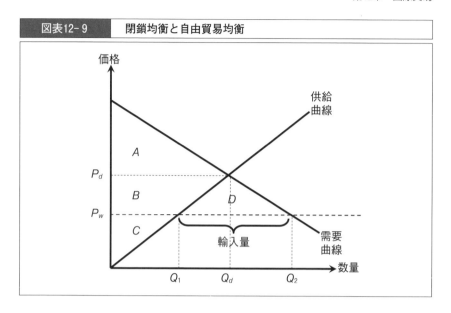

| 図表12-9 | 閉鎖均衡と自由貿易均衡 |
| --- | --- |

た状態を考える。輸入牛肉の価格を$P_w$で表すと，日本の消費者は，$P_d$よりも安い$P_w$で牛肉を購入することができるから，牛肉需要量は$Q_d$から$Q_2$に増加する。他方，$P_w$という低価格に直面した日本の牛肉生産者の中には，採算が合わずに牛肉事業から撤退する者も現れる。その結果，牛肉の国内供給は$Q_d$から$Q_1$まで縮小する。このときの牛肉輸入量は，$Q_2-Q_1$で示される。

　自由貿易均衡の余剰の大きさを，閉鎖経済の状態と比較しよう。消費者余剰，生産者余剰，および両者の合計の総余剰は，**図表12-10**のようにまとめられる。

　**図表12-10**から，貿易の無い状態（閉鎖経済）と比較した自由貿易の経済効

| 図表12-10 | 閉鎖経済と自由貿易の比較 |
| --- | --- |

|  | 消費者余剰 | 生産者余剰 | 総余剰 |
| --- | --- | --- | --- |
| 閉鎖経済 | $A$ | $B+C$ | $A+B+C$ |
| 自由貿易 | $A+B+D$ | $C$ | $A+B+C+D$ |

果を理解することができる。まず，輸入により安価な牛肉が消費可能となることで牛肉の需要が増え，消費者余剰が$B+D$増大する。他方，安価な輸入牛肉と競合する国内生産者の供給量は減少し，生産者余剰は$B$だけ減る。このとき，$B$の増減分は相殺されるので，結果的に，閉鎖経済の状態に比べ自由貿易下では総余剰が三角形$D$だけ増加している。余剰が増大しているという意味で，自由貿易が閉鎖経済に比べて社会的に望ましいことが分かる。

　この議論から明らかなことだが，自由貿易によって全ての成員が利益を享受できる訳ではない。安価な輸入牛肉からの競争圧力を受け，生産者余剰は貿易前よりも減少している。この減少分よりも，消費者余剰の増加分が大きいことから，自由貿易が望ましいことが示唆される。しかしながら一般に，消費者は多数でそのメリットが薄まり意識されにくいのに対して，苦境に立たされる生産者は団結し易く，安価な輸入品が国内に自由に入ってくることに抵抗を示す。**4** で述べたように，これが保護貿易措置につながることもある。

## 5.2　保護貿易の経済効果

　国際競争力に乏しい産業には，**4** で説明したように，様々な手段を通じて保護措置が採られることがある。その経済効果を分析していこう。ここでは，代表的な貿易への介入手段である関税を例として取り上げる。

　**関税**とは，輸入財に対して政府が課す税である。いま，$P_w$の牛肉輸入価格に $T$ の関税を賦課することで輸入価格を引き上げ，国内の牛肉生産者への価格競争圧力を緩和することとする。これを図示したものが，**図表12-11**である。

　牛肉が輸入された時点の価格は$P_w$であるが，税関で $T$ の関税が課されるので，国内で流通する輸入牛肉の価格は$P_w+T$と，$T$分だけ上昇する。それにより，国内生産者の牛肉供給量は$Q_1$から$Q_3$に増える。他方，消費者の牛肉需要量は$Q_2$から$Q_4$に減少する。このときの牛肉輸入量は，自由貿易時よりも$Q_4-Q_3$に減少する。その結果，消費者余剰は$A+B_1+D_1$の三角形の面積で表される。生産者余剰は$C+B_2$の面積で表される。自由貿易の時よりも生産者余剰は$B_2$分だけ増えるので，生産者へ保護効果のあることが確認できる。

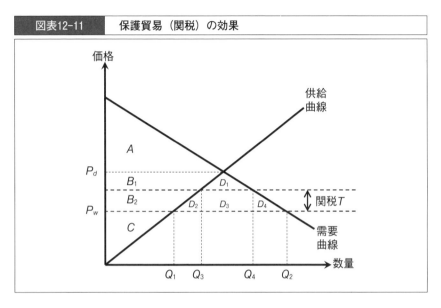

| 図表12-11 | 保護貿易（関税）の効果 |

この時に注意すべきは，面積$D_3$で表される関税収入の取り扱いである。輸入品に課された税は関税収入として国庫に納められるが，これは財政支出を通じて何らかの形で国民に還元される。実際の日本の牛肉輸入の場合，関税収入は農畜産業振興機構とよばれる独立行政法人に集められ，畜産や野菜などの生産振興のための補助金として活用されている。このような経済効果を持つことから，関税収入は総余剰の一部を構成していることが分かる。

**図表12-11**の記号にしたがって，保護貿易と自由貿易，閉鎖経済の余剰の大小を改めて比較してみる。これは，**図表12-12**のようにまとめられる。

| 図表12-12 | 閉鎖経済と自由貿易，保護貿易の比較 |

| | 消費者余剰 | 生産者余剰 | 関税収入 | 総余剰 |
|---|---|---|---|---|
| 閉鎖経済 | $A$ | $B+C$ | − | $A+B+C$ |
| 自由貿易 | $A+B+D$ | $C$ | − | $A+B+C+D$ |
| 保護貿易 | $A+B_1+D_1$ | $B_2+C$ | $D_3$ | $A+B+C+D_1+D_3$ |

（ここで，$B=B_1+B_2$，$D=D_1+D_2+D_3+D_4$）

総余剰の大きさで測った経済厚生は，自由貿易＞保護貿易＞閉鎖経済，という順序になり，自由貿易が最も望ましいことが分かる。保護貿易は，閉鎖経済よりも望ましいが，自由貿易に比較すると$D_2 + D_4$分の余剰を失っている。この部分は**死荷重**とよばれ，保護貿易により発生する社会的コストに相当する。

## 6　国際貿易と日本のビジネス

　本章ではまず，日本と国際経済との関わりを，貿易面を中心に概観した。次に，比較優位の原理を理解し，貿易利益の発生とその条件を検討した。自由貿易が最適であるにもかかわらず保護貿易措置が採られる背景に触れ，保護貿易によって社会的コストが発生することを，余剰の概念を使って理解した。

　国際貿易は，日本経済にとって生命線である。日本が他国とどのような経済関係を形成していくかは，私たちの暮らし向きに影響を与える。ここでは，ごく簡単な経済モデルを用いて自由貿易の重要性を説明した。自由貿易がベストであるという理論的結論は，将来ビジネスを通じて世界とかかわっていく商学部生・経営学部生にとって，欠くべからざる視角を提供するはずである。

## 練習問題

1. 国際競争力に欠けるとみなされている日本農業を存続させるには，どのような手段が取り得るであろうか。ここで学んだ理論を参考に議論せよ。

2. 労働力のみで生産される財Xと財Yがあり，A国とB国でそれらの財を1単位生産するのに必要な労働投入量は，次の表の通りである。(1)～(4)の問いに答えよ。

(1) 財Xに絶対優位を持つ国は，A国，B国，どちらか？

(2) 財Yに絶対優位を持つ国は，A国，B国，どちらか？

(3) リカードの比較生産費説を前提とすると，A国とB国の間で貿易が開始されたときに，各国が輸出する財は何か？

(4) 同様に比較生産費説を前提とすると，A国とB国の間で貿易が生じる場合の財の相対価格$P_X/P_Y$の範囲はいくつになるか。ただし，$P_X$は財Xの価格，$P_Y$は財Yの価格を表す。

|  | 財X | 財Y |
|---|---|---|
| A国 | 5 | 2 |
| B国 | 8 | 3 |

（公務員試験：労基2019，一部改）

3. ある財の需要曲線と国内生産者の供給曲線が，価格をPとしてそれぞれ

$$D = 600 - 6P \quad (D：需要量)$$

$$S = 4P - 200 \quad (S：国内生産者供給量)$$

で表されるとする。当初自由貿易の下で，この財の国際価格は60であったが，政府がこの財に輸入1単位当たり10の課税を賦課したとする。その時に発生する余剰の損失はいくらになるか。

（公務員試験：特別区2019，一部改）

## 推薦図書

- 石川城太・椋寛・菊地徹（2013）『国際経済学をつかむ(第2版)』 有斐閣。

  本章で学習した比較優位の理論を中心に，サービス貿易，IT，WTO，地域貿易協定，環境など具体的な国際経済問題を平易かつ理論的に説明している。

- 浦田秀次郎・小川英治・澤田康幸（2010）『はじめて学ぶ国際経済』有斐閣アルマ。

  コンパクトな分量ながら，国際金融や途上国問題まで幅広くカヴァーされており，平易な理論の解説と実証データがバランスがよく盛り込まれている。

- クルーグマン・オブストフェルド・メリッツ（2017）『国際経済学 理論と政策（上）貿易編』 丸善出版。

  ノーベル経済学賞受賞者によって書かれた国際的に定評のあるテキストの邦訳。基礎から最先端の理論，豊富なデータなど，内容が充実している。

## 参考文献

- 武田晴人（2009）「「両」制度の崩壊－幕末の金流出」『にちぎん』No.18（2009夏号），pp.24-27。https://www.boj.or.jp/announcements/koho_nichigin/backnumber/data/nichigin18-7.pdf
- 椋寛（2020）『自由貿易はなぜ必要なのか』有斐閣。

# 第13章
# 取引費用の経済学

────◆学習の目的◆────

　完全競争市場では，価格メカニズムを通じて需要と供給が均衡し，最適な資源配分が達成される。しかし実際の経済的取引のかなりの部分は，市場を経由しないで行われている。たとえば企業の人事異動や昇進は，価格メカニズムではなく組織的判断で決定される。内製される部品も，市場の需給で一つ一つ価格付けされず，計画的に生産される。このように，企業をはじめとする組織は，市場取引を部分的に代替していることになる。それでは，組織と市場の境界はどのような要因によって決まってくるのであろうか。組織が部分的に市場を代替することは，効率的なのであろうか。これを解明しようとした研究分野が取引費用の経済学である。経営学の重要な研究対象である組織というものを，以下では経済学的アプローチで解明していこう。

## 1　経済学と経営・商学の接点

　経済学と経営・商学は，企業や経済，社会を共通の研究対象にしつつも，学問的なつながりは十分ではなかった。経済学は，抽象的なモデルを置いて経済社会の動きや法則性，最適性などを分析するため，主に演繹的アプローチに依拠する。これに対し経営・商学は，企業の業績を向上させることが目的であり，優良企業などの事例などを集めて合理的な管理手法などを検証していく帰納的手法を採ることが多い。その結果，経済学は，抽象的になりがちで現実に直接役立たないという批判を受ける。他方，経営・商学は，個別ケースを取り上げ

ることが多いために体系化しにくい，といった批判が聞かれる。経済学と経営学の間には，このようなアプローチの違いが見られる。

　学問上の交流が進みにくかった経営学と経済学とが歩み寄り，相互に融合して学問的発展を遂げた分野の一つが「組織の経済学」である。企業が市場の中で組織を形成し，これを単位として行動するということは当たり前のことかもしれない。しかし，主流派経済学では市場メカニズムの機能に主な焦点が当てられ，組織という現象の解明が十分に進んでいなかった。なぜ市場の中から組織が生まれ，市場と異なる経済的領域が存在するのか。ここでは**取引費用**という概念を使って，企業組織を経済学的視点から説明する。

## 2　市場 vs 企業

　経済学の中で，企業や組織はどのように扱われているのだろうか。市場メカニズムの下では，財・サービスの需要と供給が一致するところで均衡価格が決定され，そのように決定された市場均衡が，資源の最適配分を実現すると説明される。消費者は，価格に対応して効用を最大化するように需要量を決定し，企業は，利潤が最大となるように生産量を決定する。

　ここで登場する企業は，市場価格に応じて生産要素を単に最終財に変換する役割を持つにすぎない。企業は，広がりを持たない点のような存在に過ぎず（これを**質点としての企業**とよぶ），その内部構造や行動様式は問題にされない。しかし，この質点としての企業の想定は単純すぎるであろう。そのため，以下のようないくつかの重要な現象を解明することが困難となる。

### 2.1　企業の存在問題

　まず，そもそも企業組織はなぜ存在するのかという根本的な問題がある。一見すると，企業の存在は自明なようであるが，市場メカニズムが最適な資源配分を達成するのであれば，企業が組織として存在する必然性はない。たとえば市場メカニズムの下では，個人はバラバラに存在し，必要に応じて賃金と交換

に労働力を提供すれば良いことになる。しかしながら企業内では，経営者が組織的にヒト・モノ・カネなどの資源を権限を駆使して配分しており，市場メカニズムの機能を代替している。たとえば，企業内部の人事異動や，関連事業の垂直統合は，市場メカニズムや価格シグナルだけに依拠していない。このような企業組織の発生や拡大を理解し検証していくには，企業を質点としてではなく，組織として立体的に捉えて分析する枠組みが必要となる。

### 2.2　企業の境界の問題

　次に，市場と企業の境界といった問題が浮上する。企業は，労働や原料などの中間投入財をすべて市場から調達しているわけではなく，部分的に組織内の内部市場を活用している。その場合，どこまで市場を利用し，どの部分を企業組織で行うかという企業の境界が問題となる。たとえば企業は，新卒や中途採用を外部の労働市場から調達するが，昇進や転勤などの人事異動の多くは企業内の経営判断で行われる。また，モノ作り企業では，内製か外注か（いわゆるmake or buy）の判断も重要になる。

| 図表13-1 | 市場取引 vs 企業組織 |
|---|---|

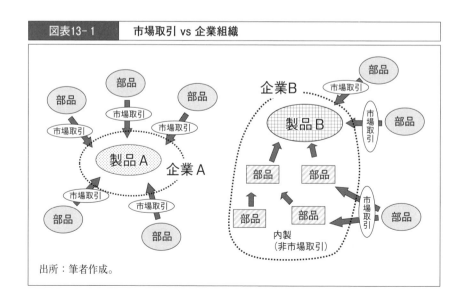

出所：筆者作成。

内製か外注かに関して言えば，**図表13-1**にあるような企業Aと企業Bの比較が有益である。ここで企業Aは，他企業から部品を調達し，それを組み立てて製品Aを製造している。部品を調達するときは市場メカニズムを活用している。他方，企業Bは製品Bを生産する際に，企業Aと同じように市場から部品も調達するが，原材料，半加工品を調達してそれを自社内で加工した内製部品も利用している。

　製品Aの典型的な例としては，パソコンが挙げられる。パソコンは，マザーボード，ハードディスク，光学ドライブ，ディスプレイなどを組み合わせることで完成品となる。このとき，各部品は独立した別々の企業が供給し，それらは市場から競争的条件で調達することができる。

　これに対し製品Bの例としては，自動車，化学製品などを挙げられるだろう。これらの生産には，市場から調達した部品や加工品も使われているが，原材料や加工品に手を加えて社内で内製化されたものも使われている。自動車の心臓部であるエンジンは，特殊鋼に精密な加工を施して内製化されることが多い。化学製品も，中間体を市場から調達する場合もあるが，石油や油脂などの原材料を市場から調達し，それを加工して最終製品に仕上げるプロセスを含む。

　企業を質点とみなすと，このような企業A，企業Bの分業パターンの違いの本格的な分析は困難である。いずれも，どこまでが市場取引で行われ，どこから組織内で行うのが効率的か，という企業の境界の問題が浮かび上がる。

### 2.3　企業の境界の変化

　最後に，企業の境界の変化の解明も必要とされる。上で述べたような市場と企業の境界は，市場状況や技術条件などによって絶えず変化するものである。たとえば，Eコマースの隆盛により，同じ品物をより安く販売している業者を見つけ出すことが容易になった。そのため，従来の系列的取引は変容しつつある。また，いわゆる**選択と集中**は，コア事業に経営資源を集中させる経営戦略である。エレクトロニクス製品は，かつては内製部品を多く利用していたが，互換性のあるパーツを組み合わせて完成させるいわゆるモジュール化が進んだ。

これらはいずれも，企業の境界が縮小することを意味する。逆に，Eコマース企業の一つである楽天は，関連事業を次々と傘下に収めて「楽天経済圏」とよばれるものを形成している。これは，企業の境界の拡大の一例である。

このような企業の境界の縮小あるいは拡張は，どのような要因に影響を受けるのであろうか。また，その結果出現する企業の新しい境界は，以前に比べて効率的なのであろうか。これらの分析は，市場に浸透するダイナミックな立体的存在としての企業という認識に基づくものでなければならない。

このような企業組織の分析を進める上で重要な役割を果たす概念が，**取引費用**という考え方である。詳しくは**3**以降で議論していくが，この概念がどのように生まれ発展してきたか，その学説的背景を簡潔に振り返ろう。

### 2.4　取引費用をめぐる学説的系譜

企業組織を市場メカニズムと対比することで，その資源配分上の役割を明らかにしようとした経済学者は，1991年にノーベル経済学賞を受賞したロナルド・コース（Ronald Coase）である。彼は，1937年に発表した「企業の本質」という論文の中で，取引費用という概念を用いて市場の中に出現する「企業」という組織の存在と役割を問い，企業の存在が資源配分に与える影響，企業発生の要件などを検討した。彼は企業を，無意識の共同作業の大海（＝市場）の中に出現した，意識的な権限という島々（islands of conscious power）とみなし，「企業の特質は価格メカニズムにとって代わることである」と論じた。その理由として「価格メカニズムを利用するための費用が存在する」からであるとした（コース 1992）。これが取引費用である。

同じくノーベル経済学賞を2009年に受賞したオリバー・ウィリアムソンは，コースが提示した取引費用のアイデアをより発展させた。市場取引は付随的に「取引費用」を発生させるが，それを節約するために組織が形成され，それに応じて組織のさまざまな形態が出現することが論じられた（ウィリアムソン 1980）。**3**では，取引費用という概念を詳しく検討していく。その定義や役割，そして企業組織を分析する上での意義について説明していく。

# 3　取引費用の経済分析

　これまで述べてきたように，企業と市場の２つを，資源配分を効率化させるための代替的なシステムとして対比することで，実際の経済社会の構造や変化をより正確に理解するための枠組みが得られる。市場均衡の分析に焦点を当て，企業を質点として単純化してきた伝統的な経済学に対して，この視点は補完的役割を果たす。ここに取引費用という概念を導入することにより，市場と企業の相互作用の理解に役立つことが分かった。以下では，企業組織の生成，発展を規定する取引費用という概念を出発点に，具体的な企業組織の分析枠組みを提示する。

## 3.1　取引費用と組織化費用

　第５章でも学習したように，伝統的な経済学がしばしば分析の出発点とする完全競争市場は，取引費用がゼロの世界である。そこでは，あらゆる情報が費用がゼロで，完全かつ即座に利用可能であり，また，個々の経済主体の行動が他の主体に影響を与えないとされている。しかし，このような完全競争の条件を満たす経済は，現実には存在し得ない。すぐさま想起できるように，たとえば，安くて良質のモノを探すには手間と時間と費用がかかり，また，取引が期待通りでない（最悪の場合，相手に騙される）リスクに備えなければならない。このように，市場での取引は無駄や手間やリスクを伴っている。これが取引費用である。この取引費用が余りにも高い場合，これを節約するため，市場取引に代わって権限による資源を配分する組織，すなわち「企業」が出現する。

　具体的な取引費用の例としては，以下のようなコストが考えられる。まず，安価で良質な商品を提供する業者を探し出し，そこから入手，手続きするための**探索コスト**，取引の駆け引き，合意，契約に到るまでにかかる**交渉コスト**，そして，その合意通りに取引がされるかのモニタリングや違反が発生した場合に法的手段で対抗するための**監視コスト**，などからなる。格安の業者を見つけ

るのに，以前は広告を一つ一つ調べたり，実際に店舗を回ったりして，時間と労力とお金をかけた。これが現在では，インターネットの価格比較サイトなどを利用することで，最安値の業者を見つけ出すことはかなり容易になった。これは，探索にかかる取引費用が大幅に節約されたことを意味する。その一方で，不良品やニセモノを掴（つか）まされるリスクもある。その場合，返品やクレーム，賠償要求などの手間がかかる。これらは，見知らぬ業者と市場取引することによって発生しうる取引費用に他ならない。

　これらの取引費用の節約，回避を目的として，企業が発生し，組織内部で取引が行われるようになる。たとえば，部品の使用に際して外部の業者からの調達で品質や安定供給に不安が残る場合，企業内部で内製化することでこの問題は回避できる。このように，取引費用の発生を理由として，企業の境界は拡大していく。

　ところで，上記の例から容易に推測できるように，部品を自社で内製化するのにも費用がかかる。機械設備への投資や技術修得などの費用である。つまり，取引費用を節約しようと企業の境界を拡大すると，それにも費用がかかることが分かる。たとえば，他の物流業者に委託せず自社で流通網を整備する場合，倉庫の確保やトラックの購入，維持管理などの直接・間接の費用がかかる。

　より一般的に見た場合，市場が組織に代替される状況下では，組織で発動される権限に基づいて取引が統治される。組織の拡大につれて**ヒエラルキー**（階層）が発生するが，これはしばしば非効率性を伴う。従業員の能力の把握，適材適所の配置，やる気の鼓舞やフリーライダーの監視，これらを完遂するためのルールの作成や変更など，様々な手間や費用が発生する。これら内部組織の拡大により発生するコストが，**組織化費用**である。

### 3.2　最適企業規模

　取引費用の経済学では，企業組織の規模は取引費用と組織化費用の関係，すなわち，両費用の合計が最も節約される点で企業規模が決まるとされる。

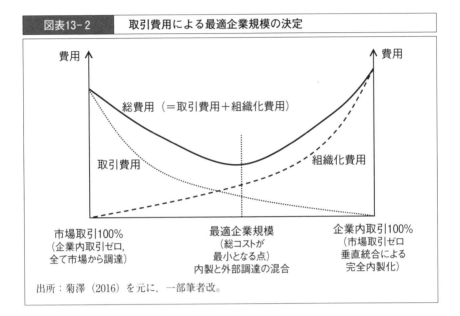

| 図表13-2 | 取引費用による最適企業規模の決定 |

出所：菊澤（2016）を元に，一部筆者改。

それを示したものが**図表13-2**である。取引の全てが市場経由で行われる
ケースは，図表中の左端で表される。この点では，取引費用は大きいが組織化
費用はゼロである。企業組織が拡大するにつれて，市場取引は企業内取引に代
替されていく。このとき，取引費用は節約されるが，代わって組織化費用がか
さんでいく。図表の右端に達すると，市場取引は消滅し，あたかも計画経済の
ように全ての取引が企業内の指揮命令下に置かれる。そこでは，取引費用は発
生しないが，組織の肥大化に伴うコストは大きくなり，経済的に効率的ではな
い。ここから推察されるように，取引費用と組織化費用の合計が最小となる点
で，最適な企業規模（市場と企業の境界）が決定される。

### 3.3　取引費用を生み出すもの

取引費用の大きさは，どのような要因によって影響を受けるのであろうか。
ウィリアムソンは，人間行動に関する２つの仮定（①限定合理性，②機会主義
的行動）と，取引環境に関する３つの要因（③不確実性，④取引頻度，⑤資産

の特殊性）を指摘し，これらが取引費用に与える影響を説明している。以下では，これらを順に検証していこう。

### 3.3.1　限定合理性

個人は，経済学が仮定するように自らの満足度や利益などが最大となるように合理的に行動しようとする。しかしながら，人間の認知能力には限界があるため，そのような合理的行動には限界がある。これを**限定合理性**と言う。たとえば，将来取り得る全ての行動を完全に列挙でき，各行動の結果を完全に予測し，その結果を完全に評価することはできないだろう。最も良質な商品を最安値で買うには，市場全体の探査を行う必要があるが，それには時間がかかり，そもそも能力的に限界がある。また，たとえ最安値で買っても，将来起こりうる現象は見通せないため，数分後には値下げされていて後悔する可能性もある。このように，人間の認知能力に限界があるため，合理的であろうとしてもそれが達成できないことは，限定合理性とよばれている。その結果として，市場取引にはさまざまな取引費用が必然的に発生する。

### 3.3.2　機会主義的行動

自分自身の利益のために，情報の非対称性（**第10章**参照）などを利用して不当な利益を得ようとすることを**機会主義**と言う。人間は，相手の情報不足に付け込み，ダマしたりして機会主義的に自己利益を追求するものと仮定される。これは，経済学で仮定されているように，全ての情報が完全に利用可能なもとで達成される効用最大化とは異なるものである。たとえば，初見の顧客から大量の注文が入り商品を納入したが，代金回収の前に逃げられる可能性はゼロではない。そのため市場取引では，互いに機会主義的行動を抑制するように，さまざまな駆け引きや契約，追跡や訴訟などの手間やコストがかかる。これが取引費用に他ならない。

注意すべきは，市場参加者の多くが正直者であったとしても，機会主義的に行動する不正直者がごく少数存在するだけで，両者を区別するのに手間とコス

トを要し，取引費用が発生することである。市場取引には，機会主義的行動に付随する取引費用の発生は不可避的とも言える。

### 3.3.3　不確実性

　市場取引は多かれ少なかれ常に不確実であり，確実に将来を見渡せる状況というのはごく限られている。この場合，不確実性の程度が，取引費用の大小に影響を与える。たとえば，地元の食材を使ったメニューを売り物にしているレストランがあったとする。市場でその都度野菜を調達していると野菜の価格は変動し，利益は安定しない。これは，市場取引を利用することによって生じるコストである。不確実性を回避して仕入れを安定させるには，自社農園を持つなどの垂直統合が一つの対応策となる。

　一般に，将来が不確実な場合，取引相手とは将来起こりうるあらゆる事態を想定して，状況に応じた契約内容を取り決める必要性がある。不良品が含まれていた場合，納期や支払いが遅れた場合など，様々な条件に応じて取り決めがなされ，それが執行されなければならない。しかし，その内容は多岐にわたり膨大な時間とコストがかかる。このように，市場取引に不確実性が増すほど，一般的に取引費用は高くなる。

### 3.3.4　取引頻度

　取引の頻度も，取引費用に影響する。取引には1回限りのものと，繰り返しなされるものがある。限定合理的かつ機会主義行動の可能性がある場合，1回限りの取引は，期待通りの取引が行われなかったり，ダマされる可能性もあり，取引費用が高くつく。これに対して，取引が継続的に繰り返される場合には，取引回数に比例して相手の情報を相互に得ることができ，互いに信頼が醸成される。また，何か契約上の不履行があった場合には，将来の取引中止などの措置を取ることができるため，機会主義的行動は抑制され，取引費用を低下させる効果がある。なじみのお店とは安心して取引ができることは，取引費用が低いことを意味している。

### 3.3.5　資産の特殊性

最後に，資産の特殊性（asset specificity）の程度も，取引費用に関係している。**資産の特殊性**とは，特定の取引には役に立つが，それ以外ではほとんど価値を持たないような資産の性質のことである。たとえば，特定の製品のみに使われる特殊な部品を製造するための機械などは特殊的資産であり，それに関連する取引を，資産特殊的取引という。ここで言う資産とは，機械や工場のような物的資産にとどまらず，技能や経験などの人的技能も含まれる。

特殊的資産を必要とする製品の取引は，取引費用が高くつく。ここで，スマートフォンの生産を考えよう。ある新型スマートフォンは，高性能を発揮するために，特別な仕様に基づくハイスペックな半導体を必要としているとする。この半導体を製造するには，特殊な半導体製造装置への投資が必要になる。この装置はこの半導体製造にしか使われないので，ここで言う特殊的資産である。ではこの特殊な半導体を，外部の半導体サプライヤーから市場で調達することは可能であろうか。

資産が特殊的であればあるほど，市場で調達することは難しい。なぜなら，他に転用のきかない資産に投資することは，サプライヤーにとっては大きなリスクだからである。販売不振などを理由に，ある日突然，このメーカーがこのスマートフォンの生産を中止すれば，この特殊的資産に投資した半導体サプライヤーは，投資費用が回収できなくなる。これを，**サンク・コスト（埋没費用）**とよぶ。しかもこの場合，この特殊な用途にのみ価値を持つ半導体製造装置はいわば「人質」的な弱みがあり，たとえばスマートフォン・メーカー側から一方的な価格引き下げなどの要求があっても，半導体サプライヤー側はこの資産を他に転用することができず，メーカー側の機会主義的行動に対してお手上げ（ホールド・アップ）状態になる可能性がある。結果的に，サプライヤーがこれらのリスクを恐れることで，特殊的資産には社会的に見て不十分な投資しか行われないことになる。これを**ホールド・アップ問題**とよぶ。これを回避するには，特殊的資産への投資をスマートフォン・メーカーが補助するなど，追加的なコストが必要になる。これは，資産の特殊性に由来する取引費用に他

ならない。

　資産の特殊性によって取引費用が非常に大きい場合，つまり市場からの調達が不可能な場合には，市場取引は，企業の内部組織を通じた取引で代替されることがある。たとえば，以前のプレイステーションには特殊な半導体が使われていたが，ソニーはこれを自社工場での生産，つまり内製化することでホールド・アップの問題を回避した。内部組織による市場の代替には，生産・販売の各段階の企業を買収，合併，統合すること，すなわち**垂直統合**によって取引費用を節約することもできる。

　資産の特殊性を理由とする取引費用の回避には，この他にも，日本企業間取引の特徴の一つである**系列取引**のケースが挙げられる。たとえば，トヨタなどの自動車メーカーは，特定のサプライヤーと長期にわたる取引関係を構築し，その中には資産特殊的取引も含まれる。系列取引では，長期にわたる継続的取引が相互に信頼を醸成することでも機会主義的行動が抑制され，ホールド・アップの問題を回避することに成功している。他方で系列取引は，継続的取引を必ずしも確約するものではないので，売り手，買い手ともに生産性向上や研究開発の努力を続けなければ，契約が打ち切られる可能性も存在する。このような競争圧力は市場メカニズムの特徴でもあるので，系列取引は，市場取引と内部組織取引の両方の性質を有する**中間組織**とよばれることがある。系列取引については，４.２.１でも詳しく検討する。

# 4　取引費用アプローチの応用例

　ここまで学習してきた取引費用の概念は，現実の企業行動や経済現象を説明する上で有効なツールとなる。以下では，４つの応用分野とその分析例を挙げてその有用性を確認していこう。

## 4.1　内部労働市場
**内部労働市場**とは，労働力の配分や賃金水準などが主に企業内部で決定され

るシステムのことである。これに対して，外部労働市場とは，企業外部の労働市場で賃金水準や雇用量，労働配分が決定されるシステムを意味する。日本の終身雇用制が前者の典型例であり，後者の例としては，専門知識のあるフリーランスの雇用形態がこれに当たる。

　内部労働市場が発生する理由は，次のように説明される。すなわち，ある程度まで長期的な雇用関係を作った方が，労働市場において毎回スポットで雇用契約を利用するよりも，企業にとって取引費用節約の観点から見て効率的であると考えられるからである。事業を立ち上げるたびに，そこに参加するスタッフを新規採用していては，モニタリングの労力や時間，コストなどの取引費用がかかる。それよりは，ある程度，能力や性格を知った社内から選抜する方が簡便であり，取引費用の節約になる。他方，労働者にとっても，契約に基づく安定した雇用形態は受け入れやすい。このように双方の利害が一致することで，上司－部下のような権限関係を許容する内部組織が形成される。

　内部労働市場と外部労働市場の中間的な形態として，しばしば**社内公募制**が活用されることがある。社内で空きポストが発生して適任者を探す際に，内部労働市場を利用する場合には人事部が社内から探す。他方，外部労働市場を活用する場合には，求人広告などを通じて労働市場で必要となる人材を探索する。これに対して社内公募制とは，提示されたポストや職種に対して社内から募るシステムである。

　社内公募制は，内部労働市場と外部労働市場の，それぞれの長所を取り入れていると言われている。まず，人材を外部労働市場から採用する場合では，情報の非対称性により，応募者の適材制と能力を測る情報探査コスト，および機会主義的な市場取引の費用を生み出すことになる。他方，限られた集団の中から上からの命令によって人的資源を配分しようとする内部労働市場では，非効率な人的資源配分が発生する可能性があり，組織化費用は高くなる。これらに対して社内公募制では，同じ社内なので外部労働市場に比べて希望者個人の正確な情報を多く集めることができ，しかも機会主義的な駆け引きも抑えられるので，取引費用を節約することができると考えられる。

## 4.2 中間組織

　企業間取引は，内部組織か市場かという二者択一ではなく，両者の中間のゆるやかな企業間関係から発生している。企業間の協調，連合，業務提携，系列，コングロマリットなどのゆるやかな企業間結合である。これらは市場と組織の特徴を併わせ持つ折衷的な資源配分システムであり，**中間組織**とよばれる。

　中間組織の発生は，次のような理由により説明される。たとえば，環境の変化が大きく，取引をめぐる不確実性が高い場合，メンバーは限定合理的で，しかも相互に機会主義的に行動する可能性があるので，市場取引では取引費用が高くなりがちである。他方，過剰に組織的で上意下達的な意志決定では，官僚化による業務の非効率化や，メンバー相互に甘えが生じることによる組織の弛緩が発生する可能性がある。その結果，組織化に伴って費用は上昇する。

　これら取引費用や組織化費用の双方を節約するため，親会社の下に，あるいは事業の中核的な企業を中心として，相互取引関係を密接にしたゆるやかな企業結合体が形成されることがある。これは，中間組織としての性質を持つ。以下では，そのいくつかの例を見ていこう。

### 4.2.1 系列取引

　日本の自動車メーカーを代表とする系列取引は，中間組織の典型例とされる。日本の自動車産業は，組み立てメーカーを頂点とし，一次下請，二次下請と続くピラミッド型の系列取引を形成している。この系列関係の最適性を，取引費用の経済学の枠組みを使って考察していこう。

　歴史的に日本の自動車メーカーは，生産の拡大に伴い過去の取引実績に基づいて部品メーカーを数社に絞り込んでいった。それに伴い，親会社－子会社の安定的取引関係になるとともに，相互に技術交流を行う過程で，人的資産も物的資産も相互に特殊化されていった。

　これを，限定合理的で機会主義的な下で市場取引を展開すると，相互に駆け引きが起こりやすく，取引費用は高くなってしまう。他方，垂直的統合で企業規模を拡大すると，組織はいたずらに巨大化し，官僚化の弊害として組織化費

用は高止まりすることになる。

　このような条件下でも，系列取引を行うことにより取引の不確実性は相互に低くなり，また市場メカニズムの競争圧力が部分的に活用される。結果的に，取引費用・組織化費用の節約が可能となる。このように，企業の境界を戦略的にあいまいにすることが，日本型系列取引の特徴である。

### 4.2.2　フランチャイズ制

　**フランチャイズ制**とは，フランチャイザー（親会社）からの指導の下，フランチャイジー（ローカル子会社）が経営ノウハウやブランド，サービス，商品を使う権利を付与され，その見返りに対価を支払う仕組みである。この仕組みは，ファストフードやコンビニエンスストアなどで活用されている。直営でもなくブランドを販売する訳でもないこの企業連携は中間組織の一形態であり，その発生理由は，取引費用の概念を使って説明できる。

　固有のビジネス・ノウハウやブランドを有する親会社が，もしすべての支店を直営店化するならば，多くの資本と多くの有能なマネジャーを確保，育成する必要がある。しかし，人間は限定合理的で機会主義的であるため，人材育成や監視コストが膨大となり，すべての支店を直営化することは非常に大きな組織化費用が発生する。他方，親会社のノウハウやブランド使用権を，市場取引を通して第三者に完全に販売してしまうことも大きな問題が生じる。その購入者が機会主義的であった場合，親会社のブランドを使って質の低いサービスを提供する可能性があり，ブランド価値が毀損する可能性が高いからである。これは，ある種の取引費用である。

　この場合，ノウハウやブランドを，フランチャイズ契約で貸し出すことが，取引費用と組織化費用の節約という意味で望ましいことになる。ローカル子会社は独立しており，組織としての効率が維持される。その一方，フランチャイジーが劣悪なサービスを提供するようになれば，フランチャイザーはフランチャイズ契約を打ち切ることができる。このように，中間組織としてのフランチャイズ方式が最適な組織形態となる。

## 4.3　多国籍企業（企業の多国籍化）

　**多国籍企業**とは，本国以外の複数の国で事業を行っている企業を指す。ところで，巨大企業は，なぜ他国に進出して多国籍企業化していくのだろうか。本国とビジネス環境の異なる海外事業は，多くのリスクが潜んでいるはずである。販売を増やすことが目的であれば，輸出を拡大すれば十分と考えられるからである。この問題設定に対して多くの理論が提示されているが，その中でも**内部化理論**は，取引費用の考え方を援用して，企業の多国籍化に説得力ある説明を試みている。

　企業が多国籍化することの直感的な理解は，その企業に競争優位性があるからである。外国で事業活動を行うには，進出先の地場企業に対して技術力，ブランド力，マーケティング能力，製品差別化能力など経営資源の蓄積に差があり，これらを活用することで，海外市場でも利益を拡大できる余地があると見込まれるからである。これは，**所有特殊的優位性**に基づく多国籍企業理論とよばれている。

　しかしながら，企業が所有特殊的優位性を持っている場合，事業拡大のために多国籍化しなければならない必然性はない。輸出の拡大や，相手国企業にライセンシング（特許や商標，ノウハウの有償提供）で，その優位性を活かすことができるからである。だがこのとき，取引費用の発生がそれを妨げる。つまり，輸出やライセンシング契約，取引管理のための費用，不確実性などに伴って取引費用が発生するからである。たとえば，海外の取引先企業が機会主義的な行動（持ち逃げや未払いなど）を取る場合，その取引費用は無視できない大きさになるであろう。

　内部化理論によれば，これらの取引費用が十分に大きい場合，企業は国境を越えた市場取引を行うよりも，企業組織内部で取引を行うことを選択するとされる。自動車メーカーで言えば，自国で生産し，海外販売代理店と契約して輸出により販路を拡大するよりも，現地に進出して工場を建設してそこで生産し，直営の現地販売子会社を通じて顧客の獲得を目指すことを選択するであろう。市場取引の不確実性や機会主義的行動が予想される場合，取引費用は大きなも

のになる。海外取引はこれが顕著に当てはまるケースであり，企業の多国籍化
は，取引費用を節約するという意味で効率的な経営戦略になりうるのである。

## 5　経済学を使った企業組織分析

　本章では，存在が自明と思われている企業組織が，市場メカニズムを代替す
る資源配分機能を持つことを示した。市場メカニズムを利用するには取引費用
というコストがかかることから，そのコストを節約するという効率性の観点か
ら企業の発生が説明された。取引費用は，限定合理性，機会主義的行動，不確
実性，取引頻度，資産の特殊性といった，人間の本性や環境要因に根ざした諸
変数に影響を受ける。本章では，取引費用と組織化費用の合計が最小となると
ころで市場と企業の境界が決まり，垂直統合や内部労働市場，フランチャイズ，
多国籍企業の分析などへの応用が広がる点を示した。

　経済学は，需要供給という限られた枠組みの中で議論して満足している狭量
な学問ではない。ここで取り上げた取引費用の経済学はもとより，ゲーム理論
や情報の経済学，行動経済学などの経済学諸分野は，企業行動や消費者行動を
理解する上で重要な視点と分析枠組みを提供してくれている。経済学は，難解
な上に抽象的で，現実に余り役立ちそうにないなどと決めつけて敬遠したりせ
ず，経済学を使いこなせるようになることで，独自の視点からビジネスやマネ
ジメントに貢献することができるだろう。

---

**練習問題**

1. 取引費用とされるような具体的事例を，いくつか挙げなさい。
2. 組織化費用とされるような具体的事例を，いくつか挙げなさい。
3. インターネットの出現は，市場取引にどのようなインパクトを与えた
   か。取引費用の概念を使って説明しなさい。
4. 企業に所属せず，フリーランスで生計を立てている人が増えている。

これを，取引費用の枠組みで説明しなさい。

5. 未開の途上国に日系の製造業が進出するとき，自社系列のサプライヤーを連れていくことが多い。これはなぜか。

6. 終身雇用制は，取引費用，組織化費用，どちらの節約に効果的と思われるか。本章の枠組みに従って説明しなさい。

7. 本文で説明したように，ソニーのプレイステーションで使われる半導体は，かつては自社生産されていた。しかし，最新型のものは自社生産を諦め，台湾の半導体メーカーなどから調達しているという。この要因として，どのような変化が起きていると考えられるか。取引費用の考え方に従って説明しなさい。

## 推薦図書

- 菊澤研宗［2016］『組織の経済学入門（改訂版）』 有斐閣。

  取引費用理論やエージェンシー理論など，経済学で経営学の主要分野の理解を目指す本格テキスト。本章の内容もこれに負うところが多い。

- 淺羽茂［2008］『企業の経済学』 日経文庫。

  タイトルの通り，ゲーム理論や情報の経済学などの経済学的ツールを用いて企業行動を分析した入門書。新書ながら実例も豊富で分かり易い。

- 丸山雅祥［2017］『経営の経済学（第3版）』 有斐閣。

  戦略や組織など経営学の主要テーマを，ミクロ経済学の応用という立場で，基礎から発展的な内容まで体系的に分かり易く解説したもの。

## 参考文献

- O・ウィリアムソン（浅沼万里・岩崎晃訳）［1980］『市場と企業組織』 日本評論社
- R・コース（宮沢健一・後藤晃・藤垣芳文訳）［1992］『企業・市場・法』 東洋経済新報社

# 第14章

# 企業の社会的責任
# (CSR)

────◆学習の目的◆────

　近年，企業の社会的責任（CSR）が注目されるようになった。それに伴い，ステークホルダー，コーポレート・ガバナンス，コンプライアンス，ディスクロージャー，SDGs（持続可能な開発目標）やESG（環境，社会，ガバナンス）といった用語を目にする機会も増えている。

　本章では，企業の社会的責任が必要とされるようになった背景，経緯を踏まえ，企業の社会的責任の必要性について経済の視点から考える。

## 1　企業の社会的責任
## 　（CSR：Corporate Social Responsibility）

### 1.1　企業の社会的責任とは

　市場経済では，多くの財やサービスの交換は市場を通じて行われており，市場は社会の資源が効率的に使用されることを保証している。しかし，市場に参加する各経済主体がそれぞれの利己心に基づく行動をとった結果，効率的でない資源配分が実現してしまい，市場が社会にとって望ましくない結果がもたらされてしまう「市場の失敗」とよばれる状態になる可能性がある。

　市場の失敗については，**第6章**で費用逓減産業，**第10章**で情報の非対称性，**第11章**で公共財と外部性の例を学んだ。市場の失敗は，政府が市場に介入することで修正し，これによって市場の効率性を改善させることもできる。しかし，政府による市場介入以外の方法もある。

たとえば，企業の生産活動によって公害が発生した場合，政府が被害者を救済するだけではなく，公害発生の原因となった企業に対して責任を求めることも考えられる。これは，原因者負担の考え方によって，被害発生の原因となった者にその回復などのための費用を負担させるやり方である。これは企業に対して社会的な責任を求めたものといえる。

　このような従来型の外部不経済の特徴は，被害の及ぶ範囲が局所的であり，被害者も特定されていたことである。それに対して，最近では，企業の生産活動に伴う$CO_2$排出が地球温暖化をもたらし，その影響は広範囲に及び，被害を受ける者も将来世代を含む人類全体である。

　そもそも企業は，損失を出し続けて資金が枯渇してしまうと，事業の継続ができなくなり倒産する。そのような事態を回避するため，企業には，可能な限り利潤を極大化するというインセンティブ（誘因）がある。このインセンティブが存在するために，企業は，法規制を逸脱して不公正な活動や反社会的な行動を引き起こしてしまうこともある。

　今日，企業に求められる社会的責任は，利潤の極大化だけを優先させるのではなく，自身を取り巻くすべてのステークホルダー（利害関係者）に配慮し，社会や環境と共存しつつ持続可能な成長を図るために，企業の活動が及ぼす影響について負うべき責任である。企業には，社会的責任をもって行動することが求められている。

　企業を取り巻くステークホルダーは重層化，多様化している。ステークホルダーには，顧客（高品質で低価格な財・サービスの提供），株主（配当や株価上昇による金銭的収益を求める），従業員（雇用の維持，給与，やりがい），経営者（役員報酬），取引業者（財・サービスの取引・代金の授受），金融機関・投資家（投融資に対する元金と利息の返済），地域社会（環境への配慮），行政（納税，環境への配慮）などある。これらのステークホルダーが，**図表14-1**に示されるように，企業と密接にかかわっている。

　地域社会をステークホルダーと位置づけた企業の具体的な活動として，環境保全活動（森林保護活動，植林活動，海洋プラスチックへの対応），地方自

治体との連携取り組み，子育てと仕事の両立可能な社会の実現に向けた取り組み（子育て支援），文化振興，児童・青少年の健全な育成や高齢化問題への対応などがある。

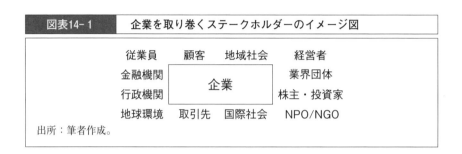

| 図表14- 1 | 企業を取り巻くステークホルダーのイメージ図 |

従業員　　顧客　　地域社会　　　経営者
金融機関　　　　　　　　　　　　業界団体
　　　　　　　　企業
行政機関　　　　　　　　　　　　株主・投資家
地球環境　　取引先　国際社会　　NPO/NGO

出所：筆者作成。

　企業は自身を取り巻いている顧客，株主や従業員，地域社会などといったさまざまなステークホルダーから信頼を得て，環境保護・人権擁護・地域貢献など社会に対しても配慮し，長期にわたって企業が持続的に成長することができることを目指している。

　企業の社会的責任という考え方自体は，公害の被害者に対する補償などの場面でも求められてきたものであり，決して新しいものではない。しかし，今日においては，企業の生産活動が影響を及ぼす範囲が拡大し，ステークホルダーが重層化・多様化したことを踏まえて，より広範囲の内容を含むようになった。経済学では，企業の社会的責任について触れることはほとんどないものの，現実の企業は，経済学が想定する利潤極大化だけでなく，社会的な責任も意識し，その責任を負うことが求められている。次節では，社会的責任の具体的な責務について説明していこう。

## 1.2　企業の社会的責任の構成要素

　企業が社会的責任を果たしていくためには，①コーポレート・ガバナンス（企業統治），②コンプライアンス（法令遵守），③ディスクロージャー（情報開示），④アカウンタビリティ（説明責任）を重視する必要がある。これを示

したのが**図表14-2**となる。以下，これを中心に説明していこう。

| 図表14-2 | 企業の社会的責任のイメージ図 |
|---|---|

①コーポレート・ガバナンス　　②コンプライアンス

企業の社会的責任

③ディスクロージャー　　④アカウンタビリティ

出所：筆者作成。

### 1.2.1　コーポレート・ガバナンス（企業統治）

　コーポレート・ガバナンスとは企業の経営や企業としてのあり方をより良い方向に進むように統治することであり，そのためには株主や金融機関などのステークホルダーが企業経営に関してチェック機能を果たすことは重要である。

　コーポレート・ガバナンスには，経営者に対して**経営の効率化**を目指すように求めることと，経営に倫理の視点を求めることの2つの目的がある。経営の効率化とは，効率性の高い企業の組織のあり方やガバナンスの方法を見直すことで，より収益を生み出しやすい経営状態を作り出していくことである。

　経営における倫理の視点とは，企業経営を行っていく過程で倫理的な行動基準を導入することで，粉飾決算や検査結果改ざんなど企業不祥事の発生を抑制し，ステークホルダーと良好な関係を保つことである。

　コーポレート・ガバナンスの目的を達成するためには，後述するエージェンシー関係の視点に立って，株主と経営者の関係について理解する必要がある。

### 1.2.2　コンプライアンス（法令遵守）

　企業を取り巻く法律として民法，会社法，独占禁止法，消費者基本法や労働基準法など実にさまざまな法律がある。コンプライアンスとは企業を取り巻く

法律や規則に従って企業活動することであるが，法令を遵守することに加えて，法律や規則として明文化されていなくても，社会的な規範として認識されているものに従って企業活動を行うことや，判断基準となる価値観までもが含まれている。

　企業にコンプライアンスが求められるようになった背景として，規制緩和による競争促進，頻発する企業不祥事，政府の方針が変更されたことや，それに伴う法改正など，企業を取り巻く経営環境の変化するスピードが速くなり，変化への対応の巧拙が企業の存続に影響するようになったためである。

### 1.2.3　ディスクロージャー（情報開示）

　企業は一般投資家，債権者や株主などのステークホルダーに対して，財務諸表，有価証券報告書や年次報告書などを通じて経営内容などの情報をディスクロージャー（情報開示）している。会社法や金融商品取引法などの法令諸規則に基づき情報開示されるものと，IR（株主や投資家向けの広報活動）とよばれる任意の情報開示がある。

　企業による適切な情報開示が行われないと，株主や投資家などのステークホルダーと信頼関係を構築することや企業の自浄作用を期待することが難しくなる。ディスクロージャーの重要性は高まっている。

### 1.2.4　アカウンタビリティ（説明責任）

　企業がステークホルダーである消費者，地域住民や組織などに対して，企業の活動に関するディスクロージャーを行い，企業の情報についてステークホルダーの理解を得るために，説明を積極的にする必要があるとする考え方のことである。当初は会計（accounting）と責任（responsibility）の合成による会計責任という意味で，会社の経営状態について株主などに説明する際に用いられていたが，徐々に企業の行動の内容や結果の説明を行う責任として使われるようになった。

　コーポレート・ガバナンスが正常に機能していない企業では，コンプライア

ンスが重視されておらず，ディスクロージャーやアカウンタビリティも重視されていない。しかしコーポレート・ガバナンスやコンプライアンスが適切に行われていることをディスクロージャーし，コーポレート・ガバナンスやコンプライアンスの実践状況をステークホルダーに対してアカウンタビリティすることは必要である。コーポレート・ガバナンス，コンプライアンス，ディスクロージャー，アカウンタビリティは相互に密接に関連しているからである。

　以上のように，企業は①コーポレート・ガバナンス（企業統治），②コンプライアンス（法令遵守），③ディスクロージャー（情報開示），④アカウンタビリティ（説明責任）に配慮し，社会的責任を果たしながら，a.経済活動（有用な財・サービスの提供，技術革新，雇用の創出，納税），b.株主利益の確保，c.環境対策（$CO_2$削減，環境に配慮した商品開発）およびd.社会貢献，地域貢献，社会活動（フィランソロピー，メセナ）などを実現している。

## 1.3　企業の社会的責任が必要とされるようになった背景

　企業の社会的責任が必要とされるようになった背景には，以下のような企業を取り巻く環境の変化や，企業による不祥事，また企業と従業員との関係の変化や消費者保護の重視などがあったことによる。

### 1.3.1　企業を取り巻く環境の変化

　戦後，銀行を中心に行われていた株式の持ち合いによって株主の分散が進まなかったが，バブル景気崩壊後の1990年代に株を売却して株式持ち合いを解消したり，メインバンク制が弱体化したことが一因となり，外国人株主が株式の保有比率を高めていった。

　外国人株主は**物言う株主**として行動し，コーポレート・ガバナンスに適度な緊張関係を作り出した。その結果として，社外取締役の強化，株主の権限強化，スチュワードシップ・コード（機関投資家の行動規範）やコーポレート・ガバナンス・コード（上場企業が行うコーポレート・ガバナンスにおいてガイドラインとして参照すべき原則・指針）の策定などが進められ，企業を取り巻く環

境が大きく変化した。2000年代以降，物言う株主や投資家などがステークホルダーとしてコーポレート・ガバナンスを重視する流れを生み出し，企業もそれに対応する必要に迫られてきたため，企業の社会的責任のうちのコーポレート・ガバナンスが重視されるようになった。

### 1.3.2　企業不祥事の続発

　わが国では，2000年頃から企業の不祥事が相次いで発生した。食品の産地を偽装したり，賞味期限を改ざんしたり，出荷前の製品を検査して得られた数値を改ざんしたり，粉飾決算を行ったりして，多くの企業の不祥事が発生してきた。

　こうした企業不祥事は，企業内部からの通報である内部告発をきっかけに明らかになることも少なくない。企業不祥事による消費者，社会や企業の被害拡大を防止するために通報する行為は正当な行為であり，通報者は企業による不利益な取扱いから保護されなければならない。企業にとっても，通報に適切に対応することで企業価値や社会的信用を向上させることが期待できる。通報者を適切に保護するために，2004年に「公益通報者保護法」が制定された。このような企業不祥事の増加が，企業の社会的責任のうちのコンプライアンスを重視させることとなった。

### 1.3.3　企業と従業員の関係の変化

　日本は少子高齢化に伴う生産年齢人口の減少，育児や介護と仕事の両立や労働者のニーズの多様化などの困難な状況に直面している。これらの問題解決のためイノベーションによる生産性向上とともに，就業機会の拡大や労働者の意欲・能力を発揮できる環境を作り労働生産性を向上させることが重要な課題となっている。働き方改革では，一人一人の労働者の事情に応じ，多様な働き方を選択することができる社会を実現し，より良い将来の展望を持つことができることを目指している。

　また，健康経営も重視されるようになっている。健康経営とは，従業員など

の健康管理を経営的な視点で考え，戦略的に実践することである。企業が従業員などへの健康投資を行うことは，従業員などの活力や生産性の向上などの活性化をもたらすことにつながり，結果として企業の業績や株価の向上につながることが期待される。

さらに，D&I（Diversity & Inclusion：多様性と受容性）も注目されている。D&I は性別，年齢，障がい，国籍などの外面的な属性や，ライフスタイル，価値観などの内面的な属性にとらわれることなく，個を互いに尊重し，互いを認め合い，一人一人の顕在的・潜在的な能力を最大限活用しようとすることで，組織の活性化につなげていくことである。企業と従業員の関係が変化してきたという視点から企業には，コーポレート・ガバナンス，コンプライアンスとアカウンタビリティが求められている。

### 1.3.4　消費者の権利擁護

消費者が商品を購入する場合でも，企業が実質的に価格決定権を持っていたり，広告・宣伝などの手段を用いて消費者の需要を作り出したりするなど，消費者は企業と比較した場合，相対的に弱い立場に置かれている。そのため，消費者の利益を擁護することや，消費者の権利を尊重すること，さらに消費者の自立の支援を行うことは必要である。

消費者を不当な契約から守ることを目的として2000年に「消費者契約法」が制定され，消費者に対して契約内容をわかりやすく伝えることが企業に求められるようになった。さらに，「消費者の権利の尊重及びその自立の支援」などを基本理念として消費者保護基本法を改正して2004年に「消費者基本法」が制定された。消費者の権利擁護の視点から企業には特に，コンプライアンスやアカウンタビリティが求められている。

### 1.3.5　SDGsの広がり

SDGsとはSustainable Development Goalsの略で**持続可能な開発目標**のことである。2001年に策定されたミレニアム開発目標（MDGs）が

SDGsの前身で，2015年に開催された国連サミットで「持続可能な開発のための2030アジェンダ」が採択され，その中に記載されている2016年〜2030年までの国際目標のことである。

　SDGsでは，「誰一人取り残さない」と宣言し，すべての国が行動するという「普遍性」，社会・経済・環境に統合的に取り組む「統合性」といった5つの方針のもと，「貧困の解消」，「質の高い教育」や「エネルギーの確保」など17の国際目標があり，それらを背景とした169のターゲット，232の指標を設定している。SDGsの社会的認知度が高くなり，企業として対応しなければならないように企業経営の外部環境が変化してきたため，企業の社会的責任としてSDGsに取り組む必要性が出てきた。

## 2　経済学の視点から見た企業の社会的責任

　経済学の視点から企業の社会的責任を考えるにあたって，経営者と被雇用者（労働者）との関係を説明するエージェンシー理論から企業の社会的責任について考えてみよう。

### 2.1　市場の失敗と企業の社会的責任

　前節では企業の不祥事が発生してきたことを説明した。それによって企業の社会的責任が果たされず，結果として，不祥事を起こした企業の利益は長期的に損なわれたといえる。そこで企業の社会的責任のうちのコーポレート・ガバナンスを考える上でエージェンシー関係をとりあげよう。

### 2.2　エージェンシー関係と株式会社

　エージェンシー理論とは，組織や人間関係を**依頼人（プリンシパル）と代理人（エージェント）**という関係で考える経済モデルのことである。

　株式会社では，所有と経営の分離が進んだことからエージェンシー関係が生じていると考えられている。今まで学んできたような経済理論では，企業の経

営者は依頼人である株主から代理人として選ばれたものと考え，企業価値や株主価値の最大化のために合理的に行動すると暗黙の裡に想定していた。

　しかし，現在の多くの株式会社では多数の株主が株式を保有するようになっており，所有と経営の分離が進み，さらに株主が分散している。そのため，経営者をコントロールする株主の力はますます弱くなり，株主から負託を受けている経営者が実質的な支配権を握り，株主による統治（ガバナンス）が経営者に届かなくなる。これは株主（依頼人）と経営者（代理人）との間に存在するエージェンシー関係として捉えることができる。

　企業を所有する株主と経営する経営者の分離が存在している株式会社においては，企業の出資者であり所有者である株主と企業の経営者の間で，しばしば利害対立が生じる。たとえば，経営者はその任期中には，短期的な企業価値を高めようとして，それにより高い報酬を得ようする。そのため，在任期間中に法令違反などを起こして企業価値を高めるかもしれない。しかし，退任した後にその違反が発覚しても，その責任を問うことは難しく，企業価値も減ずることがありうる。このように依頼人と代理人との間に，利害対立が発生することがある。

　このように，中長期的な経営の視点での投資をしたい株主と短期での利益を追求する経営者との利害が対立することは，エージェンシー関係から生じる代表的な問題である。この問題を放置すると，企業による価値創造が阻害され，企業経営に悪影響を及ぼす。

　つまり，株式会社におけるエージェンシー関係は企業の利益を減少させ，経営者による不正の温床になる危険性がある。

　さらに，エージェンシー関係が生じることによって，エージェンシー・コストとモラルハザードという2つの問題が発生する。依頼人と代理人はそれぞれが自己の利益を追求するため，依頼人と代理人との利害がいつも一致するとは限らない。このことから生じる非効率性をエージェンシー・コストとよぶ。

　また，エージェンシー関係では，依頼人よりも代理人の方が情報優位な立場にある。依頼人は代理人の行動を直接観察することができない。経営者と株主

の間に存在するエージェンシー関係では経営者が情報優位者となり，株主が情報劣位者となる。そのため，依頼人にとって不利益となる情報を，代理人は隠蔽することが可能となる。このエージェンシー関係が問題となる原因は，依頼人（株主）と代理人（経営者）との間で**情報の非対称性**が存在するからである。ここで経営者は自らが決める企業の意思決定に関してはすべてのことを知っているものの，株主は経営者の意思のすべてを知ることはできない。その意味で，株主は経営者と同じ情報を保有することはできず，株主と経営者との間には情報の非対称性が生じている。

　そのため，代理人である経営者にモラルハザードが生じる可能性がある。モラルハザードとは，依頼人の利益を重視せず，代理人の利益を最大にする行動である。代理人が依頼人の利益になるような行動をとらなかったり，依頼人が「代理人が依頼人の利益になるように行動しないのではないか」と疑ったりすることで，依頼人や代理人が本来得られたはずの経済的利益を失うことになる。この現象をモラルハザードとよぶ。そのため，経営者の不正な利益追求を目的とした不祥事発生につながりやすい。

| 図表14-3 | 依頼人と代理人との関係 |
| --- | --- |

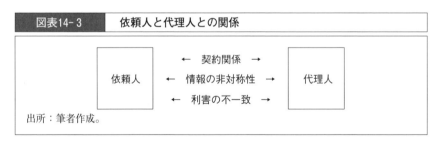

出所：筆者作成。

　このようなエージェンシー・コストやモラルハザードといった，エージェンシー関係から発生する問題を解決するためには，依頼人によって代理人の行動を監視するための制度や組織を作ることが求められる。ただし，そのための費用であるモニタリングコストが必要となる。また，情報開示や監査を受ける必要が生じるためボンディングコスト（代理人が依頼人の利益と相反していないことを示すため，代理人の行動が依頼人の利害と一致していることを示すため

の費用）も必要となり，効率性が低下することになる。

　株式会社の場合も同様に，エージェンシー関係から発生する問題を解決するために，コーポレート・ガバナンスを適切に行うことによって，エージェンシー・コストやモラルハザードの問題を解決することが可能となる。

　たとえば，コーポレート・ガバナンスを積極的に推進する企業が，ステークホルダーである株主との緊張関係を持ち，適切なバランスを保つために，モニタリングコストとボンディングコストを支払って，社外取締役や監査役を置くといったことができる。さらに，ディスクロージャーやアカウンタビリティを果たすことでステークホルダーとの間に存在する情報の非対称性を解消し，モラルハザードを防止することにつながる。ただし，そのためにも２つのコストはかかる。このように，エージェンシー関係から発生する問題を解決するためには，依頼人と代理人との利害を一致させる仕組みを構築する必要がある。

## 3　企業の社会的責任の実践例

　企業はどのようにしてその社会的責任を果たそうとしているのだろうか。企業の社会的責任の実践例として株式会社伊藤園，阪急阪神ホールディングス株式会社と日本生命相互会社の取り組みを通じて考えてみる。

　企業の責任としてのCSRの時代から，企業価値向上と株主価値の関連を重視して環境（Environmental），社会（Social），ガバナンス（Governance）への取り組みを重視するESGの時代となり，最近はSDGsへの取り組みに見られるように持続可能な社会の構築に向けた活動を促す「サステナブルの時代」に変化してきていることがわかる。

### 3.1　株式会社伊藤園

　株式会社伊藤園は1966（昭和41）年に設立され，緑茶飲料市場におけるマーケットシェアは約33％となっている。メガブランド「お〜いお茶」は世界35の国・地域で販売されており，それ以外にも「健康ミネラルむぎ茶」や

「タリーズコーヒー」ブランドなどを有している茶製品および清涼飲料水メーカーである（株式会社伊藤園『統合レポート2020』）。株式会社伊藤園を含む伊藤園グループにおけるサステナビリティ経営について見ていく。

　伊藤園グループでは，経営理念「お客様第一主義」に基づき，ステークホルダーの信頼を得ることを重視している。伊藤園グループ内の価値観を共有して一体化を図るために，CSR経営の考え方を具体的に示す「伊藤園グループCSR憲章」を2013年に制定している（2019年2月改定）。

　SDGsも踏まえて，企業の社会的責任に関する国際規格であるISO26000の7つの原則および7つの中核主題への取り組み，CSRを体系化して経営に組み込んでいる。その過程で，社会にとっての価値と企業にとっての価値を両立させて，企業の事業活動を通じて社会的な課題を解決していくことを目指す**共有価値の創造（CSV：Creating Shared Value）**の考え方を重視している。

　伊藤園グループでは中核主題として，「①組織統治」，「②人権」，「③労働慣行」，「④環境」，「⑤公正な事業慣行」，「⑥消費者課題」，「⑦コミュニティへの参画・発展」を推進テーマとして設定している。

　ESGとの対応関係は，「④環境」の部分がEに，「②人権」，「③労働慣行」，「⑤公正な事業慣行」，「⑥消費者課題」，「⑦コミュニティへの参画・発展」がSに，「①組織統治」がGに当てはまると位置付けられる。


### 3.2　阪急阪神ホールディングス株式会社

　阪急阪神ホールディングス株式会社は，1899（明治32）年に設立された摂津電気鉄道株式会社（現在の阪神電気鉄道株式会社）と1907（明治40）年箕面有馬電気軌道株式会社（現在の阪急電鉄株式会社）を源流として，2006（平成18）年の持株会社化に伴い，阪急阪神ホールディングス株式会社となり「都市交通」，「不動産」，「エンタテインメント」，「情報・通信」，「旅行」，「国際輸送」，「ホテル」の7つの事業領域を中核事業とする企業である。阪急阪神ホールディングス株式会社を含む阪急阪神ホールディングスグループにおけるサステナビリティ経営について見ていく。

阪急阪神ホールディングスグループでは，「『安心・快適』，そして『夢・感動』をお届けすることで，お客様の喜びを実現し，社会に貢献する」というグループ経営理念を掲げている。持続的な成長を志向するとともに，その基盤となるESGに関してもさまざまな取り組みを推進している。今後の取り組みの方向性を示すものとして「阪急阪神ホールディングスグループ　サステナビリティ宣言」を策定している。

　サステナビリティ経営を進める上で，重要テーマとして，①鉄道をはじめ，安全で災害に強いインフラの構築を目指すとともに，誰もが安心して利用できる施設・サービスを日々追求していく「安全・安心の追求」，②自然や文化と共に，人々がいきいきと集い・働き・住み続けたくなるまちづくりを進めていく「豊かなまちづくり」，③未来志向のライフスタイルを提案し，日々の暮らしに快適さと感動を創出する「未来へつながる暮らしの提案」，④多様な個性や能力を最大限に発揮できる企業風土を醸成するとともに，広く社会の次世代の育成にも取り組む「一人ひとりの活躍」，⑤低炭素社会や循環型社会に資する環境保全活動を推進する「環境保全の推進」，⑥すべてのステークホルダーの期待に応え，誠実で公正なガバナンスを徹底する「ガバナンスの充実」の6つを設定している。

　ESGとの対応関係は，「⑤環境保全の推進」の部分がEに，「①安全・安心の追求」，「②豊かなまちづくり」，「③未来へつながる暮らしの提案」，「④一人ひとりの活躍」がSに，「⑥ガバナンスの充実」がGに当てはまると位置付けられる。

### 3.3　日本生命相互会社

　日本生命相互会社は1889（明治22）年に設立された生命保険会社で，相互扶助の精神を守りつつ，時代の要請に応えている。保有契約高・保険料収入・総資産で日本最大手の生命保険会社である。

　相互会社とは保険制度は契約者がお互いに助け合う「相互扶助の精神」に基づくものである，という考えのもとで，保険会社のみに認められている会社形

態である。相互会社の場合でも株式会社の場合と同様にエージェンシー関係が生じる。株式会社の場合には経営者は株主の負託を受けて業務を執行するが，相互会社の場合には経営者は契約者の負託を受けて業務を執行する。そのため，株式会社と相互会社の組織形態の違いは，エージェンシー関係の視点からは本質的な差はない。日本生命相互会社におけるサステナビリティ経営について見ていく。

　日本生命では持続可能な社会づくりに向けたサステナビリティ経営の考え方が取り入れられている。同社の経営基本理念に基づいて，契約者，国民生活，社会を支える生命保険事業は公共性の高い事業であるという認識を持ち，経営が進められている。あらゆる企業活動において安心・安全で持続可能な社会の実現に貢献し，企業価値の向上を目指している。また，SDGsの掲げる理念が創業の精神そのものであることも踏まえ，SDGsの達成に向けて取り組みを進めている。

　これらの取り組みにあたっては，ステークホルダーからの期待と事業との関連性の両軸から選定した「CSR重要課題」から改定された「サステナビリティ重要課題」に重点を置いている。また，SDGsの達成については，「Ⓐ貧困や格差を生まない社会の実現」，「Ⓑ世界に誇る健康・長寿社会の構築」，「Ⓒ持続可能な地球環境の実現」の３つのテーマと機関投資家として環境，社会，ガバナンスの課題解決を促すESG投融資に特に重点を置いて，安心・安全で持続可能な社会の実現を目指してサステナビリティ経営を推進している。

　サステナビリティ経営を支える基盤として「①コーポレート・ガバナンス」，ステークホルダーとのコミュニケーションを重視する「②ステークホルダー・エンゲージメント」，「③コンプライアンスの推進」，「④人権の尊重」，会社を取り巻くリスクを戦略的にマネジメントすることで，長期安定的なリターンの確保と財務的健全性の向上を目指す取り組みである「⑤リスク管理」の５つを設定している。

　ESGとの対応関係は，「Ⓒ持続可能な地球環境の実現」，「②ステークホルダー・エンゲージメント」の部分がEに，「Ⓐ貧困や格差を生まない社会の実

現」，「⑧世界に誇る健康・長寿社会の構築」，「②ステークホルダー・エンゲージメント」「④人権の尊重」がSに，「①コーポレート・ガバナンス」，「②ステークホルダー・エンゲージメント」，「③コンプライアンスの推進」，「⑤リスク管理」がGに当てはまると位置付けられる。

## 4　これからの企業の社会的責任

　これまで学んできたように，企業の社会的責任（CSR）は重要な経営課題となっている。

　企業には①コーポレート・ガバナンス（企業統治），②コンプライアンス（法令遵守），③ディスクロージャー（情報開示），④アカウンタビリティ（説明責任）を主要な構成要素として，社会的責任を果たしていくことが求められるようになってきた。

　企業がコーポレート・ガバナンス，コンプライアンス，ディスクロージャー，アカウンタビリティを重視する環境をステークホルダーが作り出し，企業が能動的に問題を解決することができる環境を作り続けていくことが重要となる。スチュワードシップ・コードやコーポレート・ガバナンス・コードの策定は，その一例と考えられる。

　**図表14-4** はこれから求められる企業の社会的責任のイメージ図を示した。この図表と，**図表14-2** の企業の社会的責任のイメージ図と比べてもらいたい。企業の社会的責任が必要とされるようになった背景で説明したように，現在は企業の社会的責任の範囲が広がり，企業が直面する課題が増えており，企業と関係するステークホルダーが多様性を持つように変化していることがわかる。

　企業と関係するステークホルダーが多様性を持つように変化したため，それに対応するように環境保全活動（森林保護活動，植林活動，海洋プラスチックへの対応），地方自治体との連携取り組み，子育てと仕事の両立可能な社会の実現に向けた取り組み（子育て支援），文化振興，児童・青少年の健全な育成や高齢化問題への対応など企業の活動も多様性を持つようになった。

　また，企業と従業員の関係の変化によって，労働生産性を向上させることが重要な課題となってなり，働き方改革，健康経営やD&Iへの対応が企業の社会的責任として求められるようになった。さらに相対的に弱い立場に置かれている消費者の権利擁護も重要な課題となり，これも企業の社会的責任として求められるようになった。

　また，$CO_2$の排出削減は全地球規模で当事者として取り組まなければならない課題であり，企業も例外ではない。脱炭素社会に向けて，$CO_2$の排出を実質ゼロにするカーボンニュートラルの実現に向けてこれからも取り組まなければならない。

| 図表14-4 | これからの企業の社会的責任のイメージ図 |
| --- | --- |

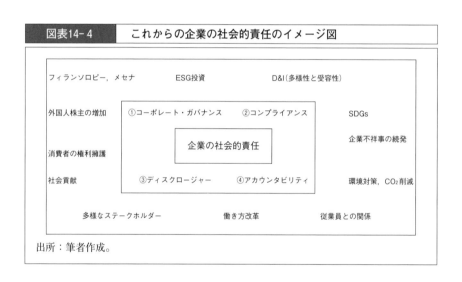

出所：筆者作成。

　経済学の理論から見た場合，企業には，可能な限り利潤を極大化するというインセンティブがある。社会的責任を果たしていくためには，ヒト・モノ・カネといった経営資源を投入する必要があるため，短期的にコストアップとなることは避けられない。また社会的責任を果たしていくことが，収益に直結するとは限らない。

　しかし，社会的責任を果たしていくことを長期的な視点で見た場合，社会問

題に関心が高い消費者や投資家を引き付け，他社と競争上優位に立ち，企業価値の最大化につながる。ESGの要素を重視して企業を選定し，投資を行うESG投資が拡大中である。長時間労働の是正や多様で柔軟な働き方の実現といった働き方改革の流れはこれからも止まらない。

　現代社会における企業は財やサービスの生産を通じて利潤追求だけでなく，社会の一員として持続可能な社会の構築を目指していく必要がある。株式会社伊藤園，阪急阪神ホールディングス株式会社と日本生命相互会社の３社の取り組みを見てみた。企業によって取り組まなければならない社会的な課題には異なる部分もある。しかし，気候変動への対応を含めた環境問題，人権の尊重や人権問題への配慮やコーポレート・ガバナンスの充実などの重要性はどのような企業であってもこれからも高まっていく。また，国内だけではなくグローバルな対応がこれからはより一層求められることになる。

　企業の社会的責任としての「CSRの時代」から，企業価値向上と株主価値の関連を重視する「ESGの時代」となり，持続可能な社会の構築に向けた活動を促す「サステナブルの時代」に変化してきているため，これからの企業に求められる社会的責任の範囲はますます広がり，内容も変化し，ますます重要になっていく。この大きな流れはこれからも変わらない。CSR，ESGやSDGsはこれからも将来にわたって経営者が対応していかなければならない経営課題である。

---

**練習問題**

1. 日本におけるCSRの歴史的背景について調べてみよう。
2. 企業の社会的責任への取り組みの実践例について調べてみよう。
3. SDGsが必要とされるようになった背景について詳しく調べてみよう。
4. SDGsへの取り組みの実践例について調べてみよう。
5. ESG投資をする機関投資家が急増中である。この背景にはどのような事情があるだろうか？

## 推薦図書

- 大森充『ESG/SDGs入門』中央公論新社　2019年。

  最近耳にする機会が増えたESG，SDGsについて，何も知らない状態から読んでも十分に理解できるようになる入門書です。ESG，SDGsの意味と広まった背景などについて理解することができます。

- 國部克彦編著，神戸CSR研究会編『CSRの基礎：企業と社会の新しいあり方』中央経済社　2017年。

  CSRに関する基礎的な事項から専門的なことまでわかりやすい文章でまとめられています。企業からの視点と社会からの視点の双方から幅広い分野のCSRについて書かれているため初学者から掘り下げて学習したい人まで活用できます。

## 参考文献

國部克彦編著，神戸CSR研究会編『CSRの基礎：企業と社会の新しいあり方』中央経済社，2017年。

環境省「すべての企業が持続的に発展するために－持続可能な開発目標（SDGs）活用ガイド－第2版]」2020年。

経済産業省『SDGs経営ガイド』2019年。

株式会社伊藤園『統合レポート2020』2020年。

阪急阪神ホールディングス株式会社『サステナビリティデータブック2020』2020年。

日本生命保険相互会社『サステナビリティレポート2020』2020年。

# 練習問題のヒントと解答

## 第1章

(1) 限界効用（第3章で学ぶ）の概念に着目しよう。

(2) あなたは自然環境の保護にどれくらい価値を置いているだろうか。

(3) 合理的とは，一体，どんな意味だろうか。

(4) 新型コロナウイルスの流行によって「巣ごもり消費」が増えたといわれている。

## 第2章

1. (1) 3，(2) 増加関数，(3) 右上がり

2. (1) 財，(2) サービス，(3) 効用，(4) 利潤

3. (1) 時系列データ，(2) 横断面データ，(3) パネルデータ

## 第3章

1. (1) 効用，(2) 予算制約，(3) 限界効用

2. (1) 無数，(2) 右，(3) 右下がり，(4) 交わらない

3. (1) 右，(2) 右，(3) 左

## 第4章

1. $Q = \sqrt{L}$ なので，$L = 4$ のとき $Q = \sqrt{4} = 2$，$L = 16$ のとき $Q = \sqrt{16} = 4$ である。したがって，生産量は2倍になる。

2. 追加的な1単位の生産に要する費用は，限界費用である。限界費用が50だけ増えると，供給曲線は，$P = 0.5Q + 100 + 50 = 0.5Q + 150$ となる。

3. 価格 = 100のとき供給量 = 150。価格 = 150のとき供給量 = 175。したがって，価格が100から150になると，供給量は150から175へと増加する。

4. 供給曲線は200だけ左方にシフトするので，$P = 0.5Q + 100 - 200 = 0.5Q - 100$

5. 点Aでは，数量 = 200，価格 = 200である。したがって，点Aにおける供給の価格弾力性 $= \dfrac{1}{0.5} \times \dfrac{200}{200} = 2$

点Bでは，数量 = 600，価格 = 400である。したがって，点Bにおける供給の価格弾力性 $= \dfrac{1}{0.5} \times \dfrac{400}{600} = \dfrac{4}{3}$

## 第5章

1. 市場需要量を$Q$とすると,

$$Q = 個人Aの需要量 + 個人Bの需要量 = \left(-\frac{1}{100}p + 6\right) + \left(-\frac{1}{50}p + 12\right)$$

$$= -\left(\frac{1}{100}p + \frac{1}{50}p\right) + (6 + 12) = -\frac{1+2}{100}p + 18 = -\frac{3}{100}p + 18$$

2. 市場供給量を$Q$とすると,

$$Q = 企業Cの供給量 + 企業Dの供給量 = \left(\frac{1}{100}p - 2\right) + \left(\frac{1}{50}p - 4\right)$$

$$= \left(\frac{1}{100}p + \frac{1}{50}p\right) - 2 - 4 = \frac{3}{100}P - 6$$

3. 市場需要関数と市場供給関数の連立方程式を解く。

$-\frac{3}{2}P + 900 = \frac{3}{2}P - 300$ より, $3P = 1200$ なので, $P = 400$。これを市場需要関数
に代入して, $Q = -\frac{3}{2} \times 400 + 900 = 300$

4. 消費者余剰 $= 200 \times 300 \div 2 = 30000$, 生産者余剰 $= 200 \times 300 \div 2 = 30000$,
総余剰 $= 30000 + 30000 = 60000$

5. $P = 450$のとき, 需要量 $= -\frac{3}{2} \times 450 + 900 = 225$, 供給量 $= \frac{3}{2} \times 450 - 300 = 375$。したがって, 超過供給が生じている。超過供給量 $= 375 - 225 = 150$

6. $-\frac{3}{2}P + 1200 = \frac{3}{2}P - 300$ より, $P = 500$。したがって, $Q = 450$。このとき,
消費者余剰 $= 300 \times 450 \div 2 = 67500$, 生産者余剰 $= 300 \times 450 \div 2 = 67500$,
社会的余剰 $= 600 \times 450 \div 2 = 135000$

## 第6章

1. たとえば, 完全競争市場では各企業は市場で決定される価格のもとで,
生産量を決めることになり, 価格に影響を与えることができないものの,
不完全競争市場では企業は生産量を変動させることで, 価格に影響を与え
ることができる。

2. 著作権, 自治体の許認可, 特許権などが考えられる。

3. (3) が正答

### 第7章

1. （3）が正答。本文p.113〜p116を参考にして，考察すること。また，ナッシュ均衡は，一つとは限らないことにも注意をすること。

2. （1）が正答。本文p.119〜p.121を参考にして，考察すること。後ろ向き解法は，最後の選択から最初の選択へと解いてゆく方法であることに注意すること。

### 第8章

1.

（1）疫病の発生により除菌用品の需要が高まると，生産を増やすため，労働需要が増大する。したがって，除菌用品を生産する企業の労働需要曲線は右にシフトする。

（2）日本の農作物の評価が海外で高まり，高値で取引されるようになると，生産を増やすため労働需要が増大する。したがって関連する農作物を生産する企業の労働需要曲線は右にシフトする。

2.

（1）生産物の価格が200円，賃金が9000円の時，労働の限界生産物と労働の限界生産物の価値および限界利潤をそれぞれ示すと次の表の通りとなる。企業は利潤を最大化するために限界利潤がゼロになるまで雇用するから，企業の雇用人数は4人。

| 労働者数 | 生産量 | 労働の<br>限界生産物 | 労働の<br>限界生産物の価値 | 限界利潤 |
|---|---|---|---|---|
| 1 | 100 | 100 | 20000 | 11000 |
| 2 | 190 | 90 | 18000 | 9000 |
| 3 | 260 | 70 | 14000 | 5000 |
| 4 | 310 | 50 | 10000 | 1000 |
| 5 | 340 | 30 | 6000 | − 3000 |

（2）賃金はそのままで生産物の価格が100円に下落した時，労働の限界生産物と労働の限界生産物の価値および限界利潤をそれぞれ示すと次の表の通りとなる。これより，企業の雇用人数は2人。

| 労働者数 | 生産量 | 労働の<br>限界生産物 | 労働の<br>限界生産物の価値 | 限界利潤 |
|---|---|---|---|---|
| 1 | 100 | 100 | 10000 | 1000 |
| 2 | 190 | 90 | 9000 | 0 |
| 3 | 260 | 70 | 7000 | −2000 |
| 4 | 310 | 50 | 5000 | −4000 |
| 5 | 340 | 30 | 3000 | −6000 |

3.

(1) 労働市場が均衡している場合，均衡賃金で労働需要量と労働供給量が一致し均衡雇用量が決定する。したがって，労働需要曲線と労働供給曲線のそれぞれの式より，

$2W - 1200 = -W + 1500$

$W = 900$

$L = -900 + 1500 = 600$（または$L = 2 \times 900 - 1200 = 600$）

以上より，均衡賃金は900円，均衡雇用量は600人。

(2) 最低賃金が1000円だから，

労働需要量は$L = -W + 1500$より，$L = 500$人

労働供給量は$L = 2W - 1200$より，$L = 800$人。

労働供給量が労働需要量を上回っているため，失業の人数は$800 - 500 = 300$人。

## 第9章

1. 株式流通市場の株価は増資の際の発行価格の基準となるため，株価が上昇しているときには，株価が低い時に比べ，少ない株式発行数でより多くの資金を調達することができるからである。

2. (1) 金利とは元本に対する利子の割合で計算できる。元本×金利＝利子であるから，金利＝利子÷元本で計算できる。90万円÷3000万円＝0.03＝3％

   (2) 企業にとっては，金利が低いほどコストは少なくなるため，借入を行う際には低金利であることが望ましい。C銀行から借入れる場合1年目の金利は3000万円×1％＝30万円とB銀行より少なくて済むため，C銀行から借入れるほうがよい。

3. MM理論によれば完全市場の下では企業がどの資金調達方法を選び，株式と負債をどのように組み合わせても企業価値に影響はないが，現実には法人税が課税されるため，負債の節税効果により税金の支払いを節約するためには，負債を利用するほうが良い。しかし負債が多くなると返済の負担が増加し，債務不履行のリスクや倒産リスクが高まる。負債による節税効果とデフォルト・リスクにより増大するコストがトレードオフとなるため，資金調達の際には自己資本と負債のバランスに注意する必要がある。

## 第10章

1. 身の回りにあるリスクが発生したときに純粋リスクの特徴または投機的リスクの特徴を備えているか考えてください。
2. 身の回りにあるリスクを保険につけたことがありますか？ あるのであればどのような保険に加入しましたか？
3. 保険契約をする際に，情報を持つのは契約者で，情報を持たないのは保険会社でした。
4. 保険会社は契約するときや契約期間中に契約者との情報の非対称性を解消しようとします。本文中で取り上げた例を元に掘り下げてみましょう。

## 第11章

1. 税率は，供給曲線$S$と供給曲線$S'$の縦軸切片の差なので，税率＝200。課税前は，均衡価格＝400，均衡数量＝300であり，課税後は均衡価格＝500，均衡数量＝150である。したがって，課税による消費者余剰の減少＝課税前の消費者余剰－課税後の消費者余剰＝30000－7500＝22500。課税による生産者余剰の減少＝課税前の生産者余剰－課税後の生産者余剰＝30000－7500＝22500。超過負担＝15000。消費者の税負担額＝15000。生産者の税負担額＝15000。
2. $D_L$による超過負担＝15000。$D_H$による超過負担＝30000。
3. $P = (-100q_A + 600) + (-50q_B + 300) = -150Q + 900$より，$P = -150Q + 900$（または，$Q = -\frac{1}{150}P + 6$）。
4. 私的限界費用による均衡では，均衡生産量が450，均衡価格が300である。社会的限界費用による均衡では，均衡生産量が300，均衡価格が400である。

したがって，外部不経済による余剰の損失＝三角形$EFG$＝200×150÷2＝15000。ピグー税収額＝四角形$IOJF$（＝四角形$CIJF$）＝200×300＝60000。

5. 私的限界便益による均衡では，均衡生産量が225，均衡価格が350である。社会的限界便益による均衡では，均衡生産量が300，均衡価格が400である。したがって，外部経済による余剰の損失＝三角形$EFG$＝100×75÷2＝3750。補助金額＝四角形$HAJF$＝100×300＝30000。

## 第12章

1. 比較劣位産業である農業を，保護貿易によって存続させることは望ましくない。ただし，以下のような状況では保護が是認され得るか，あるいは国際競争力を発揮して輸出産業に成長し得る。
   (1) 経済安全保障上，保護貿易に国民的理解が得られるケース
   (2) 比較優位産業である製造業（特に自動車産業）以上の生産性上昇を，たとえばブランド化，高付加価値化などを通じて実現するケース。

2. (1) (2) ともにA国（労働投入量がB国よりも少なくて済むから）
   (3) 2/5＞3/8で，A国は財$X$に，B国は財$Y$に比較優位を持つので，両国は比較優位財を輸出し，逆の財は輸入される。
   (4) 正解： $5/2 < P_X/P_Y < 8/3$

3. 需要曲線，供給曲線，輸入財価格などを図示すると，以下のようになる。この時，死荷重に相当する影部分の三角形の面積を求めると，200（左側）＋300（右側）となり，関税賦課により，合計500の死荷重（余剰の減少）が発生していることが分かる。

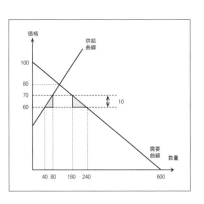

## 第13章

1. 市場を利用する際に発生しうる費用や無駄が，取引費用である。
   例）より安い製品を見つけるために費やす時間と労力

質の悪い製品を買ってしまったときの損失，クレームや訴訟の手間と費用

商品を入手するまでの手数料，運賃，時間，移動費

契約書を作成する手間や作成料，不履行時の強制執行費用

新規採用した高学歴の若者が，期待に反して能力不足だった，など

2. 組織内取引によって発生する費用や無駄，不効率性は，組織化費用である。

   例）企業内の人材から選抜されるため，適材適所の人員配置に限界がある

   組織の拡大により，上司の目が行き届かないことによる部下の怠慢

   組織の巨大化による官僚化や個人のモティベーションの低下

   意思伝達系統の不効率化，複雑化，など

3. それまで，チラシを見比べたり実際に店舗を回って，より安価な所望の製品を探すには手間と費用がかかっていたのだが，ショッピング・サイトや価格.comのような価格比較サイトの出現により，商品の検索にかける手間や苦労，時間が，ほとんどかからなくなった。つまり，取引費用は劇的に低下したが，しかし，不良品などをつかまされる可能性が増え，その面での取引費用は増加している。

4. フリーランスの職種としては，Webデザイナーやイラストレーター，インストラクターやコンサルタントなど，個人のスキルを活かすことのできる仕事が代表的である。これらは，仕事内容が明確で，かつ比較的短期契約の仕事に向いているため，内部化するメリットは少ない。他方，良質でリーズナブルな価格体系のフリーランサーを複数の候補の中から選び，スポット契約することで価格メカニズムの競争原理を活用することができる。近年の口コミサイトの浸透で，フリーランサーのサービスの質も事前にある程度知ることができ，機会主義的行動に起因する取引費用の発生を抑えることもできるようになった。

5. 不慣れな経済環境の下での操業は不確実性が大きく，地場の企業から部品を調達する際に，期待しているレベルに届く良質なものが確保されるとは限らない。これは，大きな取引費用と考えられる。これを回避するために，中間組織としての系列サプライヤーを同伴させている。

6. 労働者を事業ごとのスポットで雇用する場合，労働者の能力や意欲をモニタリングするための手間や時間，費用，すなわち取引費用がかかる。他方，終身雇用制では，労働者の能力や意欲はそれ以前の仕事を通じてある程度

分かっており，これらの取引費用は節約される。しかしながら，外部労働市場から自由に労働者を選抜できないことで最適な人材を確保できないことや，競争原理が十分に働かないことから，組織化費用が発生する。

7. 当該半導体の取引がどの程度資産特殊的であるかに応じて，内製，外注の選択に影響を与える。新しく使われる半導体が，(1)汎用品である場合，(2)そのサプライヤーとの取引頻度が高く，不確実性や機会主義的行動の可能性が低い場合，などが実現されている場合，取引費用は減少し，自社生産ではなく外部サプライヤーからの調達が志向される。

## 第14章

1. CSRは古くて新しいテーマです。時代の変遷とともに，公害に対する企業への不信，利益至上主義に対する批判，企業市民としてのフィランソロピーやメセナ，企業倫理や地球環境問題から企業不祥事やステークホルダーを重視する経営へその背景が変化していることを確認してください。

2. 近年，企業による情報公開が進んでいます。年次報告書，環境報告書とCSR報告書とを合体した「統合報告書」による情報公開が主流となってきました。想定される読者も投資家だけであったものがステークホルダーへとすそ野を広げてきています。「日経統合報告書アワード」を参考に，みなさんが興味を持った企業を選び，その企業のCSRへの取り組み例について確認してください。

3. 一つだけの要因とは限りません。地球温暖化，グローバル化，南北問題など複合的な要因が背景にあるということを確認してください。

4. 「日経統合報告書アワード」を参考に，みなさんが興味を持った企業を選び，その企業のSDGsへの取り組み例について確認してください。

5. 2010年にイギリスで生まれた「スチュワードシップ・コード（機関投資家の行動規範）」を出発点として，投資家の責任について確認してください。

# 索　引

〈執筆者紹介〉
＊いずれも関西大学商学部に所属，五十音順。

石田　和之（いしだ　かずゆき）
　　関西大学商学部教授，編集，第1章，第4章第3節・第4節，第5章，第11章担当。
　　詳細は，奥付「編著者紹介」を参照。

小井川　広志（おいかわ　ひろし）
　　関西大学商学部教授，第12章，第13章担当。
　　1992年，神戸大学大学院経済学研究科博士課程後期課程単位取得退学。博士（経済学）。
　　2002年，M.Phil in Management Studies, University of Cambridge（英国）。
　　主要業績：「マレーシア・パーム油産業の発展と資源利用型キャッチアップ工業化」（アジ
　　ア経済, 56(2), 2015）

高屋　定美（たかや　さだよし）
　　関西大学商学部教授，編集，はしがき，第4章第1節・第2節，第6章，第7章担当。
　　詳細は，奥付「編著者紹介」を参照。

田村　香月子（たむら　かづこ）
　　関西大学商学部准教授，第8章，第9章担当。
　　2003年，大阪市立大学大学院経営学研究科博士後期課程修了，博士（経営学）。
　　主要業績：「1970年代米国におけるハイ・イールド債の発行」『関西大学商学論集』第66巻
　　第2号，pp.13-24, 2021年（単著），「地方財政と地方債の信用評価」『財政の健全化と公会
　　計改革』第5章，関西大学出版部，2018年（分担執筆）など。

徳常　泰之（とくつね　やすゆき）
　　関西大学商学部教授，第10章，第14章担当。
　　2000年，関西大学大学院商学研究科博士課程後期課程単位取得退学。
　　主要業績：『社会保障論概説』誠信書房，2011年（分担執筆），"Do Japanese Policyholders
　　Care About Insurers' Credit Quality?" Geneva Association, *The Geneva Papers on Risk
　　and Insurance Issues and Practice*, Vol.38, 2012年（共著）など。

英　邦広（はなぶさ　くにひろ）
　　関西大学商学部教授，第2章，第3章担当
　　2009年，神戸大学大学院経済学研究科博士課程後期課程修了，博士（経済学）。
　　主要業績：「日本における金融政策と所得・消費格差に関する一考察」『関西大学商学論
　　集』第65巻第3号，87-102ページ，2020年など。

〈編著者紹介〉

石田　和之（いしだ　かずゆき）
　　関西大学商学部教授
　　2001年，早稲田大学大学院商学研究科博士後期課程単位取得退学。博士（商学）。
　　主要業績：『地方税の安定性』成文堂，2015年（単著）。「第13章　地方税制」『入門財
　　政学（第3版）』中央経済社，2021年（分担執筆）など。

高屋　定美（たかや　さだよし）
　　関西大学商学部教授
　　1991年，神戸大学大学院経済学研究科博士課程後期課程単位取得退学。博士（経済学）。
　　主要業績：『検証　欧州債務危機』中央経済社，2015年（単著）。『沈まぬユーロ』文眞
　　堂，2021年（共編著）など。

## ビジネスを学ぶためのミクロ経済学入門

2022年7月25日　　第1版第1刷発行

| | |
|---|---|
| 編著者 | 石　田　和　之 |
| | 高　屋　定　美 |
| 発行者 | 山　本　　　継 |
| 発行所 | ㈱中　央　経　済　社 |
| 発売元 | ㈱中央経済グループ<br>パ ブ リ ッ シ ン グ |

〒101-0051　東京都千代田区神田神保町1-31-2
電話　03（3293）3371（編集代表）
　　　03（3293）3381（営業代表）
https://www.chuokeizai.co.jp
製版／三英グラフィック・アーツ㈱
印刷／三　英　印　刷　㈱
製本／誠　　製　　本　　㈱

© 2022
Printed in Japan

好評発売中

# 実践 ビジネスプラン 第2版

川上智子・徳常泰之・長谷川伸〔編著〕
A5判・184頁
ISBN：978-4-502-14051-8

アイデア出し，データ収集，資金調達，採算計画など，顧客に価値を届けるまでの全体像であるビジネスプラン作成の基本知識とプロセスを解説。事業の創造のための入門書。

### ◆本書の主な内容◆

### 中央経済社